サピエンティア 07 sapientia

半開きの〈黄金の扉〉

アメリカ・ユダヤ人と高等教育

The Half-Opened Golden Door

北 美幸［著］

法政大学出版局

目　次

プロローグ

レオ・シャーマンは、大学四年生の九月にメディカル・スクールに出願したとき、六校の別々の学校に願書を提出した。しかし、彼は、どの学校からも医学教育を受ける機会を得ることができなかった。ファイ・ベータ・カッパの会員に選ばれ、学生自治会の政策委員会の議長を務めたにもかかわらず、レオは、自分はユダヤ人だから、メディカル・スクールの入学許可を得るのは難しいであろうということはわかっていた。彼と同じく、学校の成績もよく課外活動もよくできた従兄は、合衆国のどの学校も受け入れてくれないので、とうとうオーストラリアの学校に行ったのだった。

三月までに、レオは五校から不合格の通知を受け取った。六校めからは、その一週間後に返事が届いた。どの学校も、「残念ながら」彼のように資格ある学生を収容設備不足のために受け入れられないのだ、と知らせてきた。ひとつの学校は、受け入れられる数の六倍もの応募者があったと書いてきた。しかしレオは、彼のクラスの少年の何人かは、同じ学校から入学許可を受け取ったことを知っていた。そのなかには、彼より成績のよい者はひとりもいなかった。

レオはどうしても医者になりたかったので、仕事をしながら、翌年にメディカル・スクールに入学する機会を探ることにした。だが、彼は最初にある実験をすることにした。彼は、新たに一流のメディカル・スクール三校に出願した。今回、彼は入学願書の「宗教」の質問に、ユダヤ教と答える代わりにルター派と書いた。また「父親の出生地」には、ポーランドの代わりにアメリカ合衆国と書いた。そして「父親の職業」には、洋服仕立て職人ではなくビジネスマンであるように書いた。

結局、レオが正直に答えた願書は拒絶され、嘘を書いたものには入学許可が与えられたのであった。(1)

本書は、一九一〇年代末から一九四〇年代中ごろにかけてアメリカ合衆国の高等教育機関においておこなわれたユダヤ人学生「割当制（quota system）」の具体像を明らかにするとともに、それを克服しようとするユダヤ人の活動から、彼らの「平等」観およびアメリカ社会の統合の理想像を探ろうとするものである。(2)「割当制」とは、大学当局の手によるマイノリティ学生の入学者数制限のことであり、当時、北東部の私立大学において、またメディカル・スクールやロー・スクールに関してはさらに広い範囲で、ユダヤ人入学生の比率を制限する目的の排斥がおこなわれ、多くの志願者が入学を拒否された。右のレオ・シャーマンの例は、全国規模のユダヤ人団体のひとつである反名誉毀損同盟が、一九四〇年代後半に「割当制」の撤廃運動を展開した際に、「実生活、実体験で起こっていること」から「高等教育における差別について議論する」ための手がかりとして、さまざまな組織や団体、学校に頒布した小冊子からの引用である。

実のところ、合衆国における「割当」というと、まず想起されるのは一九二一年および一九二四年の割当移民法、そして、一九六〇年代後半に導入されたアファーマティヴ・アクション（積極的差別解消策）であろう。割当移民法は、ある時点の国勢調査における外国生まれ人口を出生国別に分類し、その一定の割合に相当する人数を一年間あたりの移民許可人数として各国に「割り当て」るものであった。この法律は、当時、最大で年間一〇〇万人近くにのぼっていた移民の大流入をせき止めることを目的としており、たとえば一九二四年法の計算式にもとづくと、ギリシアからの年間移民許可数はたった三八人であった。[3] この移民の国別割当制が撤廃されるのは一九六五年のことであり、「自由の女神」を目指して海を渡ろうとする人びとにとって、割当の設置は実際には移民の禁止といってもよいほどのインパクトがあった。

また、アファーマティヴ・アクションは、法律上の平等が達成されただけでは奴隷解放後一〇〇年を経ていまだ残る社会構造化した差別を取り除くには不十分であるとの考えから、それまで差別されてきた人びとの雇用や昇進、高等教育機関への入学の機会を増やすために特別の配慮をおこなおうとする政策であった。その際、その「配慮」が、企業の採用人数や大学の入学者数に占めるマイノリティの人数や割合の操作・調整によっておこなわれることが多かったことから、アファーマティヴ・アクションは「自由競争」や「機会の平等」といった合衆国の根本理念に反し人種別の「割当」につながる、との批判が聞かれたのだった。アファーマティヴ・アクションについては、ごく最近、二一世紀に入ってからも連邦最高裁まで争われる裁判が相次いでおり、公民権運動後の合衆国の人種問題や平等のあり方に根底から関わる問題であることは疑いようがない。[4]

このような二つの大きな「割当」を前にして、では、ユダヤ人学生「割当制」は合衆国におけるユダヤ人差別の一事例と片づけられてよいのだろうか。一八八〇年代に始まる東欧・南欧からの移民を中心としたいわゆる「新移民」の流れは、イギリス系あるいは西欧・北欧系の「旧移民」を中心とした合衆国の人口構成を一変させたが、ユダヤ人学生「割当制」が導入される直前の一九一〇年代の高等教育機関も同様の状況であった。ちょうど学齢期に達しつつあった移民第二世代のユダヤ人たちは大挙して進学を開始したが、数そのものが非常に多かったうえに、高等教育を通じての労働者階級からの脱却をはかって学問に打ち込む彼らは、質的にも従来の大学生とは異なる存在だったのである。

上流階級ワスプ（White Anglo-Saxon Protestant: WASP）の牙城だった当時の大学は、たとえ学業成績の面で優れていようとも彼らを歓迎することはなく、ユダヤ人学生の増加を大学への「侵入（invasion）」と受け取り、大いに頭を悩ませたのだった。これは、国全体として移民制限の議論と大学へのユダヤ人入学者数制限の議論がほぼ同時期に展開されたこと、あるいはまた、なぜ「割当」であって入学禁止や完全排除ではなかったのか——一九二四年移民法においても、どの国の出身者も「平等」に一八九〇年国勢調査の人口の二パーセントの人数の移民を許可するとされたし、入国を完全に禁止された日本人移民も国名を名指しされることはなかった——を考えると興味深い事実である。

また、アファーマティヴ・アクション実施の根拠として、近年では職場や学校における「多様性」の維持がしばしばあげられる。これが多様性の「容認」を通り越して連邦や地域のエスニック構成比率の正確な反映に固執するものになった場合、高等教育におけるアジア系など、特定の分野に人口比を凌いで進出しようとするマイノリティ集団に不利に働くことがある。「多様性」という用語はユダヤ人学生「割当制」においても大学当局による差別の正当化の論拠として使用されており、その意味でも、「割当制」の検討はすぐれて今日的な意味をもつものであるといえよう。移民制限法およびアファーマティヴ・アクションとの関連ということで考えると、「割当制」はユダヤ人の完全な排除ではなく、学生集団における非ユダヤ人／ユダヤ人の適正な比率を維持することを根拠とした部分的な排斥だったことに、むしろ検証の意義があるとさえいえるかもしれない。

第二次世界大戦後、ユダヤ人は急速に中産階級化したといわれる。一九六〇年代の終わりまでに、学歴、収入、ライフスタイルなどの面で彼らは他のグループを凌ぐようになり、たとえば一九七〇年には、ユダヤ人の家族収入は全米平均を七二パーセントも上まわっていた。(5) また、非ユダヤ人との結婚率は高くなり、シナゴーグ（ユダヤ教の教会）に通う者は少なくなる一方である。だがユダヤ人は、合衆国への入国時の所持金や教育の点で他の移民に優っていたわけでもなく、政治に長けていたわけでもない。いわゆる「ユダヤ人銀行家」や「ユダヤ人大富豪」たちの援助を受けたわけでもなく、アメリカ社会の受け入れ方が他の移民に対してよりも好意的だったという事実もない。むしろ、ユダヤ人に対する差別・排斥はどの時代にも強く、ことに一九二〇年代には厳しい反ユダヤ主義のあらわれがあった。

移民の「割当制」に関していえば、すでに一九六三年、ケネディ大統領は出身国別移民割当制度の廃止を議会に勧告していた。この制度を用いることは、「論理的にも道理のうえでも根拠を欠く。この制度は、国家としての必要性を満たすものでもなく、国際上の目的を達成するものでもない。国家間の相互依存の時代において、このような制度は時代錯誤である。アメリカに入国を希望する者を、出生の偶然を基盤にして差別するのであるから(6)」と、アイルランド移民の祖父を持つ彼は論じた。ケネディ存命中、この勧告は実現されなかったが、一九六五年、新移民法は議会を通過し大統領の署名を得た。同年一〇月三日、ジョンソン大統領は「自由の女神」像の建つニューヨーク市港湾のリバティ島で新しい移民法に署名し、過去約四〇年間にわたり合衆国の移民制度の根幹をなしてきたこの制度は、ついに公式

図版1　ユダヤ人移民に扉を開く自由の女神を描いた雑誌『ユダヤ人移民』の表紙（1909年）

に終了を宣言された。ジョンソンは、移民の出身国別割当制度は「アメリカの民主主義……という基本原則を犯していた」と述べ、新しい移民法は「アメリカの正義という織物についた深く痛ましいきずを修復するものである」との声明を発表した。(7)

大学における「割当制」は、いつ、どのようにして克服されたのであろうか。ユダヤ人の「割当制」とのたたかいをみていると、彼らの移民であるがゆえの、あるいはマイノリティであるがゆえの、〈アメリカ〉への期待が見えてくる。自由の女神が傍らで灯を掲げている「黄金の扉（golden door）」は、すべての貧しい、疲れた人びとに対して開かれてはいなかったのか。(8)あるいは、開かれてはいたが半開きだったのか。アメリカは、どのような人間も肌の色や宗教に無関係なただのアメリカ人、ハイフンなしアメリカ人として溶け合う「るつぼ」ではなかったのか。(9)「自由」の国アメリカにおいても「出る杭は打たれる」のか。彼らが追い求めたものを通して、〈アメリカ〉のあり方に問いがつきつけられる。

第1章　高等教育をめぐるユダヤ人の社会史

——前史と問題提起

いわゆる「新移民」の一部として東欧系ユダヤ人がイタリア系やポーランド系などの移民とともにアメリカ合衆国に大量流入するのは、一八八〇年代に入ってからである。本書での考察の対象は二〇世紀に入って以降のユダヤ人だが、ここでは、それ以前の合衆国におけるユダヤ人の歴史を振り返っておきたい(1)。また、本書の目的と、アメリカ合衆国の「平等」や統合のあり方に関する概念や用語についても整理しておきたい。

一　一九世紀末までのアメリカ・ユダヤ人

一六五四年、最初のユダヤ人二三人がニューアムステルダム（現在のニューヨーク）に上陸する。彼らは、レコンキスタ後にスペインを追放され、オランダ領ブラジルに居住していたセファルディーム系（スペイン、ポルトガルなどイベリア半島出身）のユダヤ人であった。彼らの居住していたレシフェが同年にポルトガルの手に落ちたため、オランダ領であるニューアムステルダムに逃れてきたのだった。

このとき以来ユダヤ人の合衆国への流入が続くのだが、その数は少なく、一八世紀末でも人口は二〇〇〇〜三〇〇〇人にすぎなかった。当時の合衆国の全人口はおよそ二〇〇〜二五〇万人とみられているから、ユダヤ人は人口の〇・一パーセントにも満たなかったということになる。(2) 彼らは、主に都市に居住して貿易商人となり、ユダヤ人独自のコミュニティを発達させたが、人口の少なさゆえに、その存在が合衆国で問題となることはなかった。

一九世紀に入り、ドイツ、ボヘミア、ハンガリーなど、中欧のドイツ系ユダヤ人が合衆国に移民してくるようになる。当時、ヨーロッパ全域に広がった反ユダヤ主義から逃れるためである。一八二〇〜七〇年の半世紀に約二〇万人が入国し、合衆国のユダヤ人人口は一八八〇年には二五万人になった。ドイツ系ユダヤ移民ははじめは一般に貧しく、行商人や職人として出発する者が多かった。しかし、当時の合衆国は西部に向かって急速に発展しつつあり、ユダヤ人はその波に乗って全国的に拡散し、急速に中産階級化した。

その後一八八〇年代より、東欧系ユダヤ移民の大量流入が始まる。このころから急激に増加したギリシア、イタリアなどの南欧およびロシア、ポーランドなど東欧からの「新移民」のなかで、東欧系ユダヤ移民は総移民数の約一割を占めるイタリア系に次ぐ大集団であった。とくに、「新移民」はイタリア移民をはじめとして一般に出稼ぎ目的の帰国者が多かったのに対し、ユダヤ移民は家族ぐるみでの移民が多く、はじめから合衆国への定住を希望する傾向が強かった。すなわち、実質的にはユダヤ人がこの時期の最大の合衆国への移民集団であった。ユダヤ移民の出身国としてはロシア帝国やオーストリア・ハンガリー帝国、ルーマニアなどが主要なものであり、とくに圧倒的多数を占めたのはロシアであった。

およそ四〇年の間に二〇〇万人ものユダヤ人が入国し、合衆国のユダヤ人人口は一八八〇年の二五万人から一九二四年の四二〇万人へと激増した。そして、この巨大な「民族大移動」によって合衆国ユダヤ人は数的に膨張しただけでなく、その基本的な性格がドイツ系から東欧系へと一変したのである。今日、合衆国に居住するユダヤ人は約六〇〇万人だが、その大部分はこの時期に移民してきた東欧系ユダヤ人の子孫である。

このような東欧からのユダヤ人大量移民の背景として、最大の移民供給源であるロシアに関していうと、つぎの二つがあげられる。ひとつめは、祖国ロシアにおけるユダヤ人迫害である。彼らは、政府、ロシア民衆の双方から抑圧と迫害を受けていた。ロシアでは、ユダヤ人はペールと呼ばれる地域に居住を制限され、それ以外の地域への移動を禁止あるいは厳しく制限されていたほか、一八二七年からは、ユダヤ人の少年には二五年間の兵役という過酷な義務が課されるようになった。ユダヤ人たちのなかには、子どもの出生記録を偽造したり、子どもたちを隠したり、さらには不具にして兵役を免れようとする者がいたという。後に徴兵期間は五年に改められるものの、帝政政府はユダヤ人の宗教生活、共同体生活、経済活動、財産権、教育などに厳しい制限を課し、二〇世紀初頭には彼らに対する特別立法は一〇〇〇カ条以上を構成するようになっていた。

さらに、ロシア民衆による暴力的迫害（ポグロム）により、ユダヤ人はまさに生命と財産を脅かされた。ことに、一八八一年に皇帝アレクサンドル二世が暗殺されてから、ユダヤ人虐殺は激化した。その最高潮は一九〇三年にウクライナのキシニョフで始まった大規模なポグロムであり、一九〇五年一〇月には三〇〇〇人の死者と一万人の負傷者を出すなど、その余波は一九〇六年まで続いた。もとより、ポグロムの背景には、貧困に苦しむ下層民衆の不満をユダヤ人に転嫁しようとした政府による反ユダヤ的政策があったのだが、以上のようなユダヤ人迫害はロシア・ユダヤ人の大量移住を促した要因であった(3)。

もうひとつには、野村達朗が強調する社会経済的な背景があげられる。というのも、もっとも多くの移民を出した地域は、ポグロムの激しかった地域ではなく、経済的にもっとも貧しかった北西ロシアであった。ユダヤ人はさまざまな措置により繰り返し農村地区から締め出されてきたが、とくに一八八一年以降は、ペール内の農村地域およびモスクワをはじめとするペール外の諸都市から追放された。そのため、ペール内の限られた地域にユダヤ人人口が集中することになり、それまで非ユダヤ人を相手としていたユダヤ人の商業従事者は数量的に飽和状態となった。こうして、一九世紀半ばまでは商業で生計を立てることの多かったロシア・ユダヤ人は、一九世紀末には工業に従事するようになっていた。しかし、彼らの工業化、プロレタリア化にはまだ大きな限界があった。というのは、ユダヤ人の工場は非ユダヤ人の工場に比べて一般に零細であり、機械化が遅れ生産性も低かったのである。こうして、資本主義化のなかで大部分のロシア・ユダヤ人の経済状態は悪化していき、このような事態に直面したユダヤ人のあいだで移住が増大した。実際、製造業従事者の移住性向は、農業従事者や専門職従事者に比べてきわめて高かった(4)。

このようにして東欧系ユダヤ人の大規模な移民は始まったのだが、彼らは先着のドイツ系ユダヤ人とは著しく異なっていた。彼らは、移民の常ではあったが、きわめて貧しく教育が低かった。彼らの生活は、まさに「手から口へ」であった。ニューヨークに到着した東欧系ユダヤ人はまず、マンハッタン島のロアー・イーストサイドに住まいを見つけ、いわゆるゲットー（ユダヤ人地区スラム）をつくったが、

図版2　ロアー・イーストサイドのヘスター街の様子（1890年ごろ）

スラムの人口は過密をきわめ、ひとつの部屋で一二人もが生活することも稀ではなかったという。「吐き気を催す」、「むかつく」、「むさくるしい」、「汚い」――これらがユダヤ人街の観察にたえず出てくる言葉であった。また、東欧系のユダヤ人はドイツ系と異なる独自の文化を持っていた。ドイツ系ユダヤ人が改革派ユダヤ教を信奉したのに対し、彼らは正統派ユダヤ教を信奉しており、祈り方から食べ方まで生活のすべてを規定する伝統的なユダヤ教に従っていた。くわえて、彼らはユダヤ人独特の言葉であるイディッシュ語を話した。ドイツ系ユダヤ人は多くが行商人や小店主となったが、東欧系の多くは衣料工場の労働者となった。一九〇五年の時点で、彼らの四五・二パーセントが衣服労働者であった。[5]

反ユダヤ主義に関していえば、ドイツ系ユダヤ人の到来により、それはすでに東欧系ユダヤ人の大量移民以前から合衆国に発生していた。一八七〇年代までには、四〇年代と五〇年代にやってきたユダヤ人移民の驚くべき多数が、非常な社会的成功を達成しつつあった。事業家や銀行家として活躍する者も多く、メイシー百貨店、通信販売で知られるシアーズ・ローバック、『ニューヨーク・タイムズ』紙など、合衆国を代表するものの発展に重要な役割を果たした。一八八〇年の統計では、ドイツ系ユダヤ人家族の四〇パーセントが召使いを一人以上雇っており、家長が行商人をしている家族は全体の一パーセントにすぎなくなっていた。[6] このように、彼らは急速にアメリカ社会に同化したが、その速さゆえに成り上がり者（parvenu）と目されるようになった。顕示的で粗野な宝石類で飾りたて、食卓の作法を欠き、騒々しいおこないで人目を惹き、自らの上にある社会に向かっていつも侵入をはかろうとする成り上がりのステレオタイプである。[7] 一八七七年には、ユダヤ人に対する「嫌悪」を超えた「差別」の出現を象徴する事件が起こった。投資銀行家のジョセフ・セリグマンが、ニューヨーク州サラトガスプリングスのグランド・ホテルで宿泊を断られたのである。こうして、ユダヤ人は社会生活を営むうえでのさまざまな場面で排斥を受けることとなった。一八八〇年代には、行楽地や社交クラブ、私立学校などにおいて排斥は顕著になった。

そして、東欧系ユダヤ移民の流入が、強まりつつあった反ユダヤ感情に油を注ぐことになる。一九世紀末ごろには移民そのものが社会問題となりつつあったこと、また、東欧系ユダヤ人も他の移民たちと同じく、異様でだらしのない (bizarre and unkempt) 外貌だったことから、彼らは上陸の瞬間から人びとの嫌悪感を呼び起こした。入国者が多かったことに加え、大都市に集住したことが、東欧系ユダヤ人の存在をさらに目立つものにした。一九〇〇年以降、大衆の意識のなかで新着のユダヤ人と古くからいたユダヤ人の区別はほとんど失われるにいたった。その結果、東欧からの移民に刺激された排外主義的な感情は、合衆国のユダヤ人全体に向けられることになった(8)。そして、その後、差別のパターンは借家や住宅購入の領域へと広がった。経済的に上昇したユダヤ人の郊外へ移ろうとする動きが、不動産業者の巧みな方策で拒まれた。ユダヤ人が流入すると、その土地の家屋の価格が低下するという理由であった。また、ユダヤ人のホワイトカラー職への就職は非常に困難になった。多くの企業はユダヤ人の雇用を拒否するようになり、「ユダヤ人お断り」あるいは「白人プロテスタントに限る」といった求人広告を出すところもあった(9)。

こうして、一八八〇年代に始まる東欧系ユダヤ移民の大量流入をきっかけとして、合衆国の反ユダヤ主義は、成り上がり者に対する反感・嫌悪といったそれまでのイデオロギー的反ユダヤ主義の域を超えた。社会的な差別が開始されたのである。ユダヤ人は、はじめは特権的な交友関係の場面において、後にはもっと日常的な社会生活のさまざまな場面において締め出しを受けた。祖国での貧困と迫害を逃れて移民してきたユダヤ人たちは、合衆国においてもふたたび反ユダヤ主義にさらされることとなった。

二　先行研究と本書の分析視角

先行研究の状況

これまで高等教育機関における「割当制」に関しては、反ユダヤ主義研究や社会学、高等教育史などの立場から研究がおこなわれてきた。本節では、先行研究の状況を整理するとともに、本書の課題を明確にしておきたい。

まず、合衆国の反ユダヤ主義研究においては、「割当制」は、一八八〇年代ごろに社交クラブでの入会拒否やリゾート地における宿泊拒否などに始まった反ユダヤ主義が、住宅購入やホワイトカラー職への雇用といった公共性の強い場面に波及し、さらに一九一〇年代にユダヤ人移民の第二世代が大学への進学を開始するころに、入学者数の制限という形で高等教育機関にも及んだものと説明されている。したがって、「割当制」はユダヤ人に対する社会経済的差別の一側面として扱われる。それゆえ、その具体的経緯については、一九二二年にハーヴァード大学学長アボット・ローレンス・ローウェルがユダヤ人学生数制限の計画を公表し、「割当制」に対する全国的な議論が巻き起こされた事例が紹介されるか、あるいは全国的な傾向としてメディカル・スクールにおいてとくに排斥が厳しかったことが指摘されるにとどまっている[10]。

このような傾向をもつ研究のなかでも、ジョン・ハイアムは「社会的差別は、大学や医学校が採用した割当制度において頂点に達した[11]」と述べる。また、ハイアムにより、合衆国の反ユダヤ主義の発生と活発化のメカニズムについてはじめて経済学的解釈を加えたと評されるケアリー・マックウィリアムズの書『特権の隠れ蓑』もまた、高等教育機関における「割当制」を産業構造の問題として取り上げ、かなりのページを割いて論じた[12]。日本での研究としては、佐藤唯行が、社会の底辺から身をおこし上昇を目指すエートスが古くから国民文化として根づいた合衆国においては、教育を足がかりに社会的地位の上昇を目指そうとしたユダヤ人に対してことさら激しい排斥が加えられるようになり、「結果的に高等教育機関での排斥だけに限定してみると、アメリカのそれはナチス台頭以前のワイマール期のドイツを含めた西欧の状況よりも、むしろ激しい展開をみせたといっていい[13]」と述べた。このように、差別が決して軽微なものではなかったことを指摘し、本格的な考察の必要性を強調するものもある。しかし、それらにしても、反ユダヤ主義研究の枠内では、「『自由と民主主義』の旗印を掲げたアメリカという国においても、実は深刻な反ユダヤ主義の歴史が存在していた[14]」ことを示すことが主眼となっている。

クレデンシャリズム（credentialism: 資格主義、資格証明書主義）の風潮が強い合衆国では、高等教育を通じて学位という形で専門職への資格証を取得することが収入のよい職業および社会的上昇と密接に関連する。とくに、一九世紀後半に生じた高等教育の大改革と、同時期に生じた医師、弁護士、エンジニア、ソーシャル・ワーカーなどの専門組織化により、大学は専門知識・技術の教育をほぼ独占する形で近代的専門職への準備を一手に独占するようになった[15]。それまで、専門職にはさまざまなルートを通じてつくことが可能であり、たとえば医学の訓練などは伝統的な徒弟制度のなかでおこなわれることも多かった。しかし、この時期には、ユニバーシティ・システムのなかでの訓練を受けることが社会的に尊敬される職業を得るための必須条件となったのである(16)。したがって、とくにマイノリティの若者が大学で学ぶことに対しての障壁は、単に彼らの心情を傷つけたとか、知的欲求を満たすことを阻んだというレベルで捉えられてはならない。また、一般企業への就職の機会が企業の側の偏見や差別によって制限されることから、とくにユダヤ人には差別への恐怖の裏返しとして専門職や自営業を志向する傾向があり、彼らにとって、それらの職業につくためには必ず通らなければならない大学の門——合衆国社会参入のための「黄金の扉」——が閉ざされることの影響はさらに大きいといえる。

そのため「割当制」の問題は、反ユダヤ主義研究にとどまらず、教育社会学や高等教育史の分野においても研究がなされてきた。その意味で、二〇世紀の「エリート」大学の入学選抜制度の変遷をたどった社会学者ジェローム・カラベルの最近の著作は刺激的な指摘をしている。彼は、大学の入学政策——誰を入学させ誰を拒絶するか——の変遷、とくに合格者選抜の尺度としての「優秀さ（merit）」の定義の変遷に、帝国としての合衆国の登場、移民制限、反ユダヤ主義、大恐慌、第二次世界大戦、原爆投下、スプートニク打ち上げ、冷戦、公民権運動、女性運動、アジア系アメリカ人の登場といった出来事が映し出されていると述べる。なかでも、一九二〇年代に「人格（character）」、「人柄（personality）」、「リーダーシップ」が大学入学許可の決定の基準の「優秀さ」として登場したのは、移民制限の議論が盛り上がるなかで、大学においても「社会的に望ましくない」学生すなわち東欧系ユダヤ移民の学生の増加を抑え、これらの資質に優れると想定される「紳士的」でクラブ活動やスポーツにも精を出す「多才な」プロテスタント学生を確保するためであった、と断定的に論じている。(17) 従来、当然に「学力」を指すと思われてきた入学選抜における「優秀さ」がさまざまに解釈され変化するのであれば、教育は不平等や「格差」の解決に与するものとならない。合衆国においても、一九七〇年代初頭から現在にいたるまで「勝ち組」「負け組」の差は拡大する一方であるから、「格差」を生む根源ともいえる高等教育機関の入学選抜についての関心は高いのである。(18)

社会学者のスティーブン・スタインバーグは、高等教育への進出と宗教の関係を究明する立場から、ほぼ同じ時期に合衆国に移民したイタリア系などと比較して高等教育への進出が早かったユダヤ人移民が当時の大学で排斥を受けたことを述べるなかで、「割当制」について説明している。スタインバーグによると、ユダヤ人の高等教育における成功は、教育に高い価値を置く彼らの「文化」によるものではない。むしろ、合衆国に移民する前の東欧やロシアにおける職業が商業や工業であり、ニューヨーク市などでの都市的生活への適応が比較的容易であったという社会経済的状況や、ユダヤ系移民の第二世代が大学入学年齢に達する時期と合衆国東部における高等教育の拡大および実学志向への改革の時期が重なったというタイミングの問題である、と主張する。それゆえ「割当制」については、いまだ上流階級プロテスタント子弟の人脈形成の場であった大学に、労働者階級から脱し切れていないユダヤ人学生がその「伝統」を脅かすほどの人数規模で進学を開始したゆえに排斥を受けたものと述べ、具体的な差別の展開過程というよりは、それがおこなわれるにいたった背景の説明に研究の力点を置いている。(19) また、スタインバーグの別の著作『アカデミック・メルティング・ポット』も「割当制」の展開について論じている。この研究は、高等教育への進出の度合いからユダヤ教徒の「知性主義」、カトリック教徒の

「反知性主義」といった固定的な性格づけを想定することに異議を唱えるものであり、アカデミックの世界においてはエスニシティの希薄化、すなわちメルティング・ポット化が現実的に進行しつつあると論じている[20]。

またマーシャ・シノットは、高等教育史の立場から、ハーヴァード、イエール、プリンストンの「ビッグ・スリー」がいかにマイノリティの学生を差別してきたかを考察した。彼女の研究は、各大学内部の委員会や教授会の動きなどを、会議録や当局者のやりとりした書簡、関係者へのインタビューなどによって、類書になく詳細に描き出している。しかしその一方で、学長、学部長らの個人的性格や大学内部の人間関係の叙述に研究の比重を置くあまり、ユダヤ人学生に対して差別的な入学政策がとられるようになった理由や経緯もその文脈で説明しようとしている。そのため、そもそも一九一〇年代には反ユダヤ的、あるいは反移民的な感情が社会全般として高まりつつあり、それは、伝統的にワスプなどのエスタブリッシュメントのものだった高等教育機関ではますます該当する事態であったという、当時の時代背景との関連についての記述を欠いているように思われる[21]。そのほかシノットは別稿において、一九〇〇年代から一九三〇年代にかけての全国の一一七校のリベラルアーツ・カレッジまたは文理学部と、一九〇〇年代から一九四〇年代中ごろにかけてのメディカル・スクール七二校における、全学生に占めるユダヤ人学生の割合の変化を一覧表にまとめる作業をおこない、「割当制」のより全国的な傾向を探ろうとした。しかし、全志願者に占めるユダヤ人志願者の割合や非ユダヤ人の志願者と比べての合格率の差などが不明であるため、この論考も差別があったことの数値的な実証にはいたっていない[22]。

その他、ハロルド・ウェクスラー[23]がコロンビア大学、ダン・オレン[24]がイエール大学というように、個別の大学における入学政策の変遷やユダヤ人教員および学生の受けた処遇に関する研究も、大学史あるいはユダヤ人研究（Jewish studies）としておこなわれている。その意味で、事例研究の積み重ねによる「割当制」展開の具体的経緯に関する研究は厚みを増しつつあるといえるだろう。(25)

一方、このような差別に対してユダヤ人はどのように対処してきたのか、すなわち、ユダヤ人の差別とのたたかいということについては、従来の研究では基本的に欠けていたといわざるをえない。というのは、「割当制」はユダヤ人学生の完全排除ではなかったため、少ない入学者数の割当をめぐって志願者のあいだでの競争が激化するのみで、大学側の反ユダヤ的な入学政策を非難する段階まではユダヤ人社会の内部での議論の盛り上がりが見られなかったというのである。(26) たしかに、本書で扱うユダヤ人の諸団体による抗議活動は、差別的入学制度を終息させるのに「決定的」役割を果たしたとは言いがたい。実際の排斥の弛緩は、第二次世界大戦後の高等教育の拡大・大衆化あるいは社会全般としての反ユダヤ感情の減退によって、なし崩し的に実現していった側面が大きい。

とはいえ、在米ユダヤ人団体による反ユダヤ主義への抗議活動に目を向けてみると、いくつかの研究がなされていることがわかる。デボラ・ムーアは、ドイツ系ユダヤ人男性の友愛団体として一八四三年に発足したブネイ・ブリスが活動の裾野を広げていくなかで、その一部門であるユダヤ人防衛組織、反名誉毀損同盟が、第二次世界大戦後に雇用や住宅、教育における差別を撤廃するためのキャンペーンを展開した事実を紹介している。(27) また、ステュアート・スヴォンキンは、一九四〇年代から一九五〇年代にかけて「グループ間関係運動（intergroup relations movement）」に関わった在米ユダヤ人団体の活動を考察し、本書第3章で扱う一九四八年ニューヨーク州公正教育実施法の成立に関して「アメリカ・ユダヤ人会議の二年に及ぶたたかいの最高点」である、と述べている。[28] こういった「組織活動」史の研究は、反名誉毀損同盟、アメリカ・ユダヤ人会議とあわせて三大在米ユダヤ人団体をなすアメリカ・ユダヤ人委員会が二〇〇六年に設立一〇〇周年を迎えたこともあり、近年、充実してきている。[29]

アメリカ・ユダヤ人史を超えて――「ユダヤ人 - 黒人関係」研究

このように、「割当制」の問題、とくにその撤廃への動きについて考えるには、もはや「ユダヤ人たちが」どのように行動したのかということだけを考察していては限界がある。というのは、差別撤廃の運動は、合衆国における人種差別全般を取り除く運動として展開されたため、より深刻で目に見えやすい差別、つまり黒人差別およびその撤廃運動と切り離すことができないからである。そういった意味で、ユダヤ人の「割当制」克服の努力や反ユダヤ主義との対峙がどのようなものであったのかを探るには、公民権運動史や黒人史にも注目する必要がある。

実は、ユダヤ人と黒人の関係については、合衆国におけるさまざまなグループ間関係のなかでも特殊なものとして、「黒人 - ユダヤ人関係（Black-Jewish Relations）」として数々の研究がなされている。この二つのグループは、ともに合衆国におけるマイノリティとして差別された経験をもつことから、連帯感と親近感を抱きつつ、逆に強く反発しあう微妙な関係を培ってきたといわれており、評論などの分野で両者の関係は以前から語られてきた。たとえば一九四八年、黒人の知識人であり作家のジェイムズ・ボールドウィンは、「黒人はユダヤ人に深く共鳴している。信心深い黒人は、非情な奴隷主のもとでエジプトから導き出してくれるモーゼを待つユダヤ人と自分を同一視している[30]」と述べた。その一方で彼は、同じエッセイのなかで「この複雑な構造のなかでは、黒人とユダヤ人のあいだには真の協調は相当に難しい。……アメリカ社会の構造が、双方のマイノリティ・グループを永久的な敵対関係に追い込んでいるのだ[31]」と、その複雑さを指摘している。

この「黒人－ユダヤ人関係」研究は、とくに一九六〇年代後半以降、二〇世紀前半に築かれたユダヤ人と黒人の「同盟」関係が一九六四年公民権法成立以降の諸処の出来事によって「闘争」関係に変容したと考えられるようになってから、さかんにおこなわれるようになってきた。ユダヤ研究関連の学術雑誌は、「ブラック・パワー」の登場および学生非暴力調整委員会などの黒人団体が白人メンバーの締め出しを始めたことを受け、一九六〇年代後半には「黒人－ユダヤ人関係」を特集で取り上げた[32]。その後も、学校区におけるコミュニティ・コントロール、アファーマティヴ・アクション（積極的差別解消策）、世界政治におけるイスラエルの役割といった問題をめぐって、両グループの見解が対立する場面は多くあらわれた。さらに一九八〇年代後半からは、ネイション・オブ・イスラムのルイス・ファラカーンなど黒人団体指導者による反ユダヤ発言がみられるようになり、また、一九九一年にはニューヨーク市ブルックリンで正統派ユダヤ教徒と黒人の物理的衝突であるクラウンハイツ暴動が発生するなど、ユダヤ人と黒人のあいだの緊張はますます高まった。

一九九〇年代には、ユダヤ人－黒人関係についてのシンポジウムやセミナーがマサチューセッツ大学、ワシントン大学などで開催され、その成果をまとめたものが出版された[33]ほか、アメリカ・ユダヤ人委員会と黒人大学であるハワード大学は、共同編集によりユダヤ人－黒人関係を専門に扱う雑誌『コモン・クエスト』を一九九六年に創刊した[34]。また、それぞれユダヤ人、黒人である知識人のマイケル・ラーナーとコーネル・ウェストは、ブラック・ナショナリズム、ユダヤ人の人種主義、黒人の反ユダヤ主義、一九九五年一〇月に首都ワシントンでおこなわれたネイション・オブ・イスラムによる「一〇〇万人大行進」などさまざまな事柄について意見を交換し、両グループ関係の「治療（healing）」を目指して語り合った。二人の会話を編集したものは『ユダヤ人と黒人』として出版されている[35]。

「黒人－ユダヤ人関係」研究は、現実に進行しつつある両グループの関係悪化を背景としているため、きわめて政治的な意味合いをもつ。たとえば一九九一年、ネイション・オブ・イスラムは『黒人とユダヤ人の秘密の関係』と題した本を出版し、ユダヤ人は人間の売買に従事していたのであり、人間および人道に対するもっとも重い犯罪に従事していたと述べ、およそ一〇〇頁にわたって奴隷貿易あるいは売買に携わっていたとされるユダヤ人の名簿を掲載した[36]。するとその後、南部で黒人奴隷を所有していたユダヤ人は少なかったと指摘することで、奴隷制の時代にもユダヤ人は黒人の境遇に対する同情があったことを示す論文が、ユダヤ人研究者により出版されるという具合である[37]。ユダヤ人の奴隷制への関与がどの程度のものだったかについては、当時の南部におけるユダヤ人人口が非常に少なかったことを考えれば、正確な状況や数値の把握は学問的には大して強く要請されていなかったはずであるにもかかわらず、である。

こうした事情から、「ユダヤ人－黒人関係」研究は、ユダヤ人の人種アイデンティティはいかなるものかといった哲学的な問題にまで及んでいる。ユダヤ人と黒人の亀裂の原因は、マイノリティとして黒人と利害を共有したユダヤ人が第二次世界大戦後に社会的上昇を果たして保守化し、黒人を差別し対峙してきた「白人」になってしまったこととされるため、ユダヤ人が自らを白人と考えるか否かが、今後、両者の連帯が可能かどうかに直結するとされるのである。「黒人は、反白人だから反ユダヤなのである」[38]とボールドウィンは一九六七年にふたたび述べるが、それに対し、ユダヤ人のリベラル派の論客たちは、自らが白人であることを拒否する姿勢を見せることがある。たとえば、ラーナーも「差別された過去とその記憶がある限りユダヤ人は白人ではない」と述べるし、作家・政治学者であり数々のユダヤ人団体の顧問をつとめたレナード・ファインも、「いかにアメリカで成功しているように見えようとも、ユダヤ人は白人ではないのである。われわれは、象徴的に（symbolically）白人ではないし、実際のところも（literally）白人ではない」と述べる。[39]とくに近年では、「白人性《ホワイトネス》」研究として、政治的・文化的創造物としての「白人」を問いなおす作業が歴史学、社会学、文化人類学などの分野においておこなわれ、黒人との関係からユダヤ人が「白人」かどうか、頻繁に問われるようになってきた。[40]

いうまでもなく、一次資料を用いての実証的歴史研究もおこなわれている。[41]通史はもちろんのこと、ユダヤ人と黒人の接触がさかんになってきた二〇世紀のさまざまな出来事について、具体的な経緯や状況が明らかになってきている。それは、シアーズ・ローバック社長のユダヤ人ジュリアス・ローゼンウォルドがブッカー・ワシントンの自伝『奴隷より立ち上がりて』に感銘を受け、黒人の職業訓練学校であるタスキーギ学院の理事をつとめたことや、鉛筆工場の従業員である一三歳の少女を強姦殺害したという濡れ衣を着せられたユダヤ人青年が通常は黒人に対する暴力だったリンチにより殺害された一九一五年の「レオ・フランク事件」、キング牧師を支えたユダヤ人たち、教員の多くをユダヤ人が占めたニューヨーク市の「黒人地区」における一九六〇年代後半の学校ストライキなど、さまざまな地域・年代におよぶ。[42]公民権運動期へのユダヤ人の参加やユダヤ人と黒人の「同盟」関係、とくに二人のユダヤ人公民権運動家の若者が黒人の運動家とともにミシシッピ州にて活動中に行方不明になり、殺害された一九六四年の事件はとりわけよく取り上げられる題材である。(43)

最近の著作としては、シェリル・グリーンバーグが、黒人とユダヤ人の関係の変遷を描くなかで一九四〇年代から一九六〇年代中ごろにかけての時期を両者の同盟関係の「黄金時代」と位置づけ、緊張や衝突を抱えながらも、彼らのあいだに雇用、教育、住居等における差別をなくすための協同関係があったことを明らかにした。(44) アメリカ・ユダヤ人歴史協会による賞(45)を受賞した彼女の著作は数々の書評で取り上げられた。なかでも、セス・フォーマンは、「グリーンバーグの包括的かつ体系的な考察によりユダヤ人‐黒人関係研究は最高点に達した」こととならんで、「西洋とイスラム世界の衝突という、より差し迫った課題に関心が高まっている」という二つの理由により、いまや学界は「一九六〇年代の人種的動乱のなかで生まれたユダヤ人‐黒人関係研究に『さよなら』を告げるときがきた」と述べている。(46) この一節は「ユ

図版３　イディッシュ語新聞『フォワード』に掲載されたリンチ反対の漫画（1917年）

ダヤ人－黒人関係」研究の政治的性格を象徴しているといえよう。グリーンバーグの著作は、過去にユダヤ人と黒人の「同盟」関係があったことへの評価という「振り返り」の域に達しているが、その点、たしかに両グループの関係修復が可能かどうかを占うことを主眼としてきたこれまでの「ユダヤ人－黒人関係」研究を終焉させたといえるだろう。

グリーンバーグの研究、また、在米ユダヤ人団体による差別撤廃運動に焦点を当てた前述のスヴォンキンの研究は、ユダヤ人史を公民権運動史と結びつけている点で筆者の関心と方向性を同じくする。ただし、彼らの主たる関心はユダヤ人団体のマッカーシズムや共産主義との対峙や雇用問題にあり、本書の課題である高等教育分野での差別撤廃に関しては、いまなお研究の深化の余地があると思われる。

ユダヤ人による「カラー・ブラインド」な入学選抜の希求とその実践

本書では、以上の研究成果を踏まえつつ、個々の研究で抜け落ちている点を補う、あるいは史料の開拓により新しい事例を紹介することで反ユダヤ主義研究や教育史研究の充実に貢献することを目指すよりはむしろ、ユダヤ人学生「割当制」の問題をより広いアメリカ史、とくに社会史・人種関係史の文脈に位置づけることを念頭に置いて考察することとしたい。その意味では、本書では「割当制」の内側を探るのではなく、「割当制」の存在を通じてのユダヤ人とアメリカ社会の接点をより積極的に探ることとする。結論を先取りして述べれば、ユダヤ人たちが肌の色や宗教の違いによる差別のない「カラー・ブラインド（color blind＝人種、肌の色などの違いに着目しない）」な入学選抜の実現を希求し、そのための活動をおこなったことを、「割当制」をめぐる彼らの体験、とくにその撤廃のための活動の考察を通じて明らかにする。本項では、以下三点ほど、本書の構成を紹介しながら分析の視角を示しておきたい。

ひとつめは、「割当制」の検討を通して、黒人の人種隔離制度のような制度化された差別とは異なる合衆国の差別の実情と、そのような手段を選択した当時のアメリカ社会の寛容と不寛容の状況を明らかにすることである。本書では、一九二二年から一九二六年にかけてのハーヴァード・カレッジにおける入学制度変更やそれに付随する議論を追いながら、合衆国における「割当制」は、全入学者に占めるユダヤ人入学者の数や割合を公表するような文字どおりの割当制ではなく、さまざまな入学制度変更のなかで非公式・間接的に「多すぎる」ユダヤ人入学生の数を減じようと試みたものであったことを検証する(47)。これまでの研究では、「割当制」の具体的展開に不透明な部分が多いことは、「如何なる審議過程のもとで定められ、誰が、どの様に、それを運営していったのか、という問題は、実は当該研究対象のなかでも、もっとも未開拓な部分である。何故ならば、合衆国の大学の大半は、現状においても尚、過去における自校の反ユダヤ主義的入学制限政策の核心に迫る史料を公開しておらず、QS〔Quota System の略：引用者〕の立案、審議過程の解明は、現段階ではきわめて困難(48)」という史料的制約の問題として片づけられてきた。本書ではむしろ、大学当局が割当の数値を公表しなかった、あるいはできなかったことの意味合いを当時の社会背景との関連でとらえ、移民排斥に向けての不寛容な機運が高まっていた一九二〇年代においても、実は、自由・平等などの伝統的〈アメリカ〉の理念への根強い期待が存在していた事実を指摘する。この間の経緯は主に第2章で述べる。

二つめに、「割当制」はどのように克服されたのか、という観点からユダヤ人とアメリカ社会の接点を探る。第3章から第5章の各章は、一九四〇年代後半におけるユダヤ人による差別克服の試みの諸相を描いている。まず第3章では、私立を含めたすべての高等教育機関における人種・宗教などを理由とした入学差別を禁止する州レベルの法律「公正教育実施法（Fair Educational Practices Act）」の制定過程へのユダヤ人のかかわりを中心に、ユダヤ人の「割当制」撤廃への試みを考察する。第二次世界大戦後のユダヤ人学生「割当制」の縮小・後退は、従来の研究では戦後の人種差別感情の後退や高等教育の拡大・大衆化にともなう自然なものとされ、本格的な考察の対象とされることがなかった。だが、一九四〇年代後半の在米ユダヤ人団体の動きを観察してみると、差別を克服しようとする主体的な取り組みがあったことがわかる。彼らの活動は、入学選抜の際の反ユダヤ的慣行を直接非難するというよりは、包括的に高等教育における差別を禁止する法律の成立を後押ししたり、入学願書から差別的な質問事項を取り除くことを訴えるなどして、人種的・宗教的に中立的な入学選抜の実施を推進するものであった。これは、第2章で述べる、各大学が巧妙で目に見えにくい方法によりユダヤ人学生数の制限をおこなっていることを踏まえた方針であったが、彼らの活動にみられる「カラー・ブラインド」な入学選抜の実施を希求する姿勢は、同時期に展開された高等教育をめぐる他の場面での活動にも共通して観察されるものである。

つづいて第4章は、「割当制」との関連から、世俗的ユダヤ人大学（ユダヤ教宗教指導者の養成学校ではない一般向けの大学）の設立に関するユダヤ人のあいだの議論を考察する。というのは、ハーヴァード大学がユダヤ人学生の入学制限の計画を公表し全国的に「割当制」が議論された一九二二～二三年、また、反名誉毀損同盟が「割当制撤廃運動（Crack the Quotas Drive）」を展開した第二次世界大戦後

（一九四七〜四八年）と、ユダヤ人のあいだで「割当制」に関する議論や意識の高まりがみられたときには、同時にユダヤ人大学創設の是非に関する議論も盛り上がりがみられるのである。すなわち、ユダヤ人大学の創設は、「割当制」によってユダヤ人学生の入学の機会が制限されることへの対抗策として議論された傾向が強い。しかし、一九四八年に開学した合衆国初の世俗的ユダヤ人大学であるブランダイス大学は、カトリック系学校と異なり、入学者を自宗派の教徒に限定したり優先したりということをしない「非割当（non-quota）」の入学方針を表明した。この、人種・宗教を問わない「カラー・ブラインド」の思想は、同時期にユダヤ人団体が展開していた「割当制撤廃運動」や公正教育実施法の制定を要求する議論と親和性があると思われる。

そして第5章では、一九四〇年代後半の「割当制」廃止運動とほぼ並行する形で、在米ユダヤ人団体によって黒人の人種隔離教育制度の撤廃に向けての法廷闘争への賛同があった様子を明らかにする。一九五四年五月一七日、「分離（隔離）された教育は本質的に不平等である」という、人種に関する判決として二〇世紀でもっとも重要なものとされるブラウン判決が下され、一八九六年のプレッシー判決以来の「分離（隔離）すれども平等」原則に終止符が打たれることになる。従来、ブラウン判決の前段階としては、トルーマン大統領による軍隊あるいは連邦職員の雇用における人種差別を禁止した行政命令など「上から」の動きが重視されてきたが、一九三〇年代半ばから、全国黒人地位向上協会が大学院、とくにロー・スクールにおける人種隔離を争点として起こしていたいくつかの裁判も、同じく重要な動きであった。この章では、ユダヤ人たちの「カラー・ブラインド」志向、あるいはユダヤ人に限定せず高等教育における平等を求める傾向を踏まえ、これらブラウン判決に先立つ訴訟と彼らの関わりをみていくこととする。また、ブラウン訴訟自体への彼らの関わりについても考察の対象とする。

最後に、三点めの視角として、「割当制」を今日のマイノリティ政策との関連で考察することをあげておきたい。第6章は、一九五〇年代後半から高揚した公民権運動の成果として公民権法および投票権法が制定された後、一九六〇年代後半からおこなわれるようになったアファーマティヴ・アクション(積極的差別解消策)へのユダヤ人の対応を「割当」という視点から考察する。アファーマティヴ・アクションは、一般的にユダヤ人には不評であるとされており、その理由は、第二次世界大戦後のユダヤ人の本格的な社会的上昇と中産階級化による政治的保守化に求められるか、あるいはかつて「多すぎるユダヤ人」学生を制限するために差別的に用いられた「割当制」の記憶に求められるかの、いずれかであった。たしかにアファーマティヴ・アクションは、その運用過程においてマイノリティ受け入れの目標の数値が固定的になりがちな面があり、それが人種別割当につながるといった批判は一九七〇年代から聞かれていた。それゆえ、スタインバーグやシノットも、マイノリティの学生や従業員の数を増加させるための、この新しい「恵み深い割当(benign quota)」の問題性を指摘している[49]。本書では、ユダヤ人の政治的保守化、あるいは「割当制」の記憶などを踏まえつつ、第3章から第5章で明らかになった、ユダヤ人のカラー・ブラインド志向によって彼らのアファーマティヴ・アクションへの態度を説明してみたい。

以上を通じて、本書では、ユダヤ人の抱いたカラー・ブラインド思想にもとづいた平等の理想を、高等教育を舞台に描き出すことを試みる。彼らの目指したものは、単なる反ユダヤ主義の撤廃ではなく、個人として人種・宗教といったグループ属性の縛りから解放され、「色のない」一志願者として扱われることであった。これはすなわち、志願者の人種や宗教を問う欄を各大学の入学願書からなくさせることであり、ユダヤ人が出資して設立した大学であっても志願者がユダヤ人か否か、そして彼/彼女の人種も不問とすることであった。あるいはまた、「人種」という標識により入学を拒否されている黒人に対しては、その差別を取り除くための闘争の支援をおこなうことでもあった。こうしてカラー・ブラインドな入学選抜の実現を求めてきたユダヤ人は、これまで不利に扱われてきたマイノリティに暫定的な優遇を与えるためとはいえ、人種やエスニシティを合否の判断材料の一部とする、カラー・コンシャス(color conscious=人種、肌の色などの違いを意識した)な制度であるアファーマティヴ・アクションには異を唱えたと考えられる。

従来、ユダヤ人は他のいわゆる「ホワイト・エスニック」に比べてリベラルの傾向が強いことや、公民権運動の際に黒人に協力的であったことは指摘されていたものの、彼らの目指した「平等」がカラー・ブラインド思想に根ざしたものであったのか、カラー・コンシャスなそれであったのかということまでは考察されてこなかった。[50] しかし、本書でおこなう「割当制」を通じてユダヤ人の平等観やアメリカ社会の統合の理想像を考える作業は、ユダヤ人のリベラリズムの内容を問う作業でもあるから、より広い文脈でユダヤ人のアメリカ史や人種関係史における位置を考察することにもつながるのではないかと考えている。

三　「カラー・ブラインド」とるつぼ／文化多元主義

断ることなく前節ですでに使用したものもあるが、ここでは本書の趣旨とかかわるいくつかの用語や概念の定義や範囲について整理しておくこととする。まず、「カラー・ブラインド」について、本書で用いる際の定義を説明しておきたい。人種に関する用語としての「カラー・ブラインド」は、列車車両における人種分離の合憲性を争った一八九六年のプレッシー対ファーガソン判決の際の、ジョン・ハーラン連邦最高裁判事の発言に由来する。判決自体は「分離すれども平等」として乗客の人種による車両の分離を規定したルイジアナ州法を合憲としたが、彼はただひとり、「憲法は色による区別ができない(Our Constitution is color-blind.)」として、合衆国憲法は人種による分類 (racial classification) を認めていないはずであり、黒人であるか白人であるかの肌の色の区別をしない、と反対意見を表明したのであった。[51]

したがって、カラー・ブラインドとは人種、肌の色などの違いに着目しないことを指し、カラー・ブラインドによる平等とは、人種その他による区別をせず、異なる取り扱いを取り除く方向での差別解消を意味する。二〇世紀前半においては、「カラー・ブラインド」は、もっぱら黒人に対する差別の撤廃を目指す人びとが掲げたスローガンであったが、現在では、文字どおりのカラー (肌の色) に限定せず、人種、宗教、エスニシティなどに着目しない、ひいては、その違いにもとづいた異なる取り扱いを一切認めない立場を指すものとしても使用されうる。むろん、合衆国に住む人びとが、逆に、黒と白だけでなく、赤（アメリカ先住民）や茶（ヒスパニック）、黄（アジア系）などの「色」にたとえられるということはしばしばあるのだが。

こうしたことから、本書の文脈においては、ユダヤ人に対する差別を取り除く運動であっても、中立的な準則を用いた入学選考を求める、あるいは他の人と異なる取り扱いの撤廃を求めるものであれば、カラー・ブラインドという語でその理念を表現したい[52]。ただ、この言葉は、第一義的には肌の色を問わないことを指すものであり、一九四〇年代後半のユダヤ人の差別撤廃運動の合言葉は、「割当制を撤廃せよ！（Crack the Quotas!）」であって「カラー・ブラインドな入学選抜の実現を！」ではなかった。また、彼らは「われわれは無色である！」と訴えたのでもない。ユダヤ人は、カラー・ブラインドな入学選抜を求めつつ、その活動の基盤はアメリカ・ユダヤ人会議に置いていた。すなわち彼らにとって、色盲（カラー・ブラインド）であるべきものは、あくまで憲法であり、政府であり、あるいは大学なのであった[53]。

平等の論理として研究者や知識人によってこの言葉が頻繁に使用されるようになるのは、アファーマティヴ・アクションがおこなわれるようになり、対概念としての「カラー・コンシャス」が登場してからである。カラー・コンシャスによる平等とは、差別がおこなわれる基盤としての人種や宗教を意識したうえで平等の達成を目指す考えである。すなわち、カラー・ブラインド的発想で差別や区別を「おこなわず」に人びとを放置するだけでは、マイノリティの人びとはあまりにも長期間にわたった差別によって社会構造化した差別の連鎖から抜け出すことができないので、その人びとに配慮し、人種や宗教、エスニシティを基準にした異なる処遇を与えようという発想である。

また、「個人」と「集団」をどう想定するかに関しては、カラー・ブラインドとカラー・コンシャスは対極にある。カラー・コンシャスはグループ・コンシャスと呼ばれることもあるが、人種や宗教、エスニシティをグループとして把握するものであるから、その際の集団への帰依はかなり固定的なものと想定されることになる。しかし、人間をグループ単位で把握することは合衆国の「伝統的価値観」とされる個人主義に反するゆえ、「集団」を指標としている、あるいは「集団の権利」保障を企図するものであるという観点から、アファーマティヴ・アクションに対しては声高な批判が聞かれていた。それに対し、カラー・ブラインドは、人種や宗教などの「グループ属性」を無視し、大学入学選抜でいえば志願者の学力など「個人」としての資質を重視するということであるから、平等を達成する際の視座は「個人」にあるということになるだろう。

さてここで、「るつぼ」や「文化多元主義」といった言葉についてもみておきたい。合衆国におけるエスニック・グループの関係性のあり方に関しては、これまでさまざまなモデルが提示されてきた。また、そのモデルの意図するものに関しても、それが「理想的な目標」に関する議論なのか、あるいは、実際に起こった歴史プロセスに関する議論なのか、あるいはその両方なのかについても混乱が生じている状況であるが、アメリカ社会の統合の「哲学」もしくは目標体系は、社会学者ミルトン・ゴードンに従って、「アングロ・コンフォーミティ」、「メルティング・ポット」、「文化多元主義」の三つに分類するのが一般的である。(54)

「アングロ・コンフォーミティ」理論とは、建国の当初から主流であるアングロ・サクソン系コア集団の行動や価値観を、合衆国における支配的かつ標準的なものとして維持するのが望ましいという考え方である。移民は、自身の父祖伝来の文化を完全に放棄し、アングロ・サクソン的な制度や慣習に順応することが必要だということになる。また、「メルティング・ポット」の考えとは、アングロ・サクソン系の人びとを含めた人種・民族的背景を異にする多様な人びとが、るつぼのなかで熱せられ別の物質になるように、新しい「アメリカ人」を形成するというものである[55]。この「るつぼ」のたとえは、東欧・南欧からの「新移民」が増加した一九世紀末から二〇世紀初頭にかけての状況から生まれたものであり、その意味では、それまでの「アメリカ人」、すなわちアングロ・サクソン系とは異なるとされた人びとが、出自を問われなくなることで機会と成功の可能性を手に入れる期待を反映したものでもある。ただし、この「るつぼ」がアジア系や黒人を含めた皆が「溶け合う」ことを想定していたのかどうか、ヨーロッパ系のあいだだけでのるつぼではないのかといった疑問や批判もある。いずれにせよ、これらは「多からなる一」の「一」を重視した見方であるといえる。

こういった同化主義的な考え方に対し、「文化多元主義」とは、アメリカ市民として生活し、アメリカ社会への政治的・経済的統合を図るという脈絡の範囲内で、後からやって来た移民集団のコミュニティ生活や文化がかなりの部分保持されることを仮定したもので、「モザイク論」、「サラダ・ボウル論」とも呼ばれるものである。「るつぼ」理論と同じく、「新移民」の流入によって合衆国内の人口構成が急激に変化した時期に登場した考え方であるが、「文化多元主義」は、るつぼで完全に溶けてしまわないと移民はアメリカ人になれないのか、誰もが均質なアメリカ人に溶け変わってしまえるものなのか、とくに、血縁に根ざす民族的特性は溶解不能なのではないのかと、批判的に問いを投げかけたのであった。

ただし、二〇世紀初頭に主張された文化多元主義は、「同化不能」の烙印を押された新移民たちのもたらす「多様性」への評価を求めた議論であることから、やはりヨーロッパ出身の移民しか念頭に置いていなかった。アジア系や黒人、先住民も含めての文化多元主義が論壇に上がってくるのは、エスニック・リバイバルが起きた一九六〇年代に入ってからである。

また、ゴードンの著書『アメリカンライフにおける同化理論の諸相』が出版されたのは一九六四年であるゆえ、その後の状況を考慮すると、現在では、新たに四つめのモデルとして「多文化主義（multiculturalism）」もつけ加えられるべきであろう。これは、文化多元主義よりもさらにグループの集団性および境界線を固定的なものと想定する立場である。「共通文化としての国民文化の存在を否定ないし相対化し、エスニック文化を第一義的文化とする」とともに、社会生活のすべての面での多元的な見方とマイノリティ集団に属する人びとへの権力の付与を要求するものであるので、アーサー・シュレージンガー・ジュニアなどは、アメリカ社会を分裂させる動きとして危機感を表明している。[56] そのほかにも多文化主義は、人種、エスニシティ、宗教、性別、性的指向などの多様性を尊重する「多文化教育」を要求する動きとしても理解されている。ただ、実のところ多文化主義のとらえ方はさまざまであり、ロナルド・タカキが「多様な集団に属する人びとは、それぞれの生活と環境についてのそれぞれの物語を通して、われわれの共通の過去の中で自分自身とお互い同士を知ることができる」というように、「新たな国民的統合」論として肯定的にみる研究者もいる。[57] また、文化多元主義、多文化主義という二つの概念の用語の使い分け自体、研究者によって相当程度の独自性がみられる。[58]

さらにここで、これらアメリカ社会の統合モデルと、平等達成に関する理念の関係についても述べておきたい。人種や宗教の違いの無視という考えは、黒人対白人の図式、あるいはエスニック・グループ間の境界線を無効化しようとする発想につながるから、カラー・ブラインドの理念は、人種や宗教、エスニシティの消滅を想定したメルティング・ポットの考えと親和性をもつ。また、「個人」と集団」の関係においても、ゴードンがメルティング・ポットの理論について、「共同のアイデンティティとしての移民集団が消滅することや、あとからやって来る人びとやその子孫が既存の『アメリカ』という社会構造に個人として吸収されることを予見していた」（傍点引用者）[59]と述べるように、この二つの概念は、両者とも個人をベースにした平等や社会のあり方を理想としている。また逆に、「集団性」の意識という点において、カラー・コンシャスと多元主義の考えは通底するものであろう。

なお、本節では、複数のモデルや理念を並列的に紹介し検討してきたが、それぞれの出現した時期や当時の社会における影響力や認知度は異なっている。合衆国では、移民やマイノリティがイギリス的要素に追従する程度に関してはさまざまな議論があったにせよ、一九六〇年代初頭までは、多元主義ではなく同化主義を奉じることがさまざまな集団やエスニック関係の基本であった。多元主義が国家統合の理想像としても現実の社会のあり方を描写したものとしても有効性をもつようになるのは、一九六三年にネイサン・グレーザーとダニエル・モイニハンによる『人種のるつぼを越えて』[60]が出版され、現実にそれまでも溶け合っていなかったエスニシティに目が向けられると同時に、黒人の権利獲得運動や女性運動、エスニック・リバイバルの動きが出現した後である。多様な集団がそれぞれの文化を保持したまま存在することを理想とする多元主義は、すでに一九一〇年代に哲学者ホレス・カレンや評論家ランドルフ・ボーンによって提唱されていたが、国民としてのまとまりや一体性が強調され、また必要であっ

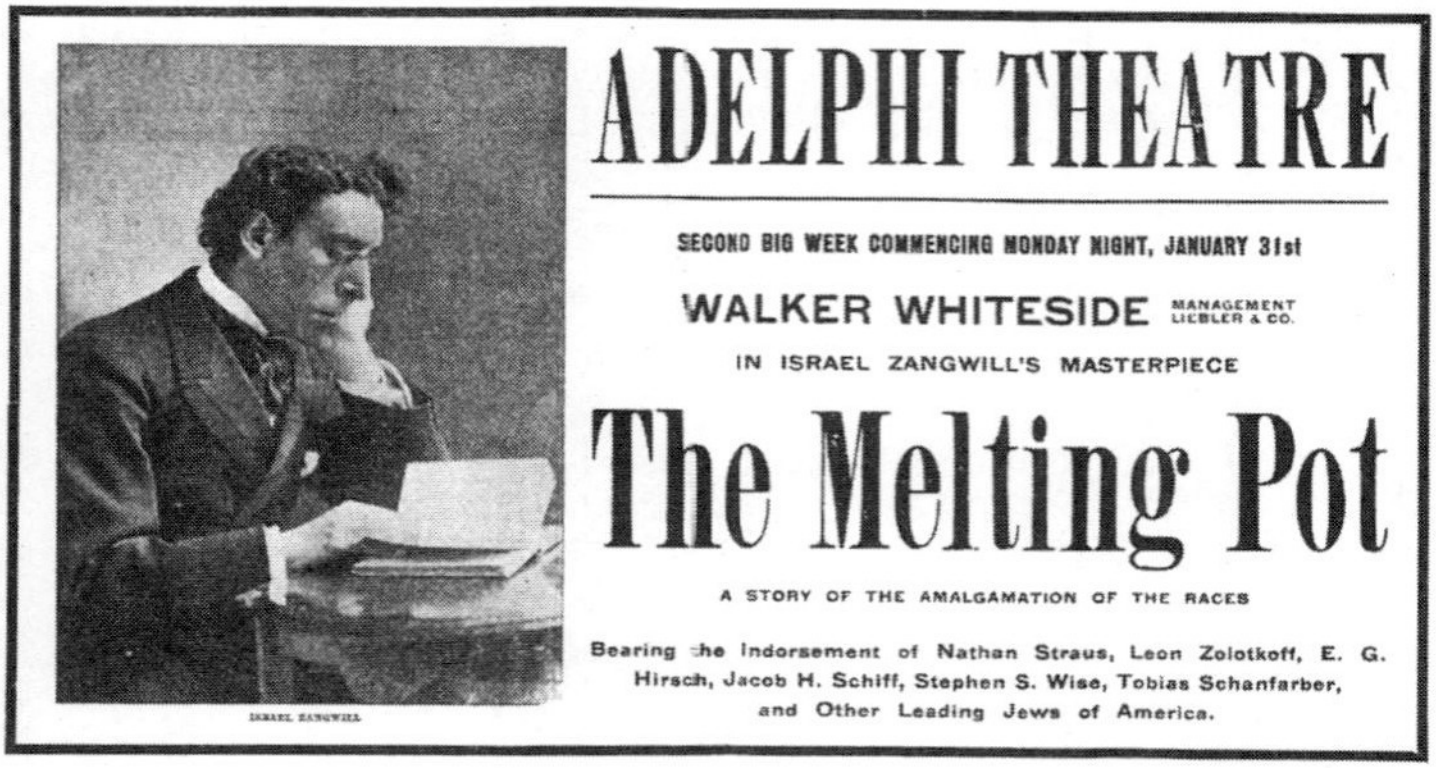

図版4　著名ユダヤ人たちが戯曲「メルティング・ポット」を推奨（1908年）

た戦時下においては受け入れられず、第二次世界大戦が終わるころまで「多様性」とは「いかがわしい」ものですらあった[61]。その意味で、本書で考察の対象とする時期にユダヤ人がカラー・ブラインドな入学選抜の実施を希求したのはまったく特異なことではなく、当時の人種統合を目指す動きの大勢に沿うものであった。むしろ、彼らの主張がユダヤ人独自のものとして立ち現われてくるのは、第6章で扱う一九六四年公民権法制定後のことである。

以上をもとに、本書では、ユダヤ人の〈アメリカ〉統合の理想像がいかなるものだったのかにもせまってみたい。ただ、ユダヤ人内部の多様性や立場の相違は無視しがたく、一般化は難しい。あるいは、ひとりの人物のなかでも、家族や教会などの私的領域と政治や社会の公的領域とで場面に応じてその理想像は異なることもあり、より複雑である。たとえばそれは、第4章で扱うブランダイス大学のあり方をめぐるユダヤ人のあいだでの議論にも見て取れる。何よりも、戯曲「メルティング・ポット」を書いて融合のビジョンを示したイスラエル・ザングウィルがユダヤ人である一方、合衆国を「人類のオーケストラ」にたとえたカレンもまたユダヤ人であったことが、この問題の難しさを象徴している。あるいはまた、アメリカ社会はプロテスタント、カトリック、ユダヤ教の三つの別々のるつぼにより成り立っているという宗教的な点での多元論を一九五〇年代に提唱したウィル・ハーバーグもまた、ユダヤ人であった[62]。

いずれにせよ、本書は、ユダヤ人の行動パターンがエスニシティの関係性のいずれのモデルにいかに合致するのかという社会学的な検証は目的ではなく、「るつぼ」や文化多元主義といったモデルを念頭に置きつつも、合衆国の社会史および人種関係史として、二〇世紀における「割当制」をめぐるユダヤ人の経験を描き出すものである。アメリカ社会参入の「黄金の扉」であるはずの高等教育機関への入学選抜における平等を求める活動の事例に、それに参加していたユダヤ人たちが「自由」や「平等」に期待を抱いていたこと、彼らの活動はユダヤ人に限らず黒人の「平等」をも巻き込むものであったことを明らかにしていきたい。

第2章　ユダヤ人学生「割当制」とその展開

およそ第一次世界大戦後から第二次世界大戦終結までのあいだ、アメリカ合衆国の高等教育機関でおこなわれたユダヤ人学生数制限策は「割当制（quota system）」として広く認識されている。ジョン・ハイアムも合衆国における反ユダヤ主義について、「……社会的差別は、大学や医学校が採用した割当制度において頂点に達した。……医科大学に急速に設けられた障壁は、はるかに徹底していた。割当制度は全国の大学に広がり、それは二〇年代を通じてしだいに厳しさを増していった[1]」と記し、「割当制度」という用語を躊躇なく使用している。

ところが、移民に対する不寛容に満ちていた当時の社会背景や反ユダヤ感情の蔓延を考えると、その悪感情が高等教育界にも及んだことは状況としては理解できるものの、大学側が具体的な数値を公に示して人種・宗教にもとづいた学生の募集や入学許可の決定をおこなっていたということを史料的に確認することができないのである。ということは、「割当制」とは、完全なユダヤ人排除ではないにせよ、大学当局が新入生のうち受け入れるユダヤ人の数や割合の上限を内部で設定していた事態を指して呼ぶものと思われる。

このように判然としない「割当制」の具体像を描くには、個別の大学内部でのユダヤ人学生数操作の過程の分析が必要となろう。その具体的事例として、一九二二年から一九二六年にかけてのハーヴァード・カレッジ（ハーヴァード大学の学部課程）における入学制度の変化は、先行研究においてもしばしば取り上げられてきた。同大学は、それまでは個々の大学が非公式にユダヤ人学生数を制限していた状況のなかで、一九二二年六月、合衆国ではじめてユダヤ人学生数制限の意図を公表したが、翌年にその計画を取り下げたのだった。この時期すでに合衆国の代表的な総合大学だった同大学のケースは、ユダヤ人やユダヤ人以外の合衆国市民に強いインパクトを与えたと考えられるし、また「多すぎる」ユダヤ人学生に悩んだ他の大学にも大きな影響を与えたであろうと考えられる(2)。

本章では、いずれの先行研究においても等閑視されていた、ハーヴァード大学では明らかなユダヤ人学生数制限策はいったん却下されたものの、さまざまな別の形の入学制度変更のなかで同じ目的が達せられた点、いいかえれば、ユダヤ人「割当」が大学当局内部での間接的あるいは非公式の手段によるものに転換した点に注目し、入学制度変更の過程の具体像を描きたい。そして、大学当局がそのような手段に頼らざるをえなくなった要因として、ユダヤ人学生団体や州行政・マスコミなどからユダヤ人差別に対する強い反発があったことも指摘する。これらの検証により、一九二〇年代という不寛容な時代においても、ユダヤ人、非ユダヤ人の双方を含む当時の社会にユダヤ人差別への反発、ひいては〈アメリカ〉やその自由・平等理念への強い期待が存在したことが明らかになるだろう。

一 高等教育機関における「ジューイッシュ・プロブレム」の発生

第1章で述べたように、一八八〇年代に始まる東欧系ユダヤ人移民の大流入によって、合衆国のユダヤ人はその数・質ともに変化した。およそ四〇年のあいだに二〇〇万人以上のユダヤ人が入国し、ユダヤ人の人口は一八八〇年の二五万人から一九二四年の四二〇万人へと激増した。また、入国した東欧系ユダヤ人は、その多くがニューヨークなど北東部大都市のスラムに定着し、当時、急速に拡大しつつあった衣料産業の工場労働者となった。祖国での迫害・貧困を逃れ合衆国へと移民した彼らの生活は貧しかった。彼らは、人口過密で非衛生的なテネメント（共同賃貸住宅）に住み、「苦汁工場」を意味するスウェットショップで働いた。工場での労働は厳しく、一日の労働時間は一五～一六時間にも及んだという。(3)

しかし、ユダヤ系移民はある程度の社会的・経済的上昇を示したその第二世代で、早くも高等教育への進学を開始した。多くの北東部の大学では、世紀の変わりめころからユダヤ人学生が目立つようになった。とくに多くのユダヤ人学生が集中したニューヨーク市立大学では、授業料が無料であったことや自宅通学をしながら放課後には家業を手伝うことが可能であるという地理的条件も手伝い、一九二〇年までにユダヤ人学生は全学生の八〇～九〇パーセントを占めるようになっていたという。(4) ほかの機関においても、ユダヤ人学生の数は急速に増加した。一九一八～一九一九学年度に、全国一〇六校の高等教

表2−1　主要な大学におけるユダヤ人学生の数と割合（1918–1919年）

大学名	所在地	在籍者数		
		ユダヤ人	全体	ユダヤ人の割合（%）
歯科口腔外科大学	ニューヨーク（NY）	477	589	80.9
ニューヨーク市立大学シティ・カレッジ	ニューヨーク（NY）	1,544	1,961	78.7
ロングアイランド医科大学	ニューヨーク（NY）	189	343	55.1
ニューヨーク大学	ニューヨーク（NY）	2,532	5,536	47.5
ニューヨーク市立大学ハンター・カレッジ	ニューヨーク（NY）	502	1,295	38.7
コロンビア大学	ニューヨーク（NY）	1,475	6,943	21.2
ブラウン大学	プロヴィデンス（RI）	34	1,140	2.9
コーネル大学	イサカ（NY）	317	3,505	9.1
ダートマス大学	ハノーヴァー（NH）	33	1,173	2.8
ハーヴァード大学	ケンブリッジ（MA）	385	3,843	10.0
ペンシルヴェニア大学	フィラデルフィア（PA）	596	4,172	14.5
プリンストン大学	プリンストン（NJ）	30	1,142	2.6
106校合計		14,837	153,084	9.7

註：NY: ニューヨーク州，RI: ロードアイランド州，NH: ニューハンプシャー州，MA: マサチューセッツ州，PA: ペンシルヴェニア州，NJ: ニュージャージー州。

出所："Professional Tendencies Among Jewish Students in Colleges, Universities, and Professional Schools," *American Jewish Year Book* 5681, vol. 22, September 13, 1920 to October 2, 1921, pp. 387–389より抜粋して作成。

育機関におけるユダヤ人学生の割合は平均九・七パーセントと記録されており、この数字は合衆国人口に占めるユダヤ人の割合四パーセントを凌駕するものであった（表2−1）[5]。

この背景には、教育を大切にし学者を尊敬するユダヤ教の教えに加え、被差別者であるユダヤ人にとっての自営的専門職の魅力があったと思われる。実際、ユダヤ人学生は非ユダヤ人学生に比べて専門・職業教育を受ける者が多く、さらにそのなかでも自営的な側面をもつ薬学や歯学、法学などを選ぶ傾向が強い[6]。

しかしながらユダヤ人学生は、大学で歓迎される存在とはならなかった。むしろ、困惑と敵意を持って迎えられた。その理由として、何よりもキャンパスにおけるユダヤ人学生の特異性があげられる。高等学校を卒業することさえまだ一般的でなかった二〇世紀の初め、大学で広がっていたムードとは、真面目さや学問への傾倒といったものでは決してなかった。教育史家フレデリック・ルドルフは、「多くの若者にとって大切なのは友情や出世、フラタニティ、スポーツマンシップ、陸上競技などの環境であった」(7)と述べている。たしかに合衆国の高等教育機関は、一九世紀後半からの改革により専門教育をおこなう機関としての役割を強めつつあったが、いまだ学生集団では上流階級家庭の出身者がその大部分を占めていた。というのは、入学条件として求められるギリシア語や古典の知識は私立の予備校(プレップ・スクール)以外ではなかなか得られなかったうえ、とくに医学や法律学に関していえば、教育期間の長期化や費用のかかる訓練によって、上流階級がその職業を独占していたのが実情だったのである(8)。

それに対し、ユダヤ人学生の多くは、移民してからの期間が短い労働者階級の出身であった。多くが正統派ユダヤ教徒であり、服装や言葉など、視覚的にも目立つ存在だった。また、ユダヤ人学生の進学の動機は非ユダヤ人学生のそれとは異なっていた。彼らにとって高等教育とは自営的専門職のための学位を得ることであり、すなわち、社会的上昇を果たすための手段であった。社交を重視した当時の大学では、寮での生活が大学生活の重要な一部分と考えられていたにもかかわらず、「非常に多くのユダヤ人学生は家に住み、大学の生活に馴染もうとせず、単に授業に出席するために大学に来ている」(9)のだった。そして、専門的知識の習得や奨学金獲得のためユダヤ人学生が真剣に学問に打ち込んだことによって、学業の到達度を競う雰囲気が大学内につくり出されてしまった。

これは、当時の大学が有していた知識の習得よりも課外活動や「人格(character)」教育を重んずる

「上流階級の伝統」に反するものであった。大学や同窓会は、ユダヤ人学生の増加によってエリートの地位の象徴としての大学の権威が落ちること、また上流階級プロテスタントの社交の場が壊されることを心配した。ことに、当時の合衆国の高等教育界では、大学間にアイヴィ・リーグを頂点とする複雑な地位の序列システムが形成されつつあった[10]。いわゆる名門私立大学がユダヤ人学生数制限についてさかんに議論をおこなっていたことからわかるように、ユダヤ人学生の増加はこれらの大学の地位や卒業生のステータスを脅かすものでさえあった。

以上のような状況は、当時の社会背景としてあった移民全般に対する不寛容の雰囲気と総合すると、よりよく理解できる。第一次世界大戦は合衆国内のナショナリズムを高揚させ、また、移民に対するネイティヴィズムを強めることになるが、このときには一〇〇パーセント・アメリカニズムと呼ばれる排外的愛国主義が生み出された。ドイツが敵国であったため、主な攻撃対象はドイツ系アメリカ人だったが、同様の警戒心は他の移民集団に対しても向けられた。忠誠と社会的コンフォーミティは事実上同義語となり、宗教、服装、言語、風俗習慣などが異なる「新移民」とその子孫は、プロテスタントの文化が支配的な当時の合衆国社会に速やかに同化するようにと圧力がかけられたのである[11]。そして、移民制限への動きも加速した。

また、労働運動の高まりも移民に対する敵対感情を増幅させた。というのは、移民は労働者の大きな部分を構成しており、労働運動の急進的傾向は移民の責任に帰せられたのである。ユダヤ人移民の場合、労働運動の中心をなしたのは衣料産業の組合だった。一九一〇年ごろから大規模なストライキが発生するようになり、労働者は組合承認や労働時間短縮、賃上げなどを要求した。そして、労組勢力の本格的確立は都市の政治状況を変えることになった。二〇世紀初頭の約二〇年間はアメリカ社会主義の黄金時代と呼ばれ、社会的革新の風潮が盛り上がっていた「革新主義」時代であったが、ユダヤ人は一九〇八年以降ニューヨーク市の社会党の主要な勢力を構成するようになったのである。また、ロシア革命後には共産主義に対する危惧――「赤の脅威」――が合衆国全土に広まったが、ロシアからの移民が多かったユダヤ人は共産主義者と同一視されることになった[12]。

ところで、アイルランド系やイタリア系などのカトリック教徒や黒人の学生に関しては、入学者数の制限ということに関してユダヤ人学生の場合ほどの議論の盛り上がりはみられない。その理由としては、まず、カトリック教徒に関しては、ユダヤ人がラビ（ユダヤ教の宗教指導者）養成学校など以外には大学を設立しなかったのに対し、彼らは宗教的な訓練を日常の学校教育にも求める傾向があり、教区学校から大学にいたるまでのカトリック独自の教育システムをつくり上げていたことがある。初等・中等教育のレベルにおいても、彼らは公立学校での教育を好まず、教区学校に通うものの割合が高かった[13]。また黒人学生に関しては、この時期、大学が制限を考えるほどの学生数がなかったのが実情である。そうしたことから、世俗の（非宗教系の）高等教育界においては、従来のワスプ中心の学生集団の構成メンバーへの新規参入者としてはユダヤ人がもっとも目立つ存在となり、「多すぎる」ユダヤ人学生問題としての「ジューイッシュ・プロブレム」解決の必要性が唱えられることになったのである。

以上のような経緯で、ユダヤ人学生に対する大学側の不寛容の雰囲気は完成した[14]。一九一〇年代には、フラタニティや大学内のクラブがユダヤ人学生を排除するのは多くあることだった。また、教員採用の際にもユダヤ人は著しく不利であった[15]。この不寛容から、ユダヤ人学生の数そのものをコントロールし

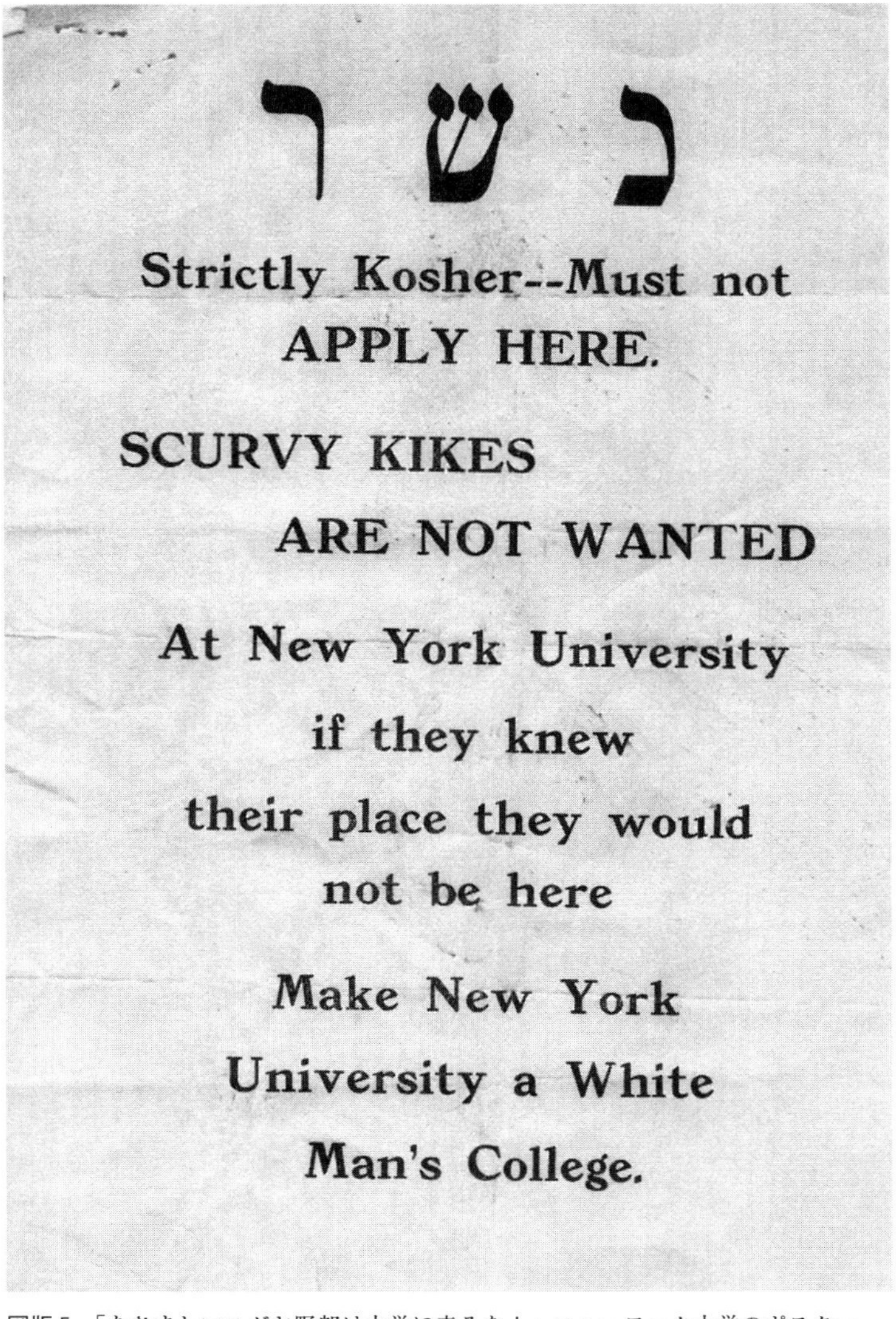
כ ש ר
Strictly Kosher--Must not
APPLY HERE.
SCURVY KIKES
ARE NOT WANTED
At New York University
if they knew
their place they would
not be here
Make New York
University a White
Man's College.

図版５　「あさましいユダヤ野郎は大学に来るな！」ニューヨーク大学のポスター

なければならないという雰囲気が徐々に大学内につくられたのである（図版5）。

早い時期にユダヤ人学生数を減じた大学として、コロンビア大学とニューヨーク大学ユニバーシティ・ハイツ分校の二つがしばしばあげられる。一九一九年にコロンビア大学では、同大学ティーチャーズ・カレッジ教授のエドワード・ソーンダイクによって考案された「精神的敏捷性テスト（Tests for Mental Alertness）」と称する新しい入学試験が導入されたが、この試験は応募者の「知性」や「精神の質」を計るものとされ、特別な知識を要求するものではなかった[16]。さらにこれらの大学では、入学申込書で宗教の所属、父親の名と出生地、写真を求めるようになった。その直後に新入生に占めるユダヤ人学生の割合に変化がみられ、コロンビア大学では二年間で四〇パーセントから二二パーセントへと減少したほか、ニューヨーク大学ではそれ以上に急激な減少が観察された[17]。

ある大学がユダヤ人学生を排除すると、そのことによって自校にユダヤ人学生がなだれ込むのを恐れ、他の大学もつぎつぎにユダヤ人学生を排除するための対策を講じた。多くの大学がコロンビア大学、ニューヨーク大学と同じように応募者の宗教の所属や父親の名・出生地、改名の有無などを尋ねるようになった[18]。こうして反ユダヤ的な入学政策は、北東部の私立大学を中心に合衆国の高等教育機関で採用されるようになったとほぼ推定される。「ほぼ推定される」という表現を用いるのは、ユダヤ人新入生数の減少が観察されるにせよ、大学は決してユダヤ人学生の数を意識して減じようと試みていると公にすることはなかったからである。そのため、ユダヤ人学生にとっては、「十分に資格があると思った医大への入学を曖昧な理由で拒否されたり[19]」、「ユダヤ人が同じ資格を持つ非ユダヤ人と比べて特定の職に就くのは難しく、一部の大学の入学が困難[20]」な状況が存在したが、この問題が公に論じられ、政治や社会を動揺させることはなかったのである。

二　ユダヤ人学生「割当制」導入の過程——ハーヴァード・カレッジを中心に

このように、各大学が非公式にユダヤ人学生の制限をおこなっている状態が続くなか、その数を制限すべきであるという意思をはじめて公にしたのがハーヴァード大学であった。本節では、「ハーヴァード・プラン」と呼ばれる、一九二二年から一九二六年にかけての同大学学部課程の入学制度の変化を追う。ハーヴァード・カレッジでは、いったんは制限の旨を公にするものの、結局ははっきりとしたユダヤ人学生の割当制（＝パーセント制度）は設定されなかった。また、ユダヤ人学生数制限の議論は最大の学部である文理学部から始まり、後に他の学部も含むカレッジ全体へと広まっている。

エリオットからローウェルへ

一八六九年から一九〇九年まで学長を務めたチャールズ・エリオットのもとで、ボストンの上流階級にマナーを教える一学園にすぎなかったハーヴァードは、全国的かつ学術研究を重視する総合大学へと変貌した。彼は、ハーヴァードがその役割を満たすためには「階級、カースト、人種、宗派または政党」に関係なく門戸をすべてに開放しなくてはならないと論じ、ユダヤ人を学生としても教員としても歓迎した(21)。ハーヴァード大学は、一八八六年という早い時期にチャペルの必修を廃止した。イエール大学が一九二六〜一九二七学年度に、プリンストン大学が一九一五年に平日の朝の礼拝、一九三五年に三、四年生に限りチャペルへの出席を自由にしたこと[22]と比較すると、いかに同大学の非宗教化が進んでいたかがうかがわれる。このような宗教的寛容は、ハーヴァードをユダヤ人学生にとって居心地の良い大学にした。

またエリオットは、一八八〇年にギリシア語の知識を入学の条件からはずした[23]。当時、ギリシア語を教えていたのは私立学校がほとんどであり、そのことが大学教育を社会的・経済的に恵まれた階層の出身者に限る傾向をつくっていたのだが[24]、それ以来、公立学校の卒業生にもハーヴァードの門は広く開放されることになった。そして、「一九〇六年にはメノラー・ソサイエティ（Menorah Society）を形成するに十分な数のユダヤ人がおり、続く一五年の間にハーヴァードは『ジューイッシュ・プロブレム』を抱えるようになったのである[25]」と、歴史家サミュエル・モリソンが回想するように、エリオットが退き、アボット・ローレンス・ローウェルが学長に就任した後もユダヤ人学生は増加した。一九〇九年に六パーセントだったユダヤ人学生の全新入生に占める割合は、一九二二年には二二パーセントになっていたのである[26]。

前節で指摘したとおり、当時は多くの高等教育機関に反ユダヤ感情が蔓延していた時期であった。ハーヴァード・カレッジは一九二二年の時点まで何のユダヤ人学生制限もおこなっていなかったが、合衆国北東部では、ユダヤ人学生の増加に悩まされていた私立大学の多くがすでに何らかの形でユダヤ人学生数の制限を試みていた。しかもローウェルは、人種・民族的寛容ということに関しては、ユダヤ人の友人を多くもったエリオットと対照的であった。彼は、一九〇九年からの三年間、「移民制限同盟[27]」の副総裁を務め、また一九二三年一月には黒人新入生の入寮請願を却下したのだった。また、あるとき、ローウェルは著名な校友にその前年に図書館から本を盗んだ学生の五〇パーセントはユダヤ人だったと話したことがあった。法学部のユダヤ人教授フェリックス・フランクファーターがこのことを聞き、具体的数字を明らかにするよう要望すると、ローウェルは五〇パーセントとは一人のことだと認めたという(28)。

ユダヤ人学生数制限の前段階

ローウェルがユダヤ人学生の入学制限を考えるようになったのは、一九二二年一月にニューヨーク、ルイジアナ、テキサスで卒業生からの圧力を受けたことが直接的なきっかけであった。当時は、とくに地方では、同窓会が新入生の勧誘に大きな役目を果たしていたのだが、「ハーヴァード大学にはユダヤ人が多すぎる」という評判のために勧誘がうまくいかないという不満が卒業生から聞かれたのである。こうしてローウェルは、ユダヤ人学生数制限に向けて動きはじめることとなる。早くも一月中に学生部事務局は、「奨学金総額のうち、ハーヴァード・カレッジの第一学年に所属するユダヤ人に付与しうる奨学金の割合は、新入生のクラスでのユダヤ人の割合を越えてはならないとローウェル学長が強く感じている」との通告を出している(29)。

当初、ローウェルが望んだのはパーセント制度だった。「政府は割当制度を課すことによって大量移民の問題を解決しているのだから、ハーヴァードにも同じことを当てはめたらどうだ」と彼は言った(30)。三月二九日、彼は、アメリカ・ユダヤ人会議の一九一八～一九一九年度総裁であり、ハーヴァード大学経営評議会（Board of Overseers）初のユダヤ人メンバーであるジュリアン・マックに書簡を送っている。

われわれと同一の背景を持たぬ米国への新来者、あるいはその子息に関しては、効果ある教育をおこないうる数だけを受け入れるのがハーヴァードの義務である。すなわち、書物の知識だけでなくわれわれアメリカ国民の思想と伝統を伝えることを教育に含めることである。経験によれば、その比率はおよそ一五パーセントであろう[31]。

具体的な行動をとる段階になって、ローウェルは入学基準の変更によってユダヤ人学生を減じることを考えた。四月一四日までに、彼は入学事務委員会に対してつぎの二つの提案をおこなっている。

（a）他のカレッジや他のテクニカル・スクールからハーヴァード・カレッジやハーヴァード・エンジニアリング・スクールへの編入学を求めるヘブライ人は、批判の余地のない人格を持ち合わせたずば抜けた学力の持ち主でない限り、拒否すべきである。

（b）ニュー・プラン[32]で入学を決定する際には、不確かな、あるいは境界線上のケースはあくまでも慎重に調査すべきであり、ヘブライ民族に属する学生がこれほど多くなるのは、非常の場合や特別の場合を除いて、拒否すべきである[33]。

今日でもそうだが、合衆国の高等教育機関では、学生の入学定員は日本ほど固定的でない。また、入学要件をすべて満たしていなくても入学を認める条件付き入学や、他大学からの編入学なども比較的ひろくおこなわれている。当時、条件付きの新入生や編入学生にはユダヤ人が多かったから、[34] ローウェルは、明らかに望ましい者は除いてこれらのユダヤ人学生を排除することでユダヤ人の割合を引き下げようと考えたのであった。

提案の手紙を受けた入学事務委員会委員長ヘンリー・ペニーパッカーは、入学事務委員会のメンバーは、ユダヤ人学生の増加には「ある程度の懸念」があるとはいえ、満場一致の投票でローウェル学長の提案には差別が含まれていると判断した、と彼に伝えた。入学事務委員会は、教授会の同意なしに「差別」――ローウェル提案の承認――をおこなうことはできないとして、文理学部の教授会において「ジューイッシュ・プロブレム」対策は議論されることとなった。五月中におこなわれた教授会は三回にわたった。九日、一六日は意見の交換に終始したが、二三日には、ローウェル提案の代案として提出されたローウェルの義弟ジェームズ・ロペスによる、つぎの二つの提案について投票がおこなわれ、両方とも可決された。

ひとつめは、

つぎのグループのハーヴァード・カレッジへの入学希望者

（a）他のカレッジやテクニカル・スクールからの転校による編入学を希望している候補者

（b）十分にすべての条件を満たしていない、試験による入学候補者

は、一九二二～二三学年度には、入学事務委員会は（現時点での）精神的な意味での学識と道徳的

な人格が十分なだけでなく、彼のカレッジのメンバーとしての存在がカレッジの発展に肯定的に貢献すると確信できる候補者である場合にのみ入学を許可すべきである。

二つめは、若干の修正が加えられた後、

教員による新たな行動があるまでは、委員会はこれらのケースで判断を下す際には、ハーヴァード・カレッジの人種的・民族的グループの成員の割合が結果的にどうなるかを考慮に入れるべきである[35]。

結局のところ、可決されたロペス提案の入学制度の変更点は、ローウェル提案のそれと同じであった。この入学制度が実行されれば、ローウェルの望んだとおりユダヤ人新入生の数にもっとも大きく影響を与えることは、予想される事態だった。それは、「ユダヤ人」と名指しすることを避け「人種的・民族的グループの成員の割合」の考慮という婉曲的な表現を使用して、「多すぎる」ユダヤ人学生の入学制限を可能にするものであった。

その後、この採決の含意に気づいた教授らによって採決の再考を促す署名が集められ、六月二日にふたたび教授会が開催された。再投票の結果、二三日の可決は覆された。しかし、カレッジの入学制度変更に関する議論はその後も継続されるべきであるとして、入学候補者のより効果的な選別方法を検討する委員会を設置することが別の投票により可決されたのであった[36]。

一九二二年六月――大学事務局の発言とその波紋

この結果、少なくともただちにユダヤ人学生の入学制限がおこなわれることはなくなったのだが、すでに五月末までに、新しい入学制度のプランは経営評議会や教員らに知れわたっていた。議論はハーヴァードの内部でおさまらず、匿名で新聞社に伝えられた。五月三一日、入学生数の制限をするという噂への答弁という形で、大学当局は新しい入学制度を現在検討中であることを発表した。六月二日の『ニューヨーク・タイムズ』は、この大学事務局の発言と、それに対する大学内外の反応を第一面で報じた(図版6)。

昨日の、ハーヴァード大学への入学生数制限の計画の発表に関して、ある方面の人びとには、それがユダヤ人に対する差別として受け取られているというコメントが、本日、学生のあいだで広まっている。

声明を聞き、学生集団と同様に一般の人びとも、将来の入学制度にはユダヤ人に対する差別を意味する方針が含まれていると感じていると、本日、ハーヴァード大学当局は知らされた。

ユダヤ人は公式発表のなかで言及された唯一の人種であるが、その発表とはつぎのようなものである。

「他の大学と同様、ハーヴァード・カレッジの最近の学生の急増は、どうしても入学者の数の制限の問題を持ち出すこととなった。

われわれは現在、これ以上の増加を収容するのに十分な数の教室や寮、とくに新入生用の寮を持

New York Times.

NEW YORK, FRIDAY, JUNE 2, 1922.

Discrimination Against Jews Suspected In New Harvard Policy on Admission

Special to The New York Times.

CAMBRIDGE, Mass., June 1.—Comment was rife today in the student body over yesterday's announcement of a restrictive plan for the admission of students to Harvard University, a plan which in some quarters was held to discriminate against Jews.

Harvard authorities were informed today that the public as well as the student body had seen in the statement a declaration of policy that spelled discrimination against Jews in future admissions to the college.

Jews are the only race mentioned in the offficial announcement which was as follows:

"The great increase which has recently taken place in the number of students at Harvard College, as at the other colleges, has brought up forcibly the problem of the limitation of enrollment.

"We have not at present sufficient classrooms or dormitories, especially freshman dormitories, to take care of any further large increase. This problem is really a group of problems, all difficult, some exceedingly difficult, and most of them needing for their settlement more facts than we now have. Before a general policy can be formulated on this great question it must engage the attention of the Governing Board and the Faculties, and it is likely to be discussed by alumni and undergraduates.

"It is natural that with a widespread discussion of this sort going on there should be talk about the proportion of Jews at the college. At present the whole problem of limitation of enrolment is in the stage of general discussion and it may remain in that stage for a considerable time."

Because of limited accommodation, it is necessary to limit the number of new students, it is set forth. Within the last decade the number and proportion of Jews at Harvard University has greatly increased. Prominent Jews assert the issue raised is whether the institution intends to remain a democratic institution or become a seat of intolerance.

The President and Fellows of the university met at their office in State Street, Boston, this afternoon, but efforts to ascertain whether the situation was touched on were futile.

STORM IN THE HOUSE AS INQUIRY ON WAR FUND IS SMOTHERED

Party Leaders Taunt Each Other as Fearing Their Own Officials Would Be Smirched.

DAUGHERTY MADE A TARGET

Republican Author of Rescinded Resolution Warns His Colleagues of Future Trouble.

図版6　ハーヴァード・カレッジの学生制限の計画について報じた『ニューヨーク・タイムズ』（1922年）

っていない。……この種の議論を進めるには、大学におけるユダヤ人の割合についての話があるのが当然である。現在のところ、入学生の制限の問題自体は一般的な議論の段階であり、当分はこの段階で止まっているだろう」。

収容数に限界があるため新入生の数を制限する必要があると発表された。この一〇年間に、ハーヴァード大学におけるユダヤ人の数と割合は非常に増加している。著名なユダヤ人たちは、提起された話題は大学が民主的な機関であり続けるつもりなのか、それとも不寛容の病巣になるつもりなのかの問題であると断言している(37)。

学生数の増加への対策として入学制限を計画中であることが発表の主旨だったが、新聞では大学当局がユダヤ人学生の数を問題にしていることが大きく報じられた。これが、他の大学ではすでに非公式におこなわれていたユダヤ人学生数の制限が、社会的な議論の対象となるにいたった発端である。六月の『ニューヨーク・タイムズ』は、その後ほとんど毎日のように、ハーヴァード大学当局の動きを伝えている。

「ユダヤ人差別」を疑われたローウェルは、もはやハーヴァードがユダヤ人学生の制限を計画していることを隠すことはしなかった。彼は、それまで多くの大学がおこなっていた非公式の手段に訴えることをやめ、むしろユダヤ人学生数制限の必要性やその効果を強調したのだった。つぎの文章は、「ローウェル、大学でのユダヤ人制限はユダヤ人を助けると発言」という見出しを付けられ、六月一七日の『ニューヨーク・タイムズ』に掲載された。

非常に不幸なことではありますが、国内では急速に反ユダヤ感情が増大しております。……このような状態を遺憾に思うわれわれにとっての問題は、いかにしてこの状態と戦うかであり、とくに大学関係者であるわれわれにとっては、いかにして大学でのそれと立ち向かうか——すなわち、いかにしてユダヤ人が学生集団の不可欠な一部分と自ら感じ、また見なされるようにできるかであります。学生のあいだに反ユダヤ感情が高まっているのです。ユダヤ人学生の数が増えるにつれて、それは強くなっています。

ユダヤ人学生の数が全体の四〇パーセントを超えるようなことがもしあれば、人種感情はきわめて強くなりましょう。一方、ユダヤ人学生の数が少なかったころは、人種的反感も小さかったのです。

……国内のすべての大学がユダヤ人の割合を制限すれば、学生間の人種感情を取り除く方向に向かうことができると私は考えております。そして、これらの学生が世の中に出たときには、コミュニティにおける反ユダヤ感情を取り除くことでしょう。

……間接的な方法でこの問題を解決している大学もあるようですが、われわれはそのような方法を採用することを望みません。大学当局とユダヤ人自身の協力があって、はじめてこの問題は解決できるのです。ユダヤ人が、学生のあいだの人種感情の増大を防ぐためにとられた最善の方法に進んで協力しないのならば、どうやって世界でそれが実現できましょう。(38)（傍点引用者）

一方、大学では、六月二日の教授会の投票結果を受けて、六月五日に経営評議会で投票がおこなわれ、「大学入学候補者のより効果的な選別のための原則と方法を検討し理事会に報告する委員会」を発足させることが決定した。文理学部以外にもその範囲を広げることになり、二二日にはこの委員会を構成する一三人のメンバーがローウェル自身によって任命された。この委員会はさらに四つの小委員会に分かれ、一年かけてハーヴァードの入学制度を検討することになった。委員会報告ができあがるまでは従来の入学制度を変更することはないと発表されたため、いったんは、この二、三週間、全国の注目を集めた大学事務局の発言に対する反響はおさまった。委員会は、ユダヤ人学生制限の問題を公の領域から取り去り、ハーヴァード大学当局を公的な調査や政治的な圧力から隔離する役割を果たしたのである。この委員会はその後一九回、およそ週一回の割で開催された（表2－2）。

ローウェル自身が任命したこの委員会は、ユダヤ人学生数の制限に反対の教員もメンバーに加えられ

表2－2 「大学入学候補者のより効果的な選別のための原則と方法を検討し理事会に報告する委員会」のメンバー構成

所属	氏　名	ユダヤ人	小委員会	身　分
文理	チャールズ・グランジェント (Charles H. Grandgent)		3	教授
文理	ヘンリー・ペニーパッカー (Henry Pennypacker)		3 (委員長)	入学事務委員会委員長
文理	チェスター・グリノフ (Chester N. Greenough)		2 (委員長)	ハーヴァード・カレッジ学生部長
文理	ロジャー・リー (Roger I. Lee)		4	教授
文理	セオドア・ライマン (Theodore Lyman)		4 (委員長)	教授
文理	ポール・サックス (Paul J. Sachs)	○	1 (委員長)	教授
文理	ハリー・ウルフソン (Harry A. Wolfson)	○	1	助教授
医	ローレンス・ヘンダーソン (Lawrence J. Henderson)		1	教授
医	ミルトン・ロズナウ (Milton J. Rosenau)	○	1	教授
経営	ウォレス・ドナム (Wallace B. Donham)		2	学生部長
教育	ヘンリー・ホームズ (Henry W. Holmes)		2	学生部長・教授
工	ハリー・クリフォード (Harry E. Clifford)		3	教授
法	サミュエル・ウィリストン (Samuel Williston)		4	教授

註：第一委員会：ユダヤ人の卒業生や著名なユダヤ人との対応。
第二委員会：大学のユダヤ人学生に関する統計を扱う。
第三委員会：似た問題を抱える他の大学と接触し，どのような対策をしているのか調べる。
第四委員会：学部生の（クラブなどでの）ユダヤ人排斥を和らげさせる。
出所：*The New York Times,* June 23, 1922, p. 10; June 24, 1922, p. 15より作成。

てはいたものの、賛成者の勢力が強いものであった。委員長のチャールズ・グランジェントも、ユダヤ人学生の制限に賛成だった。彼は委員会発足の際、つぎのように語っている。

> 大学におけるユダヤ人学生の割合は、他のどの人種よりも高い。その結果、制限の必要があるとすれば、ユダヤ人の制限の問題がいちばん大きな問題である。……もしユダヤ人がもっと少なければ、この問題はこれほどではなかったであろう[39]。

一九二三年四月――委員会レポートの完成

委員会設置から一年近くが経過した一九二三年四月、報告書『大学入学候補者のより効果的な選別のための原則と方法を検討し理事会に報告する委員会レポート』ができあがった[40]。四月七日、委員会は報告書をローウェルに送り、その後、九日には経営評議会の全会一致の承認を受けた。この報告書は八項目からなり、第八項で、全体のまとめとして（a）～（i）の九つの提案をおこなっている。

報告書は、委員会の当初の関心は学生集団の人種構成であったことを認めつつも、第三項と第八項（a）で「ハーヴァード・カレッジの入学規則における、人種や宗教を理由とした差別をおこなわない伝統的方針を維持すること」[41]を確認した。これは、前年より世論を騒がせてきたユダヤ人学生数制限の導入を否定するのと同義であった。だがその一方で、報告書はハーヴァードのすべての入学選考手続きを検討するものであった。第八項（b）～（h）では、従来の入学手続きからの細かい変更点として、（b）他校からの編入学の条件を厳しくすることや、（c）入学に必要な条件に全部従うよう強く求めること、（d）留学生は別として、英作文の試験に合格しなければ入学を認めないこと、（g）イタリア語とスペイン語を入試科目として認めること、（h）植物学と動物学を選択科目に加えること、などが提案された。

もっとも大きな変更点は（i）であった。第七項では、ハーヴァードの影響力をより全国に拡大するため学生の出身地の地理的配分を考慮すること、具体的には合衆国西部や南部、その他、小都市出身者を増加させる必要性について述べられていたが、その実現のための新しい入学制度が提案された。

（i）新しい計画の説明で要点を述べたように、認可された高等学校の課程を修了し、卒業したクラスでの学業成績が上位七分の一に入っている生徒は、学校の推薦があれば、試験なしにカレッジへの入学を認められるものとする。

この入学方法は、普通は生徒に大学入試の準備をさせていない学校出身の有能な少年たちの大学へのアクセスを容易にすることを意図したものである[42]。

この報告書は、その文中ユダヤ人という言葉を一度も使用していなかったが、学生集団中に占める彼らの割合を低くすることが可能な提案をいくつも含んでいた。まず、第八項（b）と（c）において前年に提案されていた事項は承認されたから、編入学生や条件付き入学の多いユダヤ人学生は減少するはずであった。また、（d）の英作文テストも、英作文科目に力を入れない公立高校の卒業生が多いユダヤ人学生には不利であった。そして、（i）で提案された「上位七分の一プラン」により、それまで少なかった西部や南部出身の学生を増加させれば、相対的に学生集団における北東部出身の学生の割合を低くすることが可能であった。

ユダヤ人学生、とくに大学にとって問題となる東欧系ユダヤ人学生の大部分は、ニューヨーク市などの北東部大都市の出身であった。すなわち、地方出身者の入学を容易にする入学制度を開始すると同時に、ユダヤ人学生に不利に働き得る制度をあわせて採用すれば、彼らの学生集団に占める割合は自動的に減少するはずだった。委員会メンバーのヘンリー・ホームズは、一九二三年の同窓会誌『ハーヴァード・グラジュエイツ・マガジン』につぎのように記している。

> 新しい地理配分の制度によって、とくに西部や南部の町や小都市の高校から、より多くの学生がハーヴァードに来る。……これらの対策は、大学にふさわしくない人びとが多い集団の学生を大学に入れないようにするためのものである。いまのところ、その対象となるのはユダヤ人が大半だが、彼らは名目上も事実上も人種を理由に排除されるわけではない。(43)(傍点引用者)

この記述から、新しい入学制度が実際にはユダヤ人をはじめとした「望ましくない学生」の排除を目的としていること、しかも地理的配分という表面上は人種・宗教的に中立の価値を持ち出すことにより、それがもつ差別的意図を隠蔽することが可能なことを大学当局が自覚していることがわかる。

しかし、新しい入学制度は、少なくとも短期的には期待された効果をあげることができず、ユダヤ人学生の割合は減らなかった。逆に、一九二二年に二一・七パーセントだった比率が一九二五年には二七・一パーセントに増加している(44)。その理由として、ハーヴァードが宗教枠を不採用と広く報道されたために、優秀なユダヤ人の入学志望者が増加したことがあげられる。たとえば一九二五年秋、「上位七分の一プラン」により入学した西部および南部出身の学生は二二名にとどまり、しかもそのうち六名はユダヤ人だった(45)。新しく採用された入学制度はユダヤ人学生を減じることを目的としたものではあったが、このような「実質的な」効果を狙った制度では、ますますハーヴァードに殺到するユダヤ人学生数を制限することはできなかったのである。

一九二六年一月——「人格」評価の導入

新しい入学制度の採用によりユダヤ人学生の数を減らすことに失敗したローウェルだったが、そのこと自体を断念したわけではなかった。彼は、別の方法を模索したのである。ローウェルは再度、入学試験の改変をおこなうことにした。まず一九二四年には、暫定的に新入生数を一〇〇〇名に制限することが文理学部とエンジニアリング・スクールの教授会で承認され、その後、経営評議会の名で「新入生数の制限に関する特別委員会」が任命された。この委員会にローウェル自身が加わり、新入生定員設定の必要性を委員長ヘンリー・ジェームズに訴えたのである。一九二五年一一月、ローウェルは彼宛てにつぎのような書簡を送っている。

ユダヤ人学生の割合の危機的増加を防ぐために、簡単で効果的、そして唯一の方法を私は現在知っている。それは、入学事務局の責任でおこなう人格による個人評価選抜である(46)。

一九二六年、ハーヴァードは新たな入学選抜方法の変更をおこなうこととなった。一月一一日には、「新入生数の制限に関する特別委員会」報告書が経営評議会に提出された。「入学候補者が増えてより厳しい選抜をすることが必要になったとき、カレッジの基準をあまりに高くして、よほどの優秀な学者でない限り普通の状態では入学も在籍もできないようになることを、委員会は可能だとも望ましいとも思わない(47)」と報告書は述べた。そして、さらには、つぎのように勧告した。

一．一九二六〜二七学年度から一九二八〜二九学年度の間、一〇〇〇名の新入生の上限は留年生も含むこととするが、その後は理事会の承認があるときを除いては含まないこととする。
二．卒業高校での成績が上位七分の一の候補者に関する規則の適用は、学校と候補者の双方について入学事務委員会の自由裁量とする。
三．候補者の入学許可の規則は、人格や大学への適性、ハーヴァードでの教育によって将来いかに有用な人材となりうるかに、より重きを置いた選抜に変更すべきである(48)。

とくに重要なのは第三点、学業面で水準に達した入学志願者であっても「人格や大学に適しているかどうか」の判断を重視し、入学事務委員会の任意の裁量による選抜をおこなうことができるよう、入学制度を変更しようとする部分であった。この新しい制度によって新入生の選抜過程は不透明化されてしまった。すでに一九二二年より、入学志願者の「背景」を知るためとして、入学申込書に人種・肌の色、本人あるいは父親の改名の有無、父親の出生地などを問う欄が設けられていたが(49)、これらは志願者がユダヤ人であるか否かを発見するために他の私立大学が問うていた項目だった。そして、この入学事務委員会による自由裁量の「人格」評価法が取り入れられた一九二六年、ユダヤ人新入生の割合は一五パーセントに急減した[50]。

一九二六年の年末近く、イエール大学の学部長クラレンス・メンデルは、ハーヴァード・カレッジの教員からつぎのような話を聞いたという。ハーヴァードは、新入生の定員を一〇〇〇名に制限した後は、とくに東部の高校に関しては「上位七分の一プラン」をやめる予定である。このプランだと、ユダヤ人が四〇パーセントにまで増えてしまう。これからは、ユダヤ人学生の数を今の二五パーセントから一五パーセント以下に減らす予定だが、それは、詳しい説明抜きで入学を拒否するという方法をとる。どの志願者に対しても、もう何の説明もしないことにしたのだ、と[51]。

以上のようにして、ローウェルはハーヴァード・カレッジにおけるユダヤ人学生の割合を低くするのに成功した。この入学システムは、その後もローウェルが学長を務めた間、継続した。さらには、一九三三年から学長を務めたジェームズ・コナントも学生数の制限を好んだので、ローウェルの退任後も同じ方法による入学選抜がおこなわれ続けた。結局、一九二〇年代後半から一九三〇年代の終わりまで、ユダヤ人学生の割合は一〇パーセントから一五パーセントのあいだを推移した[52]。

三　ユダヤ人学生「割当制」のインパクト

本節では、ユダヤ人学生「割当制」に対するユダヤ人学生の反応や世論の推移を、ふたたびハーヴァード・カレッジの例をとって検証する。そこでは、一九二〇年代という一見不寛容な時代においてさえ、「ユダヤ人差別の疑惑」に対して各方面から激しい反発があった様子が確認できる。

一九二二年五月以前――ユダヤ人学生団体の動き

ハーヴァード・カレッジの入学制限についての新聞報道があったのは一九二二年六月のことであるが、それ以前から、学校関係者のあいだでは、ユダヤ人学生の制限が検討されているという話が広まっていたという。事態を憂慮したユダヤ人学生団体メノラー・ソサイエティ会長のハリー・スターは、デイヴィッド・ストファーら他のユダヤ人フラタニティの会長ら四名とともに、同大学の学生新聞編集者である非ユダヤ人の学生ら五名と、四月一二日と五月八日の二度にわたる話し合いをおこなった。

学生たちは、学内での反ユダヤ主義の増大についてのほか、ユダヤ人学生と非ユダヤ人学生の関係改善について議論したが、結局のところユダヤ人学生制限の必要性の話になった。スターは、つぎのように失望感をあらわにした。

はじめわれわれは、現在の反ユダヤ感情は特定のユダヤ人に対する嫌悪から生じていると思ったが、問題なのは「数」なのだとわかった。良い悪いに関係なく、「多すぎる」ユダヤ人は嫌われるのだ。豊かであろうと貧しかろうと、また賢かろうと頭が鈍かろうと、洗練されていようと粗野であろうと、「多すぎるユダヤ人」はハーヴァードに新しいエルサレムをつくるという「〔ニューヨーク（＝引用者）〕市立大学」の恐怖をもたらしたのだ。(53)

そのほかにもスターらは、以前よりユダヤ人学生に好意的だったハリー・ウルフソン教授のアドバイスにもとづき、ハーヴァード・カレッジ学生部長チェスター・グリノフにこの会議について報告するとともに、文理学部教授会の前日の五月一五日には彼に書簡を届けている。書簡は、教授会で検討されている入学制度変更に反対するユダヤ人学生団体の立場を明確にしたものであった。彼らは、憲法修正第一五条の字句を利用して、「われわれはアメリカ人として、このような行動〔ユダヤ人学生数の制限（＝引用者）〕を『人種、皮膚の色、あるいは過去における労役の状態』の故をもって人びとのあいだに境界線を引いてはならないという原理に示された、アメリカニズムの哲学に直接的に矛盾するものだと考える(54)」と主張した。

以上のように、ユダヤ人学生たちは「大学による差別の疑い」に対して素早い対応をしている。ワスプ上流階級のクラスメートたちから冷ややかな視線を注がれたにせよ、彼らは単なる蔑視の対象ではなく、この時期すでに大学内の無視しがたい勢力となっていたことがうかがわれる。またそれと同時に、ユダヤ人学生が自らを「アメリカ人である」と主張し、その自由・平等の理念に訴えかける形でユダヤ人学生制限に対する抗議をおこなっている事実も注目に値すべきことである。

われわれにとっては「ジューイッシュ・プロブレム」など存在しない。それはまったく主観的な問題なのだ。ユダヤ人は自らを問題だとは思っていない。彼は、彼を問題だと思っている人にとってのみ、問題なのである。この国に生まれた、あるいは帰化したのだから、彼は完全にアメリカ人なのである。

……自尊心のあるユダヤ人の多くは、ユダヤ人がアメリカ人としてこの国土に定住する権利、またはこの国土の上にある機関を使用する権利に暗い影を落とすような言論を許すことができないのだ。われわれは、あるグループに対する特別な扱いはすべてなくしたいと考えている。(55)

このようにスターの手記にも、〈アメリカ〉人であることを強く意識し、また、アメリカ人としてよりユダヤ人として扱われる事態を拒絶する姿勢がみられたのであった。

一九二二年六月——州行政とマスコミの反応

ハーヴァード・カレッジの入学制度変更に対するもっとも早い報道は、一九二二年五月三〇日の『ボストン・ポスト』に掲載された小さな記事であった。この記事に反応して、報道各社はハーヴァード大学に詰めかけた。六月二日には、「ハーヴァードの新しい入学方針にユダヤ人差別の疑いあり」という記事が『ニューヨーク・タイムズ』の第一面に掲載され、これまで学内の議論だったユダヤ人学生制限の計画は、ボストンのみならず全国的な議論となった。その日のうちに、マサチューセッツ州議会のジョージ・ウェブスター下院議員は、州議会に対し、同大学のユダヤ人差別疑惑を調査する特別委員会の設置を要求している[56]。

このような事態に驚いたローウェルは、翌六月三日、B・ローリング・ヤング州議会下院議長を訪問し、事態の経緯について説明した。しかし、六日には、マサチューセッツ州知事チャニング・H・コックスがハーヴァード大学におけるユダヤ人差別を調査する委員会を任命したため、行政による調査を免れることはできなくなった[57]。ただし、その後、同大学が学内に「大学入学候補者のより効果的な選別のための原則と方法を検討し理事会に報告する委員会」を設置し、入学制度の変更について自ら検討しなおすことになると、一二日には調査をおこなわないことが決定された[58]。

私立であるハーヴァード大学がこのような調査の対象となった主な根拠は、同大学の受ける免税措置であった。教育機関として同大学が納税を免除されているということは、その分、公の金を使用しているのと同義であるとされ、その間接的な公共性をもって「ユダヤ人差別の疑い」は憲法違反との非難を浴びたのだった。

この時期、ユダヤ人学生制限への賛否は多くのマスメディアにも寄せられた。制限賛成派はユダヤ人が大学に持ち込んだ独特な雰囲気を強調した。「彼らは本を暗記している！」と、ある学生は言った。がむしゃらに勉強するユダヤ人は、成績が良すぎて、他のクラスメートたちのやる気をなくさせているのだった。また他の学生は、「大学には知識の習得以外の目的もあるのだ」と言った。貧しいユダヤ人学生は、寮に住まず放課後にはアルバイトをした。そのためスポーツなどの課外活動に積極的に参加することもしないのだった。大学には、大学の保ってきたキャラクターがある。ユダヤ人には、それを保持しうる性質が欠けている。「ハーヴァードがこの問題に率直に対応するのは道理にかなっている」として、ローウェルの「勇気」が讃えられさえした(59)。

また、ドイツ系のユダヤ人には制限に賛成する者もいた。そもそも彼らにとって、ロシア・東欧系ユダヤ人の存在は恥と困惑の種だった。新しい移民たちは、入国者の数が多く北東部大都市に集中して住んだだけでなく、貧しく「だらしのない身なりで粗暴」であり、「豚のような、わけのわからぬ言葉」であるイディッシュ語を話すのであった。このような人びとの流入が、すでにアメリカ社会で地歩を固めた自分たちの社会的評価を傷つけることになるのではないか、新たな反ユダヤ感情を煽るのではないか、とドイツ系ユダヤ人たちは恐れていた(60)。自身も一九一〇年にハーヴァードを卒業した著名なジャーナリストのウォルター・リップマンは、教授会宛てに書簡を送り、ユダヤ人入学生の制限に賛成した。「ユダヤ人の割合が一五パーセントを超えれば、融合（fusion）ではなく隔離（segregation）が起きるだろう。私は、非ユダヤ人に共感する(61)」。

これに対し、制限反対派もユダヤ人学生制限策の導入を食い止めるべく、論陣を張った。彼らのなかにはユダヤ人も非ユダヤ人もいた。「キャラクター」にこだわる制限賛成派に対し、彼らは、ハーヴァードは大学のキャラクターを守りたいのなら、人種や宗教に関わりなく学生を受け入れるエリオットの時代からのリベラルのキャラクターを守るべきであり、移民を受け入れることでアメリカ社会が変わっていくように大学も変わっていくべきだと主張した(62)。「大学入学候補者のより効果的な選別のための原則と方法を検討し理事会に報告する委員会」報告書の完成を期待と不安を持って待つ彼らの言説には、ふたたび〈アメリカ〉の自由・平等への期待がうかがわれる。『アメリカン・ヘブルー』へのつぎの投書は、そのような態度を端的に示したものといえるだろう。

私には、アメリカの人びとの多くが、信条的、人種的に異なるからといって価値のある若い男女を教育機関から排除するような提案を最終的に支持するとは信じられない。それは帝政ロシアでの政策であって、自由なアメリカの政策ではない。ハーヴァードの学長と彼の支持者は、考えなおしているところなのだ……。(63)

一九二三年四月以降——報告書への絶大なる支持

「大学入学候補者のより効果的な選別のための原則と方法を検討し理事会に報告する委員会」報告書の完成、またその内容は、多くの新聞や雑誌で伝えられた。『ニューヨーク・タイムズ』や『スクール・アンド・ソサイエティ』は報告書の全文を掲載したし、ニューヨークからカリフォルニアにいたる広い範囲の地方紙で、その要旨は伝えられた。そしてその多くは、ハーヴァードが「人種や宗教を理由とした差別をおこなわない伝統的方針を維持する」としたことを好意的に評価するものだった。一九二三年四月二一日の『スクール・アンド・ソサイエティ』では、「先日、最古の偉大なるアメリカの大学における差別の問題は、決定的な終局をもって十中八九破壊された」と述べられている。(64)

また、ユダヤ人の著名人も、この報告書を支持した。ユダヤ人学生制限に関する世論の高まりを受けてユダヤ人大学の設立を提唱していたニューヨークのラビ、ルイス・ニューマンも、テンプル・イスラエルでの安息日礼拝の際、地方出身学生の優遇策を含めて新しいハーヴァード・カレッジの入学方針を高く評価し、「大学入学において、人種・宗教・肌の色によって差別をしないという原則の偉大なる道徳の勝利である」と語ったという[65]。

人びとの最大の関心は、ハーヴァード・カレッジが前年六月にいったんその計画を明らかにした後、保留としていたユダヤ人学生制限の実施の有無であった。報告書では、「ハーヴァードは人種・宗教による入学制限をおこなわない」と表明されたので、同大学はユダヤ人学生制限策の導入は取り止めたのだと解釈された。ユダヤ人新聞も含めてさまざまな新聞が、「ハーヴァード経営評議会は人種・宗教差別を禁止」、「ハーヴァード、アメリカ精神の正当性を証明」といった見出しで報告書の提出と承認を伝えた[66]。

地方出身学生の優遇策は、あくまでもこのような入学制度「改善」の一環として、ますますハーヴァードを「全国的な」大学にするために導入されることが強調された。そのため、ユダヤ人に対する差別の実施が否定された状態においては、新しい制度が北東部出身のユダヤ人に不利になりかねないという不満の声は上がらず、また、編入学や条件付き入学の基準が厳しくなるなどの他の変更事項に対しても、それらがユダヤ人学生を減らすことになるという批判は聞かれなかった。また、報告書の承認がおこなわれた一九二三年四月九日の経営評議会では、黒人学生の新入生寮からの締め出しを廃止する決議も採択されたが、このニュースも「リベラルなハーヴァード」を強く人びとに印象づけた[67]。

このような『報告書』賛美の報道に紛れて、ハーヴァードのユダヤ人差別の問題はすでに決着のついた問題として扱われるようになり、以後大きく取り沙汰されることはなくなった。一九二六年一月にはさらなる入学制度変更が発表され、志願者の「人格」評価や将来性をいっそう重視した入学方式が導入されることとなったが、一九二三年の変更の際のような注目を集めることはなかった。

不安を引き起こすのはこれ〔「人格」や将来性も選考の際に考慮されること（＝引用者）〕である。なぜなら、これは明らかに入学事務委員会に全面的な権力を与え、そのメンバーの観点や判断にすべてを委託するものだからである。

平たくいうと、もし委員会が望めば、優秀なユダヤ人やカラード、カトリックの学生を排除し、しかもそれが、偏見や故意のものであることを証明されにくい方法でおこなうことができるのである。いったい、人格や人柄とは何であろうか？(68)

このように新しい入学制度の恣意性を憂慮する声も上がりはしたが、マスコミからほとんど反響はみられなかった。それどころか、「ハーヴァードが学長に強く迫られ、事実上ユダヤ人を排除するためであった『選抜』方針を決定したときも、良識ある非ユダヤ人やユダヤ人双方からの反対があまりに強くて、その計画はただちに否認された(69)」ではないかという、右のような憂慮と正反対の意見さえあったのである。そして、新入生の地理的配分を考慮する入学制度が実はユダヤ人学生の排除を目的としたものであるという指摘は、ダートマス大学におけるユダヤ人学生制限についての議論が盛り上がりをみせる一九四五年ごろまでみられないままとなった。

一九二〇年代の不寛容と〈アメリカ〉への期待

以上のような「ハーヴァード・プラン」への反応を整理すると、つぎのことが指摘できる。ジャーナリストのチャールズ・シルバーマンが「反ユダヤ主義を連邦法または正式の大学法に編み込むことは、アメリカの公平さへの観念と相反するものであり、したがってあの偏屈な時代の気分さえ超越したのである」[70]と述べたように、やはり人種や宗教にもとづいた人の分類や取り扱いは、一九二〇年代においても許容されがたいものであった。一九二〇年代とは、割当移民法が成立し、フォードの反ユダヤ・プロパガンダが合衆国史上未曾有の全国的規模で展開され、クー・クラックス・クランが四五〇万人もの会員を擁していた、いかにも不寛容な時代だった。そのなかにあって「同化しにくい」集団に対する風当たりは強くなっていたにせよ、彼らをはじめから「主流のアメリカ人」と異なる別個のものとして取り扱うことは、個人的な場面ではともかく、連邦や州など公共のレベルでは許されなかったのである。先行研究における一致した見解として、ユダヤ人学生数の制限は私立大学に限られたとされる[71]。しかも、私立大学における制限に関してさえ、免税措置を理由にその公共性が問われ、「ユダヤ人差別の疑惑」が非ユダヤ人から抗議を受けることもたびたびあった[72]。

ところで、このようなユダヤ人学生排斥は、反ユダヤ主義の強まっていた世界情勢のなかでは合衆国に限られた現象ではなかった。合衆国におけるユダヤ人学生「割当制」と並行するものとして、ロシアや東欧でおこなわれた「人数条項」制度（numerus clausus: 人数制限付き就職〔入学〕許可）をあげることができる。ロシアでは革命前の一八八二年から、皇帝アレクサンドル三世は、大学では五～一〇パーセント、エンジニア・スクール（高等技術専門学校）では三パーセントにユダヤ人学生の入学を制限した。これは、一九〇五年から一九〇八年までのわずかな期間解除された以外は、革命後のソヴィエトでもおこなわれていた。(73) この「人数条項」は東欧・中欧諸国にも波及するが、その多くはユダヤ人の割当の数字を公表する公のユダヤ人政策であった。ユダヤ人の割当の数字は、たとえば一九二三年のドイツの大学の多くで一〇パーセント、ハンガリーでは二パーセントなどとされている。(74)

「人数条項」は非ユダヤ人の学生が強く要求したものであったが、学生の運動の背後にはナショナリストたちの運動があった。国内の異分子であるユダヤ人が、ナショナリズムを高揚させるためのもっとも安価な敵として彼らに利用されたのである。ロシアや東欧でのユダヤ人学生の割当制限は、社会的緊張をコントロールする手段として、きわめて政治的な目的をもっておこなわれていた。(75) このような状況は、割当をあくまでも非公式におこない、ユダヤ人に対する差別の実施を隠蔽しようとする合衆国の状況とは大いに異なっている。

ユダヤ人入学者数を減ずるという同じ目的を達するために、同時代の現象であるにもかかわらず、ロシアや東欧の明らかなパーセント制度と異なり、合衆国においては、間接的あるいは非公式な手段に頼らざるをえなかったという点には注目する必要がある。合衆国には、このような一九二〇年代においても根強く社会に息づいていた不寛容に対する反発、そして〈アメリカ〉の自由・平等理念への強い期待があったということだ。そして、その期待が反ユダヤ主義を公言することをためらわせ、大学におけるユダヤ人学生制限策を間接的・非公式なものとするよう追い込んだのである。

本章では、一九一〇年代末から一九四〇年代中ごろに合衆国の高等教育機関でおこなわれたユダヤ人学生制限策とその周辺を、一九二二年から一九二六年にかけての「ハーヴァード・プラン」を例にとって明らかにした。一八八〇年代からの東欧系ユダヤ移民の流入によってその人口が大幅に増加した合衆国ユダヤ人は、一九一〇年代には高等教育への進学を開始するが、異教徒であり労働者階級出身、しかもあまりに「多すぎる」ゆえ、大学の手によりその数を制限されることとなった。ユダヤ人学生制限策は一般にユダヤ人学生「割当制」と呼ばれるものの、実際には文字どおりの意味での割当とは異なるものだった。ロシアや東欧でおこなわれた公のユダヤ人割当制「人数条項」との同時代性をもつものの、合衆国でのそれは、実質的にユダヤ人に不利になる入学制度を取り入れる、あるいは大学当局内部でユダヤ人の数や割合を意識して入学選抜をおこなう、間接的・非公式なものであった。

ハーヴァード・カレッジに関しても、エリオット学長のもとで「リベラル」の旗印を掲げた同大学は、一九二二年にいちどはユダヤ人学生制限の計画を公にしたものの、結局はさまざまな入学制度の変更を通しての間接的なユダヤ人学生制限策を取り入れるにとどまった。割当の数字を公表した形でのユダヤ人学生制限がおこなわれることはなく、一九二三年の改変はユダヤ人志願者に不利な入学制度を導入したものであり、一九二六年のそれも学生の選抜基準や選考過程を曖昧にするものだった。「実質的な」効果を狙った一九二三年の入試制度はユダヤ人学生を減らすのには功を奏しなかったし、一九二六年の場合、ユダヤ人学生数の上限を意識した選抜がおこなわれたにせよ、その割当の数字は入学担当者の内規としての非公式なレベルのものとなった。

また、ハーヴァード大学のユダヤ人学生制限の表明に対する反応としては、一九二〇年代という社会的不寛容の時代にありながら、ユダヤ人学生団体のほかにもマスコミや州行政機関などから、それをユダヤ人差別であるとして強く非難する声が上がっていた。それらにみられる〈アメリカ〉やその自由・平等への強い期待が、大学に明らかな「人種・宗教による志願者の分類・選別」を避けさせ、間接的・非公式な手段を強いたと考えられる。

このような間接的・非公式なユダヤ人学生制限は、他の高等教育機関においてもおこなわれた。一九一〇年代の終わりから一九四〇年代の中ごろにかけて、北東部の私立大学において、またメディカル・スクールやロー・スクールに関しては北東部を中心にさらに広い範囲で、多くのユダヤ人志願者が入学を拒否された。

一方、一九二三年四月に「大学入学候補者のより効果的な選別のための原則と方法を検討し理事会に報告する委員会」報告書が提出された後は、ハーヴァード・カレッジがリベラルの伝統を確認した点にプラスの評価が集中するばかりで、同時に提案された地方出身学生の優遇策が、二重基準であるとか実質的なユダヤ人学生制限につながるという非難を呼ばなかったのは興味深いことである。たしかに合衆国の高等教育界には、一般的傾向として、全国の広い範囲から学生が集まる大学ほど良い大学であるという認識がある。事実、ハーヴァード・カレッジにおいても、エリオットの時代の一九〇〇年から、全国に支部をもつ校友組織「ハーヴァード・クラブ連合」がニューイングランド以外の地域からの学生の勧誘を請け負い、漸次的に地方出身学生の増加をはかっているところだった[76]。そのような状況において、志願者の出身地を入学選抜の要素とするアイデアがユダヤ人差別の隠れ蓑として使用されるとは、おそらくユダヤ人にも非ユダヤ人にもとても思い至らない事態であったのだろう。地方出身学生の優遇策が、学生集団の質を向上させ学生の文化を豊かで多様なものにするとして導入された点を考慮すると、委員会『報告書』の発表をもってハーヴァードへの批判的な社会的議論が終息してしまったことや、それどころか当時の社会が同大学の入学制度を賛美するに傾いたことも、あながち理解できないこともない。こういった「多様性」を根拠とした「地理配分制度」、「地域割当制」については、再度、次章で検討することにしたい。

第3章　「割当制」廃止運動とユダヤ人団体

二〇世紀初頭、上流階級ワスプの牙城であったアメリカ合衆国の大学の多くは、たとえ学業成績の面で優れていようともユダヤ人学生を歓迎することはなかった。とくに、もとより入学者定員が少なく、競争の激しいメディカル・スクールで排斥は厳しかったといわれる。一九三〇年代に入ると、大恐慌の影響によって状況はますます悪化した。たとえばコロンビア大学メディカル・スクールの場合、ユダヤ人入学生が新入生に占める割合は一九二〇年には四六・九二パーセントだったが、一九二三年には二五・二二パーセント、一九二八年には二〇・二四パーセント、一九三四年には一四・一七パーセント、そして一九三八年には四・二〇パーセントと減少している。[1]

国内のメディカル・スクールへの進学があまりに困難なため、国外への留学を考えるユダヤ人学生も多かった。一九三〇年のニューヨーク市立大学卒業生でメディカル・スクールへの進学を希望した二九九名のうち、海外のメディカル・スクールに進学したのは三〇名、全体の一三パーセントだった。[2] また、留学者数が頂点に達するのは一九三七年であり、七九四人が国外のメディカル・スクールへ留学したのであった。[3]

さて、ハーヴァード大学教授アラン・ダーショウィッツにより「合衆国の高等教育の歴史上……もっとも恥ずべきエピソード」[4]とさえ表現された「割当制」がいかにして克服されたのかについては、従来、第二次世界大戦後に合衆国全体として人種差別感情の後退がみられた際にユダヤ人排斥も後退・縮小し、その排斥の弛緩が高等教育の分野にも及んだと考えられてきた。合衆国においては、一九四〇年代後半は人種差別撤廃への気運が高まった時期であるといわれている。というのは、南部からの黒人人口の移動により北部や西部における黒人票の重要性は高くなっていたし、大戦時に軍需工場や軍隊で働いた黒人たちは人種差別に対する自覚を強めつつあった。また、ナチスによるユダヤ人大量虐殺によって国際的にも人種差別の禁止を求める要求が高まっていたほか、冷戦が始まると、共産主義国家の政治家たちは合衆国が自国内の人種差別を容認していることを鋭く批判したのであった。[5]

本章では、ユダヤ人サイドからの「割当制」撤廃に向けての主体的な動きを考察したい。[6] 具体的には、この時期に活動が顕著だったアメリカ・ユダヤ人会議を中心に、アメリカ・ユダヤ人委員会、反名誉毀損同盟といった全国的な在米ユダヤ人団体に注目する。[7] そのため、公権力による差別の禁止を彼らが支援した例として、ニューヨーク州の一九四八年公正教育実施法（Fair Educational Practices Act, Chapter 753, Laws 1948）の制定過程を追うこととする。同法は、第二次世界大戦後に各州政府が公正雇用実施法（Fair Employment Practices Act）の制定によって雇用面での人種差別を禁止しはじめていたところに、他州に先駆けて同様の手続きを高等教育機関への入学に拡大したものである。本章での考察により、ユダヤ人団体の活動はユダヤ人に向けられた差別自体を糾弾するというよりはむしろ、より広範な意味での高等教育の拡大と平等化のなかでその克服を目指すものであったことが明らかになるだろう。

一　「紳士協定」としての「割当制」

「割当制」によってユダヤ人学生の大学入学を不当に拒絶する差別の傾向は、一九四〇年代に入っても基本的に維持されていた。たとえば一九四五年二月には、歯科教育会議の秘書ハーラン・ホーナーの発行した文書が、「歯学にユダヤ人への差別あり」として新聞紙上で報じられた。その文書には、「学生集団は圧倒的に一種類の人種的系統の者で占められており、ニューヨークの人種的多様性を均等に反映しているどころではない」という部分があった。この文言に対して、「一種類の人種的系統とはユダヤ人学生を意味している」、「学生の人種に応じた割当制度を要求するものであり、ユダヤ人学生を歯科学校から排除しようとするものである」との批判が浴びせられ、数日間にわたって新聞紙上で報道された。最初の報道の翌日には、会員三〇万人を擁する全米教育協会の教育者たちがローズヴェルト大統領に公正教育委員会の設立を要請する電報を送り、歯科教育会議の上部組織であるアメリカ歯科協会の会長スターリング・ニードも、ホーナーの見解は協会の見解ではないと弁明するにいたった[8]。

また、同じ一九四五年の八月には、ダートマス大学学長アーネスト・ホプキンスが、「私は、学内の憤りや偏見を増長するほどに大学におけるユダヤ人の割合が増加するのを好まない」、「当大学は、学生のキリスト教化のために設立されたクリスチャン・カレッジである」と発言し、同大学における「割当制」の実施を明らかにして新聞紙上で取り上げられている[9]。ホプキンスは、ナチス・ドイツでは、医師

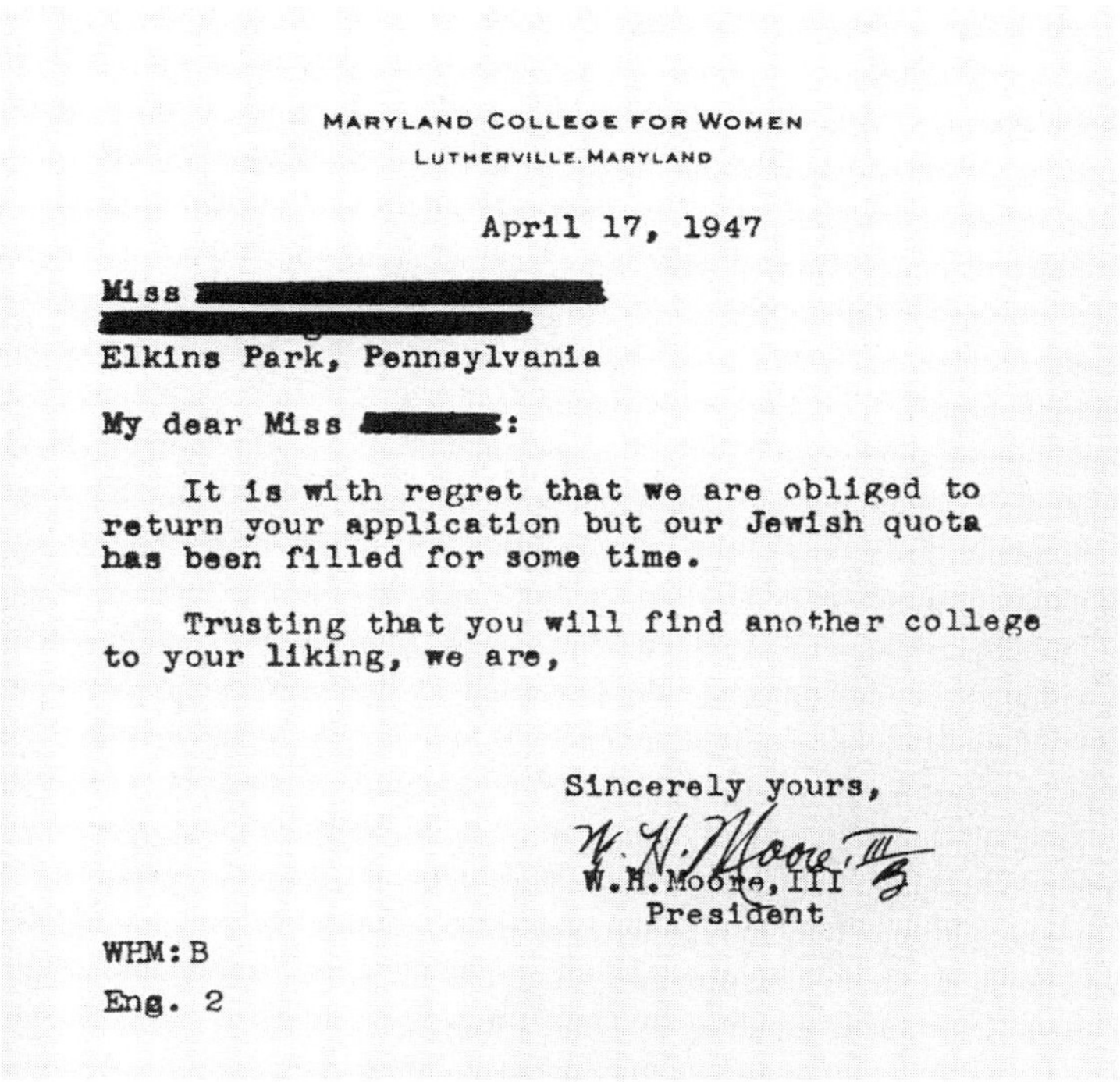

MARYLAND COLLEGE FOR WOMEN
LUTHERVILLE, MARYLAND

April 17, 1947

Miss [redacted]
Elkins Park, Pennsylvania

My dear Miss [redacted]:

It is with regret that we are obliged to return your application but our Jewish quota has been filled for some time.

Trusting that you will find another college to your liking, we are,

Sincerely yours,

W.H.Moore,III
President

WHM:B
Eng. 2

図版 7 「ユダヤ人割当（Jewish Quota）が満たされているため」願書を返却すると知らせる手紙（1947年）

や弁護士その他の知的職業の大部分をユダヤ人が占めたために大都市部で反ユダヤ主義が増大したのだと述べ、ユダヤ人が同様の運命を合衆国で歩むことを避けるために、つまり、ユダヤ人自身の安全や保身のために入学者数の制限が必要である、とつけ加えている。[10] ホプキンスの発言は第一流の大学の教員による公式な反ユダヤ的発言の最後のものとされているが、[11] その後しばらくのあいだ、彼の「ユダヤ人を救うためのユダヤ人制限策」に憤った者からの抗議が続いたのだった。[12]

しかし、これらのように差別がマスメディアで報じられ糾弾されたのは、むしろ希少な例といってよい。通常、大学は対外的には「割当制」の実施を固く否定していた。一九二二年のハーヴァード・カレッジがそうであったのと同じく、「割当制」の実施は、通例、学長、学部長級の管理当局者が構成する部局長会の場や、理事会、評議会の場でいわゆる「紳士協定」として非公式に取り決められることが多く、そのため、極秘事項とされた割当の具体的数値は、当該大学の教員といえども入試委員となってはじめて知りうる場合が多かったといわれている。[13] また、入学事務関係の記録は、たとえ求められたとしても「すでに破棄した」として公開されないことが多く、志願者や合格者に関するデータを大学側から得て差別の存在を確認することはできなかったのである。[14]

すなわち「割当制」とは、入学願書の質問項目や当時は広くおこなわれていた個人面接により志願者についての情報を得、ユダヤ人やその他、大学が嫌うマイノリティの入学者の数を大学当局内で非公式に操作・調整するものであった。あるいは、直接的に宗教を問わない場合は、両親の出生地やユダヤ人的な苗字を改名しているかどうかを知るために母親の旧姓を尋ねるなど、間接的に出自がわかる質問項目が願書に設けられた。そのほかにも、学生集団の出身地別あるいは人種・民族別バランスの必要性を根拠に、「地理配分制度」や「地域割当制」と銘打って入学者の少ない地方の志願者を優遇したり、逆に「多すぎる」グループの志願者の選抜を厳しくしたりということをおこなう大学もあった。そのような入学方針のもとでは、ユダヤ人はニューヨーク市などの北東部大都市に居住地の偏りがあることから、常に不利に取り扱われた。

また、ユダヤ人サイドから見た「割当制」については、つぎのエピソードからイメージしやすいであろう。一九四七年のアカデミー作品賞を受賞した映画『紳士協定』[15]では、ジャーナリストである主人公が反ユダヤ主義のルポを書くための調査として、それぞれ典型的なユダヤ人と非ユダヤ人の名前で全国のメディカル・スクールに願書を請求する手紙を二通ずつ出すよう秘書に命じる場面がある。これと同じ手法のリベラルアーツ・カレッジに関する調査を、反名誉毀損同盟が一九四八年の夏におこなっている。二通の手紙は、差出人の居住地、高校の成績、使用する紙やインクの品質にいたるまで同じ条件で作成された。ユダヤ人名のものを非ユダヤ人名のものより一週間早く投函したほかは、二通の違いは氏名から推し量られる志願者の宗教のみであった。

その結果、回答のあった四五〇校のうち約九割からは両方の請求に同じ返答があったが、残る九・三パーセントにはユダヤ人名と非ユダヤ人名の請求で異なる対応がみられたという。たとえばバーモント大学は、七月二九日にユダヤ人名の請求に対して「非住民の出願はもう受け付けていない」と知らせてきたが、八月六日の非ユダヤ人名の請求に対して、正式の願書を翌年一月に送付する旨の返事と仮の願書を送付してきた。また、カリフォルニア州アーケータのハンボルト大学は、ユダヤ人名の請求に対して「既婚男性の住宅状況は深刻であり、トレーラーを運んでくるか家を買うのでない限り当大学への進学はお勧めいたしません」と返答し、非ユダヤ人名の請求に対しては住宅不足の件に言及することなく寮の申込書を送付してきたのだった。また、多くの大学は、詳しく理由を述べることなくユダヤ人名の請求に対しては適当な時期に再度願書の請求をするように指示し、非ユダヤ人名の請求にははじめから願書一式を送ってきた(16)。

実際の入学選抜に関して右のような「実験」をおこなった例は確認できないが、願書請求の段階での差別より程度が低くなることはありえないだろう。「ユダヤ人お断り」とは言われず、しかしユダヤ人名で請求すると願書が送られてこないように、ユダヤ人とわかる名前であったり、あるいは願書の宗教の欄にユダヤ教と記入したりすれば、入学許可は得られないのだった。一九四五年一〇月号の『アメリカン・マーキュリー』には、学生自治会や弁論部での活動のほかにも花形の陸上選手として活躍し、優秀な成績でオハイオ大学医学部予科を卒業したユダヤ人のレオ青年が、八七校ものメディカル・スクールに不合格になった「悲話」がつづられている(17)。

以上のように、大学当局の内部で取り決められた非公式なものであるがゆえに、差別の存在自体が隠蔽あるいは否定されている状況は、南部における黒人の人種隔離教育制度とはかなり異なっていた。すなわち、そもそも差別の事実がないということになれば、大学当局に差別の存在を指摘して直接的に撤廃を訴えることは難しくなる。このような状態にあったユダヤ人学生「割当制」に対していかにして風穴があけられていったのか、次節以下で検討していくこととする。

二　ニューヨーク州における公正教育実施法の制定——州立大学設立議論との関連で

反名誉毀損同盟が発行した一九四八年の反ユダヤ主義についての年次報告書『いかにしてこれらの権利を確保するか』は、「教育」の項の「一九四八年に得たもの」のいちばん初めに、同年四月三日、全米ではじめてニューヨーク州が公正教育実施法を成立させたことをあげている[18]。この法律は、宗教系の学校がその宗派からのみ生徒を募集する、あるいは入学を優先させる場合を除いて、すべての高等教育機関に対して、人種、肌の色、宗教、信条、出身国による差別を禁止したものである。法律により差別を撤廃しようというこの試みは、ユダヤ人団体による「割当制」廃止運動の重要な一場面であった。本節では、法案の草稿を作成し、成立までのほぼ二年間を通じてとくに積極的に活動したアメリカ・ユダヤ人会議を中心に、法案成立までの過程を検証したい。

一九四〇年代ニューヨーク州の高等教育

まずはじめに議論の前提として、当時のニューヨーク州の高等教育の状況をみておきたい。同州には州人口の一七・〇二パーセントを占める約二二〇万人のユダヤ人が居住していたが[19]、大学への入学自体が、「割当制」の有無と関係なく、厳しいものであった。というのも、同州では歴史的に私立大学が恵まれた地位を享受しており、ニューヨーク市立大学群が複数のキャンパスをもっているものの、州立の四年制リベラルアーツ・カレッジは存在しなかったのである。それまでも、高等教育の拡大が問題となったときは常に、既存の私立大学教育の枠組みのなかで解決が試みられてきた。たとえば一八六二年にモリル法[20]が公布され、各州が連邦政府から土地を付与され大学を設立したときにも、同州では州立大学の設置はおこなわれず、コーネル大学における一五〇人分の奨学金制度の設置（授業料免除の学生の受け入れ）に振り替えられた。州立の高等教育は私立によって提供されない部分に限られており、教員養成大学一一校、海洋学校（Maritime Academy）一校、農学・工学大学六校という貧弱なものだった。そして、一八～二二歳の青年一人当たり五・〇七ドルという同州の高等教育予算（一九三九年）は、最下位のジョージア州（三・八三ドル）に次いで全米で下から二番目という少なさであった[21]。

しかし、奨学金制度を利用した私立大学の収容者数の拡充にも、州民の大学進学の機会を増やすには限界があった。というのは、ニューヨーク州にはコロンビア大学、コーネル大学など全国レベルで権威のある私立大学が存在するとはいえ、それらは授業料が高額であるうえに全国の広い範囲から志願者が集まり、もとより入学選抜の競争が非常に激しかった。また、これらの大学は軒並みユダヤ人学生に厳しい割当を課していることで知られており、とくにコロンビア大学とニューヨーク大学は一九一九年という全国でもっとも早い時期に「割当制」を導入したのだった[22]。しかしまた、ニューヨーク州外の大学も、州立大学は納税者の子弟である自州の学生を優先させており、他州の州立大学への入学は困難であった。こうした事情のため、ニューヨーク州では、戦前でさえ毎年三万人から五万人ほどが大学進学のために州外に出ており、また、高校卒業時の成績が上位四分の一の学生のうち四七パーセントが、費用をまかなうことができないという理由で進学そのものを断念していた[23]。

そして第二次世界大戦末期の一九四四年には復員軍人援護法が制定され、授業料免除、生活費給付といった復員軍人の高等教育就学援助計画が決定されたが、これを機会に多くの若者が高等教育を求めて大学に殺到し、急速に増大する需要に供給が追いつけない状況となった。実際、合衆国全体の高等教育機関在籍者の数は、一九四四年の一一五万五〇〇〇人から一九四六年には一六七万七〇〇〇人、さらに一九四八年には二六一万六〇〇〇人へと飛躍的に増加しているが、その拡大の大部分は同法の教育給付を利用した復員軍人であった。一九四七年までの段階で復員軍人学生の数は一〇〇万人を超し、全学生の半分に達していたという(24)。

こうして、マイノリティの学生への「見えない」差別と復員軍人の大学への殺到が重なる状況下で、高等教育の機会の拡大と平等化は合衆国の高等教育にとっての緊急の課題となり、州立大学のないニューヨーク州ではさらに状況は深刻だった。戦争が終わった直後に、マイノリティ・グループの代表者やリベラルな政治家たちは州内に新しい高等教育機関をつくるよう意見表明しているが、それ以前にも、アメリカ・ユダヤ人会議はコロンビア大学の差別的入学方針を非難したことがあった。それは納税者訴訟とでもいうべきもので、ジュリアス・ゴールドスタインという人物が、教育機関として同大学が享受している免税の特権を取り消しとすることを求めて争ったものであった。同会議は、免税という間接的な公共性を理由に、私立大学であっても人種や宗教を理由とした差別をおこなうことは違法であると訴え、原告を支持して法廷助言者（amicus curiae）(25)意見書を提出したが、州最高裁のジェームズ・マクナリー判事によって不利に裁定されてしまった(26)。判決によると、ニューヨーク州税法は単に「資格のある個人に、等しく免税措置を受けている教育機関の施設の使用を認めさせる」ものであり、かりに差別が認められても、訴えを起こしたゴールドスタイン本人の入学が許可されるだけであり、免税措置取り消しといった制裁を大学に加えるものではなかった[27]。以上のような状況のもとで、差別の包括的禁止を規定した公正教育実施法の成立に向けてのたたかいが開始されることになったのである。

オースティン＝マホニー法案の提出と取り下げ

一九四五年、ニューヨーク州において公正雇用実施法が成立した。同法は、平等な雇用機会は基本的公民権であると宣言し、差別的慣行を根絶し防止するための委員会の設置を定めたものであった。また同法は、かつては純然たる私的行為と見なされていた雇い入れ、昇進、あるいは解雇の個々の決定を、〔州（＝引用者）〕政府の調査に服する行為の範囲に含め、雇用機会の平等を保障するために、継続的な監督・干渉・強制をおこなうことが政治の義務であるという観念を導入したが、その点、その後の他州の差別禁止法の模範となるものであった[28]。

公正教育実施法は、公正雇用実施法をモデルとした草案を、ともにニューヨーク市選出の民主党員であるバーナード・オースティン下院議員とフランシス・マホニー上院議員が一九四六年の州議会で提案したのが、その成立に向けての第一歩であった。市内の人種関係を調査した「統合に関するニューヨーク市長の委員会」が一九四六年一月、州内の大学における深刻な差別と現行の州奨学金制度の欠点を指摘しており、この報告書にもとづいてアメリカ・ユダヤ人会議が草案を書いたのだが、会期の終わり間近に提案された同法案は本会議までいたらず、委員会レベルで廃案となっていた[29]。

一九四六年九月、あらためてそれはアメリカ・ユダヤ人会議「法と社会的行動のための委員会」委員長のウィル・マズロウによってニューヨーク州民主党の公開委員会で提案され、同時に州共和党にも提出された。法案は、州教育庁のなかに新たな一機関を設け、その機関に自発的な、あるいは差別を受けたと感じた者からの申し立てにもとづく調査、調停、裁判所命令などの権限を与えようとするものであった。また、入学願書や面接において人種、宗教、肌の色などを問うことや、割当の設置・公表も違法行為と規定していた(30)。

図版 8　ニューヨーク州公正教育実施法制定の立役者ウィル・マズロウ

アメリカ・ユダヤ人会議が新しい法律の導入に熱心になったのは、それまで同会議が取ってきた戦術が不十分だったことを暗に認めてのことであった。ゴールドスタイン判決が有効である限り、現存するニューヨーク州税法の適用による差別の解消は、いったん被害を受けた個人が人種または宗教を理由に入学を拒否されたという十分な証拠を示すことができた場合に限られている(31)。しかも、その方法では、救済の対象が裁判を起こした本人なりグループなりに限定されるだけでなく、そもそも証拠を法廷に示すための記録類を個人が大学から入手することは、「割当制」が「紳士協定」として非公式におこなわれ、その実施が固く否定されている状況では実際上ほぼ不可能なのであった。一九四五年に設置された「法と社会的行動のための委員会」は、「反ユダヤ的な暴力、誹謗中傷、差別の撲滅」および「アメリカ国内のすべてのマイノリティの市民的・政治的平等を推進するための、あらゆる種の人種差別とのたたかい」を標榜し、「法律の制定、裁判、公的宣伝を通じてあらゆる種類の法的・経済的差別に対抗するためにユダヤ人コミュニティ全体を動員」しようと意気込んでいた。[32]

一九四六年一〇月に発行されたアメリカ・ユダヤ人会議の「法的行動についてのメモランダム」には、つぎのように記されている。

差別を取り除くためのあらゆる行動の基礎になるのは、言うまでもなく、差別が存在しているという事実を確定することである。従来、この問題に取り組んできたすべての組織は、差別の存在が知られていながらそれを証明することができない、あるいは十分に差別の程度を立証できないという挫折感を味わってきた。私的な組織によってはその事実を立証することができず、ますます政府組織によってしかなしえないということが認識されるようになってきたのである。[33]（傍点箇所は原文では下線）

こうして彼らは、すでに起こった差別について個別に大学を非難する方針では立ち行かず、法や公的機関による差別の禁止あるいは未然の差別防止が「割当制」の撤廃には必須である、との認識にいたったのだった。

一九四七年の州議会に向けて、アメリカ・ユダヤ人会議は広報活動や賛同者集めに奔走した。一九四六年九月二三日には同会議がスポンサーとなり、「教育における差別に反対するニューヨーク州委員会」が結成された。ニューヨーク市内で開催されたこの会合には、各政党や州の組織、市民団体など一一七の組織から三〇〇人以上が出席し、州議会での提案者の名にちなんで「オースティン＝マホニー法案」と呼ぶことになった法案の通過のために努力することが確認された。(34)

さて、オースティン＝マホニー法案によると、差別が認定された場合の最終的な大学への制裁は免税措置の取り消しとされており、コロンビア大学の当局者たちには、この法案は到底受け入れられないものであった。法案通過を阻止するため、同大学学長フランク・ファッケンタールは、それまでアメリカ・ユダヤ人会議による攻撃の対象になっていなかった他の私立大学にも法案反対の連合を訴え、「ニューヨーク州大学連合」を結成した。その主な行動は、議長であるフォーダム大学学長ロバート・ギャノン神父を通じておこなわれた。(35)伝統的に自宗派の人びとに学生を限定あるいは優先する傾向の強いカトリック系学校は、「人種・宗教による」差別禁止を自らの入学者選抜方針に対する介入と受け取ったのである。

一九四七年一月一三日、州議会が開会されるとすぐに、オースティン、マホニーの両議員はふたたび公正教育実施法案を提出した。(36)法案の提出後、さっそく数々の組織が活動を開始した。一月三一日には、「教育における差別に反対するニューヨーク州委員会」はトマス・デューイ州知事に電報を打ち、法案通過に向けて州議会にメッセージを送るよう要請した。また二月二〇日には、ニューバーグ・ユダヤ人コミュニティ会議が、アメリカ・ユダヤ人会議、アメリカ・ユダヤ人委員会、反名誉毀損同盟、ユダヤ人労働委員会から講演者を招いて講演会を開催している。また、共和党の州議会議員たちが法案通過に難色を示していることが明らかになると、さらに多くの組織がアメリカ・ユダヤ人会議のもとに結集した。二月最終週には、オルバニーへの「行進」と称して、ニューヨーク青年会議のメンバー約一〇〇〇人が一二両の特別列車でニューヨーク市マンハッタンのグランド・セントラル駅から州都に向かい、州議員らと直接面談して法案への支持を訴えた[37]。

アメリカ・ユダヤ人会議のこうした努力に比べて私立大学は劣勢であった。しかし、「オルバニー行進」は法案反対派を刺激した。二月二五日、カトリック教会のスポークスマンであるニューヨーク州カトリック福祉委員会が反対を表明し、ほぼ最高潮に達していた通過への気運は揺らぎはじめた。同委員会は州議会両院の各政党に対し、法案は「非アメリカ的」で教育機関の自由を深刻に脅かすものである、また、子に教育を受けさせる親の権利を奪うものである、と書簡を書き送った。とくにカトリック系大学の取り扱われ方に関しての強い懸念が表明された[38]。

オースティン＝マホニー法案の支持者たちは、カトリック教会に反対表明をするよう仕向けたのはギャノン神父だと見なした。アメリカ・ユダヤ人会議は、急いで反論を試みた。マズロウは、カトリック教会の主張は私立大学が公共の社会的使命を何らもたなかった時代に逆戻りするものである、と反撃した。さらに、宗教系学校の取り扱いに関する事項を注意深く読めばそれらが対象外であることは明白に書いてあるが、使用されている言葉遣いが曖昧だというのなら、誤解を生まないように宗教学校や教区学校の扱いについて申し述べる一条項を法案につけ加えようではないか、と申し出たのだった。この機会には、ニューヨーク州最高裁判事である反名誉毀損同盟の総裁マイヤー・スタインブリンクや全国黒人地位向上協会も法案の通過をあらためて訴え、声明を発表している[39]。

一九四七年二月末から三月初めにかけて、法案支持派と反対派による緊張に満ちた応酬が続いた。三月一日には、学生や親たちのグループが前回から五日もたたないというのにふたたびオルバニーに向かい、あらためてデューイ知事に対し、州議会にメッセージを送って法案通過への圧力をかけるよう要請した。それに対し、こんどは三月二日、ニューヨーク・ローマ・カトリック大司教のロバート・マッキンタイアが、九〇〇人が参加していたカトリック教会組合の朝食会で、オースティン＝マホニー法案を「共産主義のパターンに倣って作成されたもの」と攻撃し、法案通過の可能性はほとんど消えてしまった。[40]ギャノン神父はマズロウの文面修正の申し出を断り、「ニューヨーク州大学連合は今期の州議会で提案されているいかなる法案も拒否する」と表明した。結局、三月四日、マホニー議員が次期議会への法案の持ち越しを呼びかけ、二人の議員は法案を取り下げた。[41]彼は取り下げに際して、つぎのように語っている。

先週から、ニューヨーク州大学連合およびニューヨーク州カトリック福祉委員会により、法案が反対を受けていることが気になっている。……明らかに、これらの組織は差別を取り除くという原則は承認しているが、われわれが法案のなかで目的を達成しようとして使っている方法に疑問をもっているのだ。……今回は、州議会はこの法案を審議するのをもう一年遅らせたほうがいいようだ。……この間に、「州立大学の必要性に関する臨時委員会」がこの課題について検討するであろう。[42]

数日後、ファッケンタールは、「まったく非アメリカ的な提案からわれわれを救ったのはカトリック教会である」と、個人的な書簡に書き記している。[43]

しかし、ユダヤ人たちは、二度の挫折にもかかわらず断念するつもりはなかった。ただし、彼らには戦略の変更が必要であった。以下、新しい議論の場である「州立大学の必要性に関する臨時委員会」における公正教育実施法制定をめぐる動きをみていくこととする。

「州立大学の必要性に関する臨時委員会」

「州立大学の必要性に関する臨時委員会」（以下、本章では括弧付きの「委員会」と略記する）は、ニューヨーク州に「州立大学（大学院を含む）を設立する必要性を吟味し、それに関する適切な勧告を州知事および州議会に対しておこなう」[44]ことを責務として、一九四六年七月一四日にデューイ知事が委員一六名を任命し、さらに同月一七日に州議会が任命する五名の州議会議員が加わって発足したものである。委員長にはゼネラル・エレクトリック社の元会長で州教育長官の経験をもつオーエン・ヤングが指名され、八月二三日には、知事も出席してオルバニーで第一回めの会合が開催された。その後も「委員会」は総計三〇名までメンバーを増やしながら、一九四六年一〇月から一年間以上にわたって調査をおこなった。

「委員会」の当初の関心は、復員学生を含め急激に増大しつつある高等教育の需要に対応するため、州立大学を設立する必要があるか否か、ある場合は既存の施設を拡大するのかまったく新たな機関を設けるのか、あるいは進学者への奨学金制度の整備はどうするかなど、施設面・コスト面に集中していた。しかし、立法措置を取るかどうかは別として、マイノリティ学生の入学差別問題にも「委員会」は比較的早い段階から取り組むことになった。というのは、「委員会」は、当時のニューヨーク州で高等教育の機会が不十分なすべての原因を調査することになっていたからである。そのなかに、授業料の納付が難しいために進学を断念する者の数といった経済的な問題、大学の数が少ない地域の進学率といった地理的な問題と並んで、宗教や人種による差別の問題の調査も含まれていた。こうして、「機会の平等化」という共通項で、州立大学の設立による学生収容数の増加とマイノリティ学生に対する差別の禁止の議論は分かちがたく結びついたのであった。

「委員会」は、さっそく一九四六年一〇月にマイノリティ問題を扱うスタッフとして、元ベニントン大学学長で教育行政に詳しいロバート・リー、ハワード大学教授の社会学者E・フランクリン・フレージャー、エマーソン大学准教授の教育学者デイヴィッド・バーコウィッツの三人を新たに任用した。リーはユダヤ人学生に対する入学差別を扱い、複数校受験により辛うじて進学率は保たれているものの、ニューヨーク州内のどの地域に住んでいる場合でも、ユダヤ人の学生は非ユダヤ人の学生に比べて入学許可を得るのが非常に難しいと指摘した。フレージャーは黒人学生の状況について調査し、彼らにとってのもっとも大きな障壁は経済的問題であると指摘した。なお、彼は人種による差別の問題にはほとんど触れなかった。またバーコウィッツは、州内のほぼ全大学の入学方針や願書の質問項目に関する調査をおこない、多くの大学は志願者の宗教や人種、国籍などの情報を先に手に入れたうえで入学選考をおこなっていることを指摘した。これらは『高等教育機関における機会の不平等』として「委員会」報告書の別巻の形で一九四八年に出版されたが、すでに一九四七年八月には「委員会」内部で調査結果が公表された[45]。

三人の結論は、たしかにニューヨーク州の大学にはマイノリティの志願者に対する差別があり[46]、とくにユダヤ人の学生は非マイノリティの学生に比べて入学許可を得るのが非常に困難であるが、その程度はアメリカ・ユダヤ人会議が示したほどの深刻さではない、というものであった。また、彼らは立法措置の必要性に関して提言をおこなうことは要請されていなかったので、八月二七日に「委員会」メンバーとの会合に臨んだときも、「……これらの大学が入学方針や制度を変更するだけでは、……根本的に十分な設備が不足している状況を解決することはできない」と表明するにとどまった。(47) したがって、これまで見えない差別であった差別の存在は数値的に確認されたものの、「委員会」にとっては、おこなわれた調査は差別禁止法の制定に向けての決定打とはならなかった。

この間、一九四七年五月には、マズロウがワシントンDCで開かれたトルーマン大統領「公民権委員会」の公聴会で、連邦から各州に対して公正教育実施法制定を勧告するよう、雇用や教育、住宅などにおける差別撤廃とあわせて要請するなど、ユダヤ人たちは別方面からの活動を展開していた。(48) しかし、バーコウィッツらの調査結果を知った彼らは、より直接的に「委員会」に働きかけることにした。マイノリティ問題担当の「委員会」相談役アーサー・シュワルツと連絡を取り、アメリカ・ユダヤ人会議、アメリカ・ユダヤ人委員会などの代表は「委員会」の会合に出席し、彼ら独自の調査の結果や見解を示し、差別の深刻さと法による規制を訴えた。

一九四七年一〇月二〇日にはオルバニーで「委員会」公聴会が開催され、ユダヤ人たちの公正教育実施法をめぐるたたかいは第二の山場を迎えることとなった。午前中からおこなわれた公聴会には四一名の証言者が出席したが、州立大学の設立については誰ひとりとして反対しなかったので、実質的にはマイノリティ問題が唯一の争点となった。「教育における平等のためのニューヨーク州委員会」はアメリカ・ユダヤ人会議がイニシアチブを取って結成した「非宗教的」組織だったが、この委員会には、アメリカ・ユダヤ人委員会や反名誉毀損同盟など他のユダヤ人団体に加え、アメリカ自由人権協会、日系市民協会、全国黒人地位向上協会などの全国的公民権団体、また、教員組合や保護者（親）の団体、女性団体なども参加していた[49]。アメリカ・ユダヤ人会議の弁護士シャド・ポリエールは、同委員会を代表し、公正教育実施法の必要性、そして彼らが考える法の具体的な内容について力強く語った。

いろいろな意味で、今回は歴史的な機会なのです。……三年前、別の委員会が、この場で似たような問題について考えるために集まりました。そうです、雇用における人種と宗教の差別についての問題です。その委員会での熟慮と提言により、問題を解決する包括的なはじめての法であるアイヴズ＝クイン法が生まれたのです[50]。

……われわれの教育システムのこの癌を取り除くことだけに専念する責務を負った、何らかの州の組織が設立される必要があるのです。他の業務を遂行することを期待されている州の当局が、偶然に教育における差別を終わらせる役目を負わされても、この分野では何もなしえないと思われます。

……入学を拒否された志願者は、教育機関が差別をしていることを立証しないでしょうし、またできないであろうことが、これまでの経験からわかっています。ですから、その新たに設立された組織が、ある大学が人種、宗教、肌の色、出身地による差別をおこなっていると信ずるに足る理由があるときは、いつでも調査と処分を開始することができる権限を持つべきです[51]。

……「教育における平等のためのニューヨーク州委員会」の意見では、以上が、非アメリカ的で非民主的なニューヨーク州の非宗教系大学において、学生の入学選抜や施設の利用の際に人種、宗教、肌の色、出身国が関係することを、今を最後に終わらせる仕組みです。この種の法律がいちどニューヨークで制定されれば、わが国の他州のモデルとなることでしょう。[52]

法案の支持者たちにとって幸運なことに、公聴会では、メディカル・スクール数校と「ニューヨーク州大学連合」を除いて、マイノリティ人口の多いニューヨーク市周辺の法案支持層の出席者が多かった。それ以外の地域の労働者や州北部（upstate New York）の中枢である農村部プロテスタント勢力は出席もせず、当然、意見の表明もおこなわれなかった。[53]

……「連合」のメンバーたちの詳細な経験と知識から、われわれは、差別は実際のところ小さいと信じています。……「連合」メンバーの大学が教員や学生を自分の判断で選ぶ自由を脅かす強制的な法律を拒否します。[54]

「ニューヨーク州大学連合」の代表者はこのように発言したが、その声は小さかった。

それに対し、各ユダヤ人団体は影響力ある著名人たちを証言者として送り込んでいた。ハーバート・リーマン元ニューヨーク州知事がアメリカ・ユダヤ人委員会、スタインブリンク・ニューヨーク州最高裁判事が反名誉毀損同盟、改革派ユダヤ教の有力者スティーブン・ワイズ・ラビがアメリカ・ユダヤ人会議を代表して、それぞれ証言をおこなった。とくにリーマン元知事の出席は新聞各紙を引きつけた。

「リーマンが州立大学を支持」、「リーマンが『偏見』を非難、州立大学設立を要求」といった見出しが全国の新聞の紙面を飾った[55]。

以上のような経緯で、州立大学設立に関する議論の深まりとともに、公正教育実施法制定も実現へと近づくこととなった。公聴会後、差別禁止法制定に対する好意的な世論が形成され、州議会の民主党議員たちと法案の支持者たちは大いに勢いづいた。そして、一〇月二九日の「委員会」で、とうとう法律制定に反対する者は少数派となった。ギャノン神父は、マッキンタイア大司教の今春の発言は「カトリックはいかなる反差別法にも反対ということを意味すると思うか」と尋ねられ、肯定の返事をしなかった。こうして、ようやく何らかの形の立法措置を「委員会」が勧告することに関して、意見が一致したのだった[56]。

「委員会」は発足から一年以上が経過しており、当初、半年とされた活動期間を大幅に超過していたが、法律の執行機関とそれがおこなう差別の調査の範囲をめぐって、知事および州議会への具体的な勧告案づくりはふたたび難航した。もともと法案に反対だったギャノン神父は、「独立した機関」の設置には消極的であった。彼は、法律違反の判断は「入学制度の複雑さに十分に精通している必要があるから」、独立した機関ではなく州教育庁の常勤職員がおこなうこと、また、調査は差別を受けたと感じた学生からの申し立てによるもののみとし、窓口機関が独自に調査を開始する権限は認めないことを提案した。

それに対しアメリカ・ユダヤ人会議は、他の業務の片手間に法律執行の業務がおこなわれることがないよう独立した機関が必要であること、また、志願者に差別の立証をさせるのは非常な負担であるのでその機関に独自で調査を開始する権限を与えることを主張し、ふたたび意見は対立した。結局、成立した妥協案では、双方の意見を採り入れ、独立した機関を新たに設けることはせずに州教育庁の教育長官が申し立ての窓口となるが、「差別があると信ずるに足る理由がある場合」には独自に調査を開始することも認められることになった。[57] そして、一九四七年一一月二五日の「委員会」で、この方針が全員一致で可決された。

その後、一九四八年一月一二日に再度「委員会」会合が開催された。その際、大学が少ない地域を中心に複数の二年制短大と四年制大学、および二校のメディカル・センター（医学だけでなく、看護学、歯科学、公衆衛生、獣医学を学ぶ部門をもつ総合センター）を設立すること、また、これらの設備の拡充に一億二五〇〇万ドル、運営費に一年あたり五〇〇〇万ドルを支出するという州立大学設立に関する提案とあわせて、「委員会」勧告が最終確認されたのであった。[58]

公正教育実施法の成立

一九四八年一月三日、州議会開会に際しての演説のなかで、デューイ知事は差別禁止法案の通過を訴えた。彼の考えは、カトリック団体に配慮して宗教系大学を除外扱いにすること、および州教育庁が法律執行の責任を負うことを提案していた点でオースティン＝マホニー法案よりも「州立大学の必要性に関する臨時委員会」が提示している案に近く、法律の草案づくりも「委員会」に任せようとしていた。[59]

それまで差別禁止法の制定にとくに積極的でなかった知事がこのような発言をした背景には、いくつかの事情があった。議論のこれ以上の長期化を避けたいということ、また、一九四七年一二月から順次発行されたトルーマン大統領「高等教育に関する委員会」報告書と同じく大統領「公民権委員会」報告書が、そろって大学の差別的な入学制度をはっきりと非難し、公正教育実施法の通過を勧告していたこともあった[60]。

さて、「委員会」内では、公正教育実施法案の内容に関して一九四七年一一月末に意見の一致をみていたが、この段階でふたたび多少の「議場外」混乱があった。一二月後半に、法案草稿が「委員会」内外で非公式に回覧され、「ニューヨーク州大学連合」やギャノン神父が、草案作成担当のシュワルツ委員に対して、差別の調査の手続き方法や割当制度の禁止を規定した部分の修正を要求したのである。要求の内容は前年のものと同じだったが、彼らの法に対する不信感の根強さを印象づけるには十分であった。また、一九四八年一月にはオハイオ州シンシナティで公正教育実施法の通過に反対する私立大学学長らの集会が開催され、「差別をなくす努力は大学によって自発的になされるべきである」とあらためて主張された[61]。

その間、業を煮やしたユダヤ人たちは州議会に圧力をかけはじめた。一九四八年の会期が始まると、「教育における平等のためのニューヨーク州委員会」の案をはじめとして、いくつもの差別禁止法案が州議会に提出された。それらは、形式上は新しい法案であったが、なかにはオースティン＝マホニー法案をそのまま全く同一の文面で再提出したものや、私立大学の免税措置に関する部分のみ多少修正しただけのものなどもあった。少なくとも八つの法案が、一月二九日から二月一一日にかけてつぎつぎと提出された[62]。

「ニューヨーク州大学連合」の見解と、割当制度の撤廃を強固に主張するユダヤ人団体の見解は鋭く対立しており、その板ばさみになったシュワルツは二月に入っても草案を完成させられずにいた。しかし、ようやく二月一六日には他の議題もあわせての「委員会」報告書が完成し、「州立大学の必要性に関する臨時委員会」の勧告はいよいよ州議会に提出される段階となった。結局、公正教育実施法案に関しては、一九四七年一一月末の「委員会」合意をほぼそのまま文章化したものが、「委員会」メンバーである民主党のエルマー・クイン上院議員と共和党のルイス・オリフ下院議員によって、三月五日に州議会に提出された。シュワルツはつぎのように語っている。

私は最初、すべての人が満足する法案を書こうと努力した。……ギャノン神父はそもそも法案に賛成していないと言うし、法案の文面を見たことがないという人もいる。……私はすべての人を満足させる法案を準備することはできないとわかったので、「委員会」報告書にそのまま厳格に従うことに決めた。(63)

高等教育への入学における差別慣行を禁止し、州教育庁にその実現のための権限を与えることを提案するクイン゠オリフ法案、すなわち「委員会」による公正教育実施法案は三月一二日に州議会を通過し、四月三日にデューイ知事の署名を得て立法化された。また一九四八年の会期中に、ニューヨーク州議会は新しくニューヨーク州立大学を設立する法案も通過させた。この法律によって、既存のすべての公立の高等教育機関に加え、新たに設立される州立大学やメディカル・スクールの管轄権をもつ大学理事会(Board of Trustees)が新たに編成された。(64) こうして、平等な教育の機会が法律によって保障されることを要求したユダヤ人たちと、あらゆる行政によるコントロールからの自由を求めた私立大学のあいだの二年越しの闘争は決着した。

本節では、アメリカ・ユダヤ人会議が州レベルでの政策の支援および外部圧力という形をとって、ニューヨーク州公正教育実施法の成立に尽力した様子を明らかにしてきた。彼らは、同州においては高等教育の機会が元来著しく不足している状況で、ユダヤ人学生「割当制」自体を非難・攻撃するよりは、むしろ、自らの活動を州立大学の設立というユダヤ人に限定されない収容学生数の拡大、あるいは法律による人種・宗教差別の禁止など、広い意味での高等教育の機会の拡大・平等化の議論のなかに位置づけたうえで、自分たちが被っている不利益を取り除こうとしたのであった。

ユダヤ人たちの活動は、それが実に精力的であったという量の面だけでなく、質的な側面においても、州全体としての収容者数の増大や差別禁止法の成立にともなってユダヤ人の進学者が増加するのを単に期待するだけではなかった点に、その特色がある。すなわち、私立大学との対立の局面において、彼らが差別の申し立て窓口に独自調査開始の権限を与えることを強力に主張したことは、「割当制」が見えない差別として大学当局内部での非公式なユダヤ人数の調整や操作によりおこなわれているという特性に配慮したものだった。いいかえると、新しい法ができても、窓口を設けるだけでは証拠がないために申し立て自体ができなかったり、差別が立証されていないとして却下されたりする可能性が高いことを慎重に予測しての方針だったのである。そうすると、彼らの公正教育実施法制定に向けての活動は、ユダヤ人に限らない高等教育の機会の拡大・平等化の動きのなかにありながら、実は十分に戦略的、主体的に「割当制」の廃止を目指していたということができる。なお、このようなユダヤ人たちの活動は他

の州でも実を結び、翌一九四九年にはマサチューセッツ州、ニュージャージー州において同様の法律が成立している。(65)

三 「割当制」廃止運動の歴史的・政治的意味

公正教育実施法の短期的効果――入学願書の項目調査の結果から

ニューヨーク州公正教育実施法案の正式成立目前の一九四八年三月三〇日、マズロウは「教育における民主主義のためのオハイオ会議」の後援者になることを承諾する書簡を、オハイオ州イエロースプリングにあるアンティオック大学の学長秘書宛てに書き送っている。そのなかで彼は、自信に満ちた様子で法律による規制の必要性を冒頭に書き記している。

……もし貴方の目的が、単に差別が存在することについて地域の人びとを教育するだけならば、法律上の行動を目標とする場合とは違うキャンペーンをおこなうことになるでしょう。われわれの意見では、いわゆる教育的アプローチで達成できることも沢山あるのですが、教育機関における特定の行動は、法律の制定によってのみしか取り除くことができません。この結論は、大学入学における割当制を調査した委員会（ニューヨーク市議会特別調査委員会、公民権に関する大統領委員会、高等教育に関する大統領委員会、州立大学の必要性に関するニューヨーク州臨時委員会）すべてが

表3－1　公正教育実施法の効果？（リベラルアーツ・カレッジ）

	1つ以上の差別的な質問を含む願書(%)		願書1通あたり平均の差別的質問数(件)		結果
	1948	1949	1948	1949	
全　国	91.11	92.27	4.38	4.63	↘
北東部	92.62	89.58	4.16	3.78	↗
ニューヨーク州	82.75	75.60	4.25	1.75	↗
ペンシルヴェニア州	97.05	100.00	5.12	4.74	→
ニュージャージー州	100.00	87.50	2.83	2.71	↗
コネチカット州	100.00	100.00	4.50	4.14	→

註：「結果」の欄については，1948年と1949年を比較し，悪化の場合には「↘」，好転の場合には「↗」，変化なしの場合には「→」の矢印で示してある。

出所：Arnold Forster, *A Measure of Freedom: An Anti-Defamation League Report*, New York: Doubleday & Company, Inc., 1950, p. 130より作成。

達したものです。(66)

しかしながら、あるいはユダヤ人たちにとっては予測していたとおり、少なくとも差別を感じた者からの申し立てにもとづく調査、調停、制裁ということに関しては、公正教育実施法の効果はあらわれなかった。法の発効は一九四八年九月一五日だったが、定められた手続きに従って差別が認定され罰則規定が適用された例は、一九五〇年末の時点で存在しなかった。それまでの五件の申し立てのうち、三件には差別は立証されず、二件は審理中であった。(67)

むしろ法の効果は、ユダヤ人たちがことさら必要性を強調していた、申し立て窓口機関が「独自に開始する調査」にあらわれた。初代の法律の施行責任者フレデリック・ホーイングは、入学願書から人種・宗教・出身国を尋ねる項目を取り除かせることに尽力した。法律発効から一カ月後の一〇月一五日には、各大学は入学に関するデータを最低三年間保存することを命じられ、ニューヨーク市内のメディカル・スクール九校に対する調査も開始された。そして一九四九年の終わ

表3－2　プロフェッショナル・スクールにおける願書の質問項目の状況（1949年）

	1つ以上の差別的な質問を含む願書（%）		願書1通あたり平均の差別的質問数（件）	
	全国平均	NY & NJ	全国平均	NY & NJ
医学	100.00	100	4.29	1.11
法律学	91.57	70	3.25	2.28
歯学	100.00	100	5.17	1.00
工学	93.69	75	5.09	1.66
建築学	87.12	60	2.92	1.00
経営学	90.38	50	4.76	2.50
獣医学	100.00	100	4.90	1.00
教育学	75.95	40	4.15	3.87
薬学	95.91	80	4.36	1.75
検眼	100.00	no schools	3.20	no schools
合計	88.83	65.21	4.29	2.02

註：NY: ニーヨーク州，NJ: ニュージャージー州。
出所：Forster, *A Measure of Freedom*, p. 132より作成。

りには、州内のほぼすべての大学が差別的質問項目を入学願書から取り除いた、とホーイングが宣言するにいたっている(68)。

また、これらの調査や活動、あるいは法の存在自体による各大学の自発的改善の成果については、反名誉毀損同盟が発行した報告書からある程度の手がかりを得ることができる。表3－1は、法律発効前の一九四八年と発効後の一九四九年に関して、法律のあるニューヨーク州、ニュージャージー州と、法律がなくそれらの州と面積や学校数、人口などの点で類似している二つの州を比較したものである。また表3－2は、大学院の入学願書での質問項目を分析したものである。これらの数字から、ニューヨーク州とニュージャージー州では、公正教育実施法の効果が一定程度あらわれていると考えて差し支えないように思われる。

こうした、志願者の個人的情報を事前に入手する手段を絶つことによって差別的慣行の実施をもとより不可能にしようとする活動は、「割当制」廃止運動の別の側面でさらに積極的に展開された。反名誉毀損同盟は文字どおりの「割当制撤廃運動（Crack the Quotas Drive）」を一九四七年ごろから展開していたが、その活動は、パンフレット発行、ラジオ放送、スクール・アクション・プログラムなどによって大学当局および学生や親にそれぞれの立場からの意識改革を求めるものであり、とくに各大学の具体的行動としては、自発的に人種、宗教、国籍などを入学願書の質問項目から取り除くことを訴えていた(図版9)[69]。

彼らの活動のもっとも大きな成果は、アメリカ教育評議会と協同しての全国の高校卒業生約一万五〇〇〇人を対象とした調査報告『高校卒業生の大学進学に影響を与える諸要素』の発行と頒布[70]、そして一九四九年一一月四日と五日に、全国二六州およびワシントンDCの三六の大学から、学長、学部長、学籍係など約一〇〇名が集まる「大学入学における差別に関する全国教育者会議」をシカゴのホテルで主催したことであった[71]。大学関係者自身による差別解消を目指して開催されたこの前例のないイベントに参加した者によると、予定時間を大幅に過ぎても議論が続くなど、会議はあらゆる面において熱気に包まれていたという。また、その後一九五〇年、一九五一年の間には、ワシントンDC、デンバー、ニューヨークなど各地で同様の地域会も開催された。こうした取り組みの結果、一九五三年一〇月までに少なくとも四五〇校の大学が、人種や宗教、国籍などの質問項目を入学願書から取り除いたことが確認されている[72]。

以上のように、とくに入学願書からの差別的質問項目の削除による差別的入学選考の阻止ということに関しては、「割当制」廃止運動の目に見える効果は比較的短期間であらわれたと結論づけることができよう。しかし、こうした志願者をただ単に人種や宗教の枠組みから解放する、いわばカラー・ブラインドな方向では、「割当制」の問題は完全には、あるいは長期的な意味では解決されなかった。これら

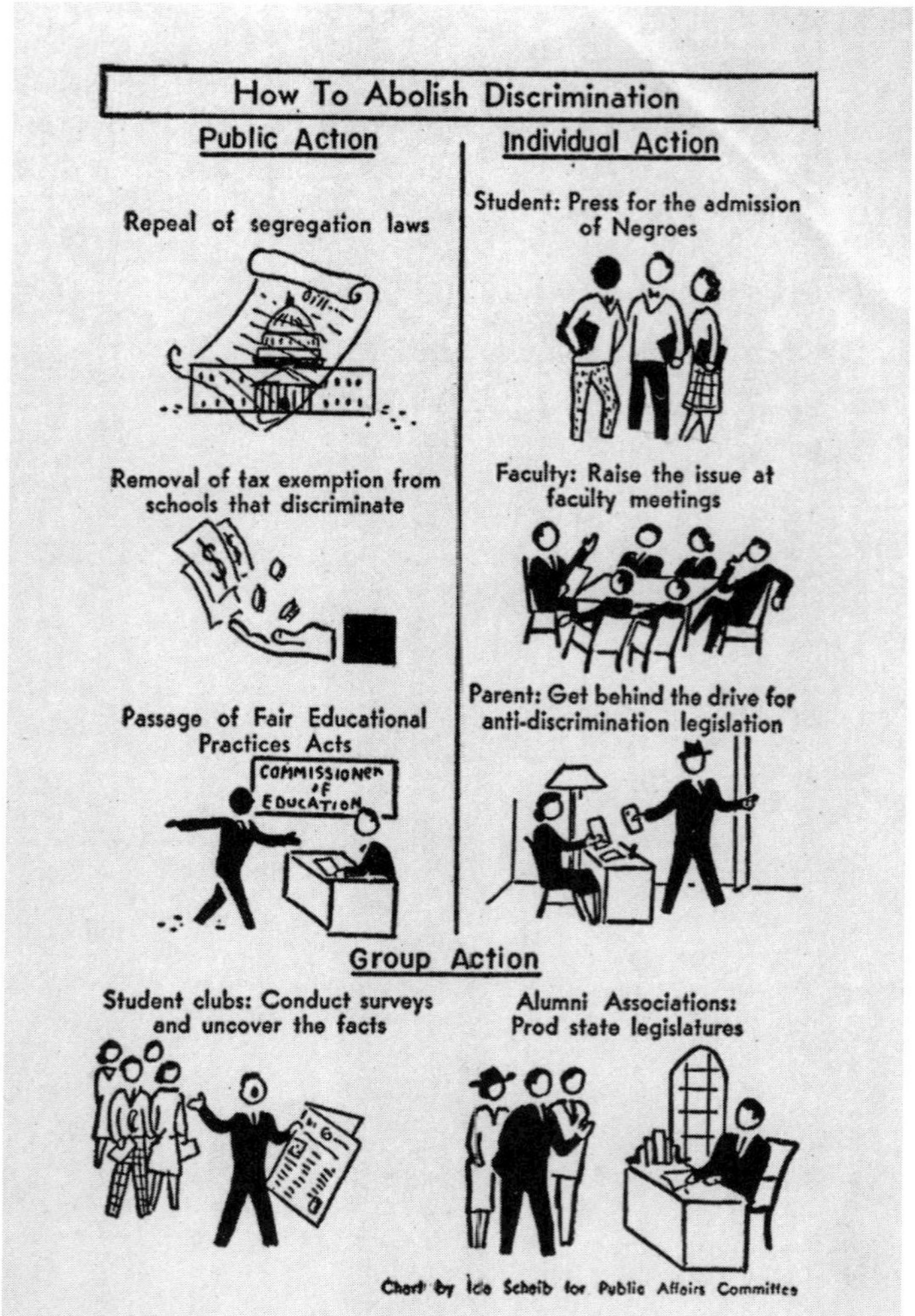

図版9 「どうやって差別を廃止するか？」反名誉毀損同盟のパンフレットより（1949年）

の活動によって取り残された問題について、以下で検討する。

取り残された「地域割当制」と一九四〇年代の「多様性」

一九四五年八月、ダートマス大学学長ホプキンスによる反ユダヤ発言があった際、つぎのような意見が雑誌に投稿されている。

> ダートマスの学長は、長いあいだ存在していたけれども、たいていの人が議論することを恐れるか、あるいは嫌がっていたことを公の場に持ち出したのである。それを知る立場にある人びとは、ニューイングランドあるいは国内の他の地域でも、大部分の私立の高等教育機関にはユダヤ人に対する人数条項（numerus clausus）があると言っている。……もし、障壁が公式にユダヤ人に対して設けられていない場合には、他の装置、たとえば学生集団の地理的配分や大都市から受け入れる割合の上限といったものが同じ結果を達成するために用いられるのだ。[73]（傍点引用者）

このように、学生の出身地のバランスを取り、学生集団内にさまざまな地域の多様性を反映させるための「地域割当制」あるいは「地理配分制度」は、いかに広い地域から学生が集まるかを大学の名声や優秀さと結びつけて考える合衆国の高等教育界では広く普及する制度だった。本項は、これら志願者の居住地による入学制限に「割当制」廃止運動は対応しえたのかということに焦点を当て、ユダヤ人たちの活動の別の側面を探ることとする。

「地域割当制」は「割当制」と同じく、実際の運用においては必ずしも文字どおりの出身地別パーセント制度ではない場合も多かった。たとえば、ハーヴァード大学で一九二三年四月に導入された入学制度「上位七分の一プラン」は、入学生が少ない南部や西部出身の志願者を高校在学時の成績によって入学試験免除にして優遇するものではあったが、すでに学生集団の多数派を占めた北東部出身の学生の割合を数字で示して規定するものではなく、いわば北東部出身の学生の割合が相対的に下がることを目論むものであった。また、コロンビア大学のように大都市部出身者を五〇パーセント、それ以外を五〇パーセントと決めたものや、逆に州外など遠方からの入学者の数を制限するという形で出身地が入学選考の際の判断材料とされることもあった[74]。

そして、「地域割当制」は、人口の大部分が北東部の大都市に集中しているユダヤ人たちに大いに影響を与えるものであった。彼らは、たとえば一九三七年には、全国四七七万人のうち約半数の二二〇万人がニューヨーク州、さらにその約九二パーセントの二〇三万人がニューヨーク市内に住んでいた[75]。多すぎる「ニューヨーク市」出身者を減らす入学制度を採用するということは、もとより非ワスプ人口の多いニューヨーク市において大学への進学意欲が例外的に高いマイノリティ、すなわちユダヤ人学生を減らすことを意味したのである。こうしたことから、「地域割当制」に対しては、それが実質的にユダヤ人学生の入学者数制限として作用するとして、疑問や不満の声が上がっていた。

……大学が国全体を反映した学生集団を求めるのは健全な方針であるように思えます。しかし、この目的は、あまりにも頻繁にマイノリティ・グループへの差別の言い訳になっているのです。マイノリティ・グループの人たちがもっとも多い地域に、もっとも少ない地理的割当がわざと割り振られているのです。こうして実際には、このことが人種や宗教による差別になっているのです。……どんなマイノリティ・グループも、別のマイノリティ・グループあるいはマジョリティ・グループより賢いということはないのです。もしすべての学校が割当制を廃止し、学生を人格と学力的達成度のみにもとづいて選ぶのであれば、すべての人種・宗教の若者の人口に正確に比例したサンプルに自然になるはずです。(76)（傍点引用者）

このような状況に対して、州立大学の設立による学生収容数の拡大や、公正教育実施法による「人種・宗教による」差別の禁止が有効に作用したかというと、答えは否であった。それどころか、直接的にユダヤ人という言葉を使わない点では大学当局内部での非公式なユダヤ人数の調整や操作と同様であったが、「地域割当制」の場合、差別の事実が隠蔽されるだけでなく、「地理的配分」、「地域別バランス」、「多様性」といった制限の正当化の論拠が用意されているため、論理的に大学の入学制度を非難することがむしろ難しくなった。ことに厄介なのは「多様性」であった。事実、「出身地の多様性」とともに人種的・宗教的多様性の追求も望ましいとして、ユダヤ人学生「割当制」やパーセント制度を擁護する声が聞かれることもあった。

人口全体における人種、宗教の比率にあわせる割当制を採用することは、何か非民主的なことなのでしょうか？　これはまったく公正なことに思えます。(77)

人種、宗教の割当は望ましくないにしても、地域割当に関してはどうだろうか？　大学が真に全国的な、国全体のすべての部分から代表される機関になる、あるいはあり続けるためには必要なのではないでしょうか？[78]

私は、数人の学長が彼らの学校における割当制を、学校をすべてのアメリカ人——すべての人種、宗教——を象徴するものにしたいという理由で支持しているのを聞いたことがあります。彼らは、この思いを確かなものにするためのコントロール手段として、割当制を支持しているのです。私には、これは民主的なことに思えます。[79]

パーセント制度としての「割当制」を支持するこのような意見が少数派だったか多数派だったかはともかく、少なくとも決して奇抜なものでなかったことは、つぎのエピソードにも読み取れる。一九四七年一月に活動を開始していたトルーマン大統領「公民権委員会」では、教育における人種隔離制度の廃止と入学試験における人種差別の禁止は、戦時中の日系人排斥問題に次いで時間をかけて審議された。その際、学生の待遇や入学試験における人種差別を禁止する法律制定の提案に強硬に反対した委員のひとりが、ホプキンスの後を継いだダートマス大学学長のジョン・ディッキーであった。彼は、このような法律は学生の「多様性」を奪うとして、「偏見による差別」と「多様性を求めた差別」の違いを主張した。

入学試験では、決して人種、宗教、国籍などによる偏見をもとに入学させる学生を決めるわけではない。ただし、あくまでも学生の多様性を求めて、人種、宗教、国籍を基準に学生を選ぶ場合がある。それは偏見による人種差別ではない。われわれは、良い教育的影響を考慮してそのような方法をとるのである。私は、どの学校に自分の子どもを行かせるかを考えるとき、ある一定の人種、経済的・社会的背景、宗教をもつ人びとのみが集まるような学校へやりたいとは思わない。それゆえ、一概に人種、宗教、国籍を基準に学生を選ぶことを、すべて人種偏見だとみなし、法律で禁止することには賛成できない(80)。

しかし、人口比に比例させて黒人学生の一〇パーセントを確保しようという議論がまったくみられない状況(81)で持ち出された「多様性」が、子どもたちへの「良い教育的影響」を主張することができるのだろうか。これは、マイノリティ学生の増加を嫌う私立大学のレトリックであった。結局、ディッキーの意見は取り入れられず、入学選抜における差別は法律で規制されるべきだという提案が委員会報告書に記載されることになった。ただし、彼の陳述に理解を示す委員も多く、報告書には全会一致の結論ではない旨が記されることになったのだった(82)。

結局のところ、「割当制」廃止運動においては、「地域割当制」や「多様性」の問題は解決されずじまいになったといわざるをえない。公正教育実施法にもとづいた調査、調停や入学願書からの差別的質問項目の削除は、「地域割当制」が実質的なユダヤ人割当として使用されるケースに対応しえなかった。それだけでなく、反名誉毀損同盟の「割当制撤廃運動」においても、「地域割当制」の問題性の追及、とくにそれが差別の隠れ蓑として使用されることを徹底的に糾弾しようという議論は展開されなかったのだった。

ところで、一九四〇年代の合衆国における「多様性」概念の位置づけという視点からこの問題を眺めなおしてみると、以下のようなことが指摘できよう。さまざまなエスニック・グループの多様な文化をオーケストラのシンフォニーにたとえた文化多元主義は、ホレス・カレンによってすでに一九一〇年代後半には提唱されていたが(83)、従来、この考えは一九六〇年代に入るまで力をもちえず、すべての人がアメリカ人としてひとつのるつぼのなかで溶け合うことが理想とされた、と考えられてきた。少なくとも、少数派である人びとのエスニックな特性や彼らによってもたらされる多元性や多様性は、この時期にはまだ積極的には賞賛されなかったと理解されてきた。しかし、「割当制」を正当化する論理として、地理的あるいは人種的・宗教的な「多様性」が唱えられていたところをみると、かなり曲がった意味においてではあったが、「多様性」自体の重要さや多元的であるべきことへの理解は、一九六〇年代を待たず、すでにこの時期に生じていたといえるのではないだろうか。しかも、その程度は、ユダヤ人たちが異を唱えられないほどであったということになる。

それに対して、ユダヤ人たちの「割当制」廃止運動、なかでも入学願書から差別的な質問項目を取り除かせるということの意味合いを考えてみると、それは個人を人種・宗教といったグループ属性抜きでとらえ、単なる「一志願者」として扱うことを要求する方向であった。彼らの運動は、大学が、入学選抜の際に人種や宗教を考慮の対象としないこと、すなわち、「カラー・ブラインド」であることを求めたものといえるだろう。

第二次世界大戦後の高等教育におけるユダヤ人学生「割当制」の縮小・後退は、従来いわれてきたような戦後の人種差別感情の後退や高等教育の拡大・大衆化にともなう自然なものというよりは、差別を克服しようとするユダヤ人団体の主体的な取り組みの賜物であった。彼らの活動は、大学の入学選抜における反ユダヤ的慣行を直接非難・攻撃するものではなかった。むしろ、各大学が「紳士協定」として巧妙で目に見えにくい方法でユダヤ人学生数の制限をおこなっていることを踏まえ、包括的に高等教育における差別を禁止する法律の成立を後押ししたり、入学願書から差別的な質問事項を取り除くことを訴えるなど、広い意味での高等教育の機会の拡大・平等化の議論のなかで、人種的・宗教的に中立的な入学選抜を推進するものだった。彼らの活動は、公正教育実施法にもとづく調査や命令、あるいは各大学の自発的な意識改革を迫るキャンペーンの双方において、とくに入学願書からの「差別的」質問項目の削除に功を奏したと思われる。しかし、学生集団の出身地の地理的「多様性」を根拠とした「地域割当制」の前には、それが実質的なユダヤ人排除として使用される危険性を取り去ることはできずじまいになった。

このような、ユダヤ人に限らない高等教育における平等を求める彼らの活動の傾向は、他の場面でも観察された。ユダヤ人たちは、この時期に創設に向かって動いていた世俗的ユダヤ人大学が、カトリック系学校のように入学者を自宗派の者に限定したり優先したりすることで差別的な大学になることを心配した。また、南部諸州における人種隔離教育制度に関しても、白人用ロー・スクールへの黒人学生の入学を求める訴訟を、黒人の側に立って支援したのであった。一九四〇年代後半に「割当制」廃止運動と並行して進行していたこれらの動きについては、以下の章で論じることにしたい。

第4章　世俗的ユダヤ人大学の創設

——「割当制」をめぐる議論から

アメリカ合衆国のユダヤ人人口のほぼ半数が集中するニューヨーク州では、同州に州立大学が設立されるかどうかはユダヤ人の大きな関心事であった。ニューヨーク州知事トマス・デューイが提案した「州立大学の必要性に関する臨時委員会」の設置を提案する法案が州議会で可決されたのは一九四六年二月四日であるが、彼が両院総会の場で州立大学の必要性に関して調査が必要であると述べた同年一月のうちに、アメリカ・ユダヤ人委員会は早々と「ニューヨーク州における州立大学設立の提案に関するメモランダム」という五五頁に及ぶ非公式文書を作成した[1]。さらに翌月に同委員会は、設立する場合の予算規模や学校数などを提案する独自のレポートも発行している[2]。

そのレポートの冒頭には、「大学レベルの教育機会の拡大は今日の緊急な課題のひとつである。大学教育を求める復員軍人や戦時産業から解放された若い労働者は、現在ある高等教育機関で学ぶことを要求している。……この異常な状態を矯正するために、ニューヨーク州に州がサポートする大学を設立することが提案されている[3]」と記されている。第二次世界大戦後の大学進学希望者の急増、ひいてはそのことから生じている設備不足への対応という点に関して、ユダヤ人たちの州立大学設立への期待がとくに高かったことが見て取れる。

そしてその後、デューイ知事によってニューヨーク州立大学の暫定評議員が任命されたのとほぼ時を同じくした一九四八年一〇月、マサチューセッツ州ウォルサム市に、ユダヤ人の支援による世俗的大学(Jewish-sponsored secular university)であるブランダイス大学が開学した。同大学は、ユダヤ教の宗教指導者であるラビの養成のための小規模な大学を除く、合衆国でほぼ実質的にはじめてのユダヤ人大学である。卓越した弁護士でありユダヤ人として初の連邦最高裁判事となったルイス・ブランダイスの名を冠し、開学後わずか五年でニューイングランド大学協会からアクレディテーション(評価認証)を受けた、大学院博士課程までをもつ学術的にもきわめてレベルの高い大学である。

ユダヤ人たちが州立大学の設立を望んでいたこと、ユダヤ人団体が「割当制」の廃止運動を展開していたこと、あるいは一九一〇年代から他の移民たちに先駆けて大学への進学を開始していたことなどを考えると、世俗的ユダヤ人大学は、ユダヤ人自ら大学を新設することで大学新入生の収容人数をわずかであれ増やし、ユダヤ人学生が差別によって入学許可を得にくい状況を改善するという点において設立が切望されたことは想像に難くない。しかしながら、「書の民」ユダヤ人たちにとっても、実は世俗的ユダヤ人大学の設立を支持、支援することは当然のことではなかったのである。

このことは、前章でみてきたユダヤ人の「割当制」廃止運動の性格や方向性を想起すると理解しやすい。というのは、彼らが展開したのは、「人種・宗教が考慮の対象とならない」入学選考を求める運動であった。その運動にみられるのは、肌の色や宗教の違いを一切ないものとみなす「カラー・ブラインド」な人の扱いと、白人も黒人もユダヤ人も「アメリカ人」として溶け合うるつぼ社会をよしとする思想であった。その意味では、ユダヤ人たちが自らの大学を設立することは、たしかにその入学定員分の追加的な教育の機会の拡大には貢献するものの、「ユダヤ人の」高等教育機関として、合衆国における集団としてのユダヤ人の存在をことさらアピールすることになってしまうのである。本章では、このようなジレンマにユダヤ人たちはどのように折り合いをつけようとしたのかという点に注意しながら、世俗的ユダヤ人大学設立に関する議論の歴史的展開を追うことにする。(5)

一　ユダヤ系高等教育機関の歴史的展開

一六三六年にハーヴァード大学がキリスト教会衆派の、そして合衆国最初の大学として開学して以来、イエール大学やコロンビア大学など多くの私立大学がさまざまなプロテスタントの宗派によって設立された。またカトリックに関しても、ジョージタウン大学が一七八九年に設立されたのをはじめとして、現在では全国で二〇〇以上の大学が存在している。このように、合衆国では、宗教あるいは宗派を設立母体とした大学、あるいは、設立母体は宗教や宗派でありながらも、その後世俗化して宗教色を失っている大学が相当数存在する。その状況からすれば、ユダヤ人も高等教育機関を自前で設立しようという発想をいち早くしていたとしてもおかしくはなかった。しかし、彼らが設けた大学は、二〇世紀にいたってもラビの養成を目的とした小規模なものが中心であった。

合衆国におけるユダヤ系高等教育機関の設立は、長いあいだ、さまざまな形をとってその構想が現われはしたが、なかなか実現しなかった経緯がある。むろんそのことには、一八八〇年代にいたるまで合衆国に居住するユダヤ人は人口の絶対数が少なく、しかもその大部分を戒律の緩やかな改革派ユダヤ教を信奉するドイツ系が占めていたという事情もあるだろう。一九世紀中葉には、外交官でありジャーナリストでもあったモーデカイ・ノアという人物が、ユダヤ人の青少年がヘブライ語と古典を学ぶことのできる学校を設立することを提案し、また一八四九年にラビのアイザック・リーザーは、自ら設立したフィラデルフィア・ヘブライ人教育協会を文理学部の大学へと拡大発展させようと試みたことがあった。しかし、これらの計画が実現することはなかった。また、同じフィラデルフィアでは一八六七年にマイモニデス大学が設立されたが、この学校は一八七三年までしか続かなかった(6)。

その後、一八七五年にヘブルー・ユニオン・カレッジがオハイオ州に、一八八七年にジューイッシュ・セオロジカル・セミナリー・オブ・アメリカがニューヨーク州に創設され、それぞれ改革派ユダヤ教、保守派ユダヤ教のラビ養成機関として現在まで残る大学となった。その他、ユダヤ学やヘブライ語の教師を養成する大学としては、一八九七年にグラッツ・カレッジ・イン・フィラデルフィア、一九一九年にボルティモア・ヘブルー・カレッジ、一九二一年にヘブルー・ティーチャーズ・カレッジ・オブ・ボストンなどが設立されている(7)。

また、必ずしもユダヤ教関連の職業に就くための訓練所ではない大学も設立された。ニューヨーク市のイェシバ大学は、現在、ユダヤ人大学としては最大の規模を誇るが、一八八六年の設立当初はユダヤ教の律法を学ぶタルムード学校であり、東欧からの移民の子弟を対象とした初等学校だった。その後、幾度かの組織再編を経て、一九二八年には教養教育（リベラルアーツ）の部門をもつ世俗的大学となったものの、四年後の最初の卒業生一九名のうち一〇名はラビになり、やはり聖職者養成学校の域を出ないものだった。そして、その後に大学院、医学部などが整備されたときにも、それは「ユダヤ系の人びとがユダヤ的なるもの（Jewishness）を失うことなくすべての職業、専門職に入っていくことを企図[8]」したものであり、ユダヤ教の教義に厳格に従う正統派ユダヤ教の色彩を色濃く残していた。また、フィラデルフィアに一九〇七年に設立されたドロプシー大学は、信条や人種に関わりなく学生や教員を受け入れるとしていたが、提供されたカリキュラムは大学院レベルのユダヤ学だけであった[9]。このように、これら聖職者の職業訓練所以外の大学も、ユダヤ教を離れることはなかったのである。

これに対し、医師を目指すユダヤ人の若者が直面する差別は年を追うごとに厳しくなっていったため、ユダヤ人が全部あるいは大部分の資金を提供するメディカル・スクールを設立しようという、別の方面での動きも生まれた。一九四〇年には、それぞれ著名なニューヨークの弁護士であるマックス・ストイアーと内科医のサイモン・ラスキンが、ゴーガス医療科学協会という名の組織を立ち上げてこの運動の先頭に立ったが、ニューヨーク州大学評議会からの大学設立認可を得ることはできなかった。また一九四一年からは、ニュージャージー州ニューアークにメディカル・スクールを設立しようとの別の活動もみられたが、医学博士号を授与する権限を同州評議員会から得ることができず、この計画も頓挫していた[10]。

以上のように、第二次世界大戦が終結しても、合衆国においてはユダヤ人の高等教育機関は事実上ラビの養成を目的とした小規模なものにとどまっていた。こうしたことから、ユダヤ人たちは、既存の公立の大学へ、あるいは「割当制」による入学制限を潜り抜けて私立の大学へと進学していたのだった。しかし、差別に対抗して独自の高等教育機関を設立しようという動きは、メディカル・スクールに限定されたものではなかった。大学におけるユダヤ人差別に対する非難の声が高まり、ユダヤ人が既存の高等教育機関に入学を許可されることがいかに困難であるかが指摘された時期、ユダヤ人大学設立の必要性に関する議論も同時に高まりをみせた。それは、一九二二年六月からの数カ月間、ハーヴァード・カレッジにおける「割当制」実施の疑いが全国的な議論となったころ、そして、第二次世界大戦後、ダートマス大学その他における「割当制」の存在が指摘され、ユダヤ人諸団体による本格的な「割当制」攻撃が始まったころの二度にわたる。以上のような状況を踏まえ、次節ではまず、設立の実現にはいたらなかったが、一九二〇年代前半における世俗的ユダヤ人設立の議論について検討することとする。

二　一九二〇年代のユダヤ人大学設立議論

「割当制」始動以前のユダヤ人大学論——スタンリー・ホールの演説を手がかりに

世俗的ユダヤ人大学の設立がはじめて本格的に主張されたのは一九二〇年代に入ってからであったが、一九一七年にもクラーク大学のG・スタンリー・ホール学長が「ユダヤ人大学への提案」と題する演説をおこなっていることが確認される。本項では、ユダヤ人学生に対する差別の問題が議論される以前のユダヤ人大学に対する見方のひとつとして、この演説の内容をみてみたい。ホールはユダヤ人ではないが、米国心理学会の初代会長を務め、教育心理学の草分け的存在のリベラルな教育者として高名であった。そこでは、ユダヤ人大学は「ユダヤ文化のもっともよい部分を表現することのできる中心的な高等教育の機関[11]」として描かれている。それはたとえば、つぎのような部分にあらわれている。

……既存の大学に多数の教員がいる強力なユダヤ学科でも事足りるし、他の偉大なアカデミーのような学問的なアカデミーでもユダヤ教学の発展には役に立つだろう。しかし、それでも壮大な計画に則ってうまく設置され、組織されたユダヤ人大学のほうがより好ましいと私は思うのである。

……同化は多くの点のある程度までについて、偉大で必要な善であるが、それも程度が過ぎると、何かが失われる危険がある。そこで、私は、ユダヤ人学生はすべての種類の大学に在籍させる一方、自分たち用のものも提供したいと思う。

……この国は、私が思い描いている偉大な大学――すべての部門においてユダヤ文化を進歩させる大学――が設立されるべき場所なのである。私は、ワシントンのカトリック大学がたった二五年でもたらした文化的な効果に深く感動しているのだが、それは、カトリシズムに高い文化的逸話をつけ加え、直接的に、あるいはおそらく間接的にもカトリック教会の伝統を現代の西洋文化として引き立てるのに大いに役立ってきた。

……もし、私が信じているとおりにユダヤ人大学が興隆をきわめれば、あなた方の大学のひとつの機能は、ユダヤ人のためのリーダーや、他の偉大な学習機関にいるユダヤ人学生を見守り導く者を育てることになるだろう。

……私が思い描くユダヤ人大学は、新しい預言者の学校になるであろう。……まさに今年が、これから続く何十年あるいは世代にわたって成長し、過去と未来にわたってユダヤ人種の記念塔であり、学びの宝庫であり、また高遠な精神の保管所となる、このような偉大な機関のはじまりの年となるべきである[12]。

この演説は、具体的なユダヤ人大学設立の構想や計画があったうえでのものではなかったから、ホールの意見が当時のユダヤ人大学観をどの程度代表するものだったのかを正確にはかることはできない。この時期にはまだ、ユダヤ人学生の入学制限の問題は公の議論になっておらず、彼のユダヤ人大学に対する考えは、同化主義との関連、ユダヤ人指導者の養成などのあらゆる面において、純粋に肯定的なものであった。彼は、ユダヤ人が「隔離（segregation）」との非難を受けることなく、独自の文化的伝統を保持するために集まることができるところとして、ユダヤ人大学を思い描いていた。

以上のようなポジティブなユダヤ人大学観、また一九一〇年代末にはユダヤ人の大学進学熱が高まりつつあったことに鑑みれば、資金その他の条件が整えば、ユダヤ人大学の設立までの道のりは近いように思われた。しかし、実際は、一九二〇年代に入ってユダヤ人の大学進学希望者の数はますます増加したにもかかわらず、ユダヤ人大学の設立までの距離はむしろ遠くなった。その様子を以下にみていくことにする。

ニューマン・ラビのユダヤ人大学論

一九二二年、ハーヴァード・カレッジにおける新入生の受け入れ方針の変更がユダヤ人への差別であると疑われ、さまざまな新聞や雑誌で取り上げられていたさなか、ラビの養成を主目的とした大学ではない世俗的ユダヤ人大学の設立の必要性についての議論が展開された。この時期のユダヤ人大学設立議論の中心にいたのは、ニューヨークのラビ、ルイス・ニューマンだった。同年一〇月二七日号の『ジューイッシュ・トリビューン』に掲載された「アメリカにおけるユダヤ人大学は望ましいか?」と題する彼の論説記事が、ユダヤ人大学に対する賛否の議論を巻き起こしたのである。本項では、まずその内容を概観することとしたい。

……一五年前、アメリカにおけるユダヤ人大学は、事実上想像できないものであった。大学にいるユダヤ人は、数のうえでも影響力のうえでも問題にならなかったのである。しかしこの一〇年、とくに世界大戦以来、状況は根本的に変わった。非ユダヤ人の民族や組織は、ユダヤ人の存在に過敏になっている。非ユダヤ人の大学は、ユダヤ人学生を非難の目で見るようになってきている。(13)

ニューマンのユダヤ人大学論は、その冒頭からユダヤ人学生への敵意が年々増大しつつあることに触れるものであった。そして彼は、ハーヴァード・カレッジでの議論、およびニューヨーク市のメディカル・スクールがその門戸をユダヤ人に対して閉ざしつつあることに触れ、その影響はユダヤ人にとって差し迫った危険であると述べている。

国でもっとも偉大な私立大学でさえ、地理的配分やその他の巧妙に操作することのできるテストといった手段によりユダヤ人学生の数を首尾よく制限している。……もしユダヤ人が大学の入学許可を得るためのたたかいに敗れたら、それはさらに重大なたたかいに敗れたことになるのだ、すなわち、高度な次元の専門的職業や商業に参入する権利を失うのだ。[14]

ユダヤ人学生がこのような苦境にあるのは、彼らが大学において目立つ存在であり、有能であるゆえであった。しかしそれ以上に、ユダヤ人に対する嫌悪そのものが強いことが問題なのだった。

もしわれわれが十分な寄付金を納めることができなければ、恩知らずだと非難される。もし卒業生としての寄付が気前の良いものであれば、母校の財政と方針に「ユダヤ人コントロール」を確立しようとしているとして恐れられるのだ。……われわれは、何かをすれば非難されるし、しなければ非難される。何かしようとすれば非難されるし、しようとしなければ非難されるのだ。[15]

当時、「割当制」によってユダヤ人入学者数が制限される場合でも、「大学にとっては、彼らの寛大さを示すために少数のユダヤ人が必要[16]」なので、ユダヤ人が完全に排除されるということはなく、裕福なユダヤ人の息子や娘は入学を許可されていた。しかし、このような状況では、たとえ入学を許可されたとしても、大学は彼らにとって非常に居心地の悪い場所だった。このような状態への対処として、ユダヤ人学生を制限している私立大学を避け公立大学に進学すればよいという考えに対し、ニューマンは次のように述べる。「この主張はもっともなものである。しかし……政治家のグループが、学生のほとんどがユダヤ人である学校に州や市の金を使うことに腹を立てはじめたらどうなるかを考えてみるとよい」[17]。そして、他国でのユダヤ人大学の例を引き合いに出して、合衆国におけるユダヤ人大学創設の議論を切り出したのだった。

ディアスポラの状態においてもユダヤ人大学は目新しいものではない。中世には、南フランスでは非ユダヤ人の学生も在籍した偉大な医学校を誇っていたのだ。アメリカと二〇世紀のユダヤ人の関係は、ユダヤ人のルネサンスの中心地であるラングドックと一三世紀のユダヤ人の関係と同じである。そうであるなら、アメリカの土地に存するユダヤ人の大学が、怪物や脅威になることがあろうか[18]。

具体的な構想は、つぎのようなものであった。「アメリカのユダヤ人は不相応な財政的負担なしに程度の高い機関を設立し、維持するに十分な資金を持っているから[19]」、財源は原則的にユダヤ人の寄付や出資金でまかなう。また、カリキュラムは、「普遍的」でリベラルであり、一般教養、人文科学、専門教育科目を擁する。ユダヤ教のコースも提供されるが、神学科目と世俗科目は厳格に分離させ、学生を「ユダヤ化（Judaize）」するためのものとはしない[20]。

教員は必ずしもユダヤ人である必要はないとされた。しかしニューマンは、「ユダヤの知性の断片が大学の教員に凝縮されていれば、それは必ずや刺激的[21]」であり、海外からの客員教員としてフロイト、アインシュタイン、ベルクソンなどの名前をあげ、これらユダヤ人教員を迎えることができれば、「われわれの大学のスタッフは世界中の羨望の的であり、ユダヤ人の誇り[22]」となるであろうと述べた。

また、学生集団についても、「われわれが大学をつくろうとしているのは、部族的になることを望むからではない[23]」とされ、非ユダヤ人の学生も受け入れることが想定された。

> 学生集団はもっとも興味深い新大学の特徴となるであろう。われわれは、人種、肌の色、宗教の制限なく幅広く戸を開き、私立大学をアメリカの平等の擁護者という本来の位置に戻すことを目指す。しかし、「外国風の」アクセントや外見、立ち居振る舞いのために他の大学から入学を拒否された者の避難所あるいは機会になるのだから、大部分の学生はユダヤ人になるであろう。
>
> ……われわれのモットーは自助と自己解放でなければならない。われわれは、優秀さとアメリカニズムをユダヤ人大学を通じて達成することができる。それは、シナゴーグや若者向けのサマーキャンプ、ユダヤ人の私立学校や大学、その他すべてのユダヤ人が、個人あるいは集団として自己表現しようとしているメディアを通じて達成するのと同じである。私は、どうしたら「紳士」になれるかを非ユダヤ人のところに学びに行く必要はないと信じている、誇り高きユダヤ人のひとりである。われわれは救済とパワーを完全に達成することができるので、非ユダヤ人の方からわれわれのところに来るであろう[24]。（傍点引用者）

以上のように、「大学における反ユダヤ主義への解決策としてではなく、ユダヤ人の知性と理想のアメリカン・ライフへの貢献として[25]」提案したはずでありながら、ニューマンのユダヤ人大学論は、やはり学生の多くがユダヤ人になるであろうことを自ら想定していた。論説は、現在のユダヤ人学生への差別を取り除くことを訴えて、つぎのように締めくくられている。

われわれはユダヤ人大学の創設を提唱しているが、それと同時に、心から、非ユダヤ人と偏見を持った非ユダヤ人に、彼ら自身そして国の利益に反している差別方針を取り除くことを呼びかけたい。移民の制限、教員や教授の言論の自由の妨害、クー・クラックス・クランの急成長などは、アメリカが悪事を働いてその何倍もひどい目にあう予兆なのである。[26]

ユダヤ人大学設立構想への賛否——るつぼとしての〈アメリカ〉への期待

ニューマンのユダヤ人大学論は、『ジューイッシュ・トリビューン』の編集者によってユダヤ人および非ユダヤ人の大学教員や著名人に送られ、多くのコメントを得た。また彼は、たとえば一九二二年一二月三日にワシントン・ハイツでおこなわれたフリー・シナゴーグ・オープン・フォーラムで演説をおこなうなど、この時期、ほかの場面でもユダヤ人大学の設立を訴えた。[27]

一九一七年のホールの演説がユダヤ人大学を肯定的にとらえていたのに対し、ニューマンの議論はかなり否定的に受け入れられた。むろん、ただ単に反対意見として「ユダヤ人大学は問題全体の解決にはならない」[28]、あるいは「アメリカにおけるユダヤ人大学は全面的に好ましくない」[29]としかコメントされていないものもあるので、賛成、反対の新聞記事の数の量的比較によって、当時のユダヤ人大学設立への賛否を議論することは適切ではないだろう。本項では、〈アメリカ〉、〈アメリカニズム〉、るつぼ、人種の境界線といった言葉に注目し、ユダヤ人大学の設立をめぐって展開された当時の人びとのアメリカ社会の統合のあり方に対する考えを探りたい。
ニューマンのユダヤ人大学論が掲載された同じ号の『ジューイッシュ・トリビューン』において、同誌論説委員はユダヤ人大学の設立に異を唱えるコメントを掲載している。それは、「彼が描いたユダヤ人大学は実現可能なものであろうし、いったん組織されれば、間もなくそれはわれわれの高等教育の最前線に立つものになるだろう[30]」と述べ、さらに、私立大学におけるユダヤ人差別を批判しつつも、ユダヤ人独自での大学の設立というアイデアには難色を示していた。

しかし、これはユダヤ人の問題ではないのである。これはアメリカの問題である。学業以外にもとづいて大学への入学を拒否したり制限したりすることは、健全な教育の原則に反するだけでなく、アメリカのフェアプレイの観念や機会の平等というアメリカの基本的な政治的信条にも反するのである。われわれの制限主義者とのいざこざは、彼らが反ユダヤだということではない。彼らは非アメリカ的（un-American）なのだ。……アメリカにユダヤ人大学をつくるということは解決ではない。それは降伏である。それは、われわれのアメリカニズムに対する妥協である。……それは、これまでゲットーがなかった学びの場にゲットーをつくることになるであろう[31]。（傍点引用者）

ニューマンのユダヤ人大学設立論に対する賛否は、設備や資金に関することではなく、右にみられる「ゲットーをつくること」、いいかえれば、合衆国内でユダヤ人が集団として確立すること、場合によっては孤立することに集中した。それらの「集団としてのユダヤ人のあり方」観を整理すると、つぎに抜粋するような主張がみられる。

私はそれがいかなる理由——社会的なものであれ、宗教的なものであれ、人種的なものであれ——、人類の分裂（division）を深く嘆き悲しんでいる。[32]

私の個人的な判断は、人種の境界線にもとづいたいかなる大学にも反対するものである。それゆえ、私の個人的な見方では、ユダヤ人大学にも、他の人種的な提案にそうするのと同じように反対なのである。[33]

この国において、人種や宗教のラインにそって教育の場で区別（differentiation）をすることは間違いであり、その間違いはわれわれの民主主義にとって重大な結果をもたらすことが考えられる。[34]

私が思い描いている三〇〇万人のアメリカのユダヤ人がつくる大学とは、信条にかかわりのない人間の慈愛の記念碑となるべきである。そして、私の判断では、ユダヤ人の援助によるそのような大学がもし創設されたなら、それは賞賛に値する記念碑になるであろうし、ローマ・カトリック、長老派、バプテスト派、メソジスト派、監督派の似たような大学によい意味で匹敵するものになるであろう。[35]

彼らの多くは、それがすでにある反ユダヤ主義を悪化させ、階級と信仰の多様さを永続化させるような隔離状態をつくり出すことを恐れているのだ。私には、それはばかばかしいことに思える。というのは、それが人種や肌の色、信条にかかわりなくあらゆるセクトに開かれたものになれば、隔離の類のものでないことは確かだからである。[36]（傍点はすべて引用者）

これらは、一九二二年一一月から一二月にかけての『ジューイッシュ・トリビューン』や『ニューヨーク・タイムズ』などに掲載された新聞記事で、前三者が大学設立に反対（Opinions Opposed）、後二者が賛成（Opinions in Favor）である。

これらを見て気づくように、大学の設立に賛成・反対のいずれも、直接的に「るつぼ」が望ましいというような表現は使用しないものの、グループの特色や境界線を明確にする文化多元主義的な発想には反対の立場を表明している。すなわち、ユダヤ人大学の設立に反対する意見は、人種の分裂、境界線、ラインに反対しているのであり、賛成の意見は、ニューマンが人種や宗教にかかわりなく非ユダヤ人も学生や教員として受け入れると構想している点で賛成しているのである。その意味では、ユダヤ人大学に賛成であれ反対であれ、「平等」や統合のモデルのあり方に関しては、同じものを理想としているといえる。

シオニズムとの関連

ところで、興味深いことに、合衆国内においては、ユダヤ人国家の建設運動であるシオニスト運動に対する賛否と、ユダヤ人大学の創設に対する賛否は連動していた。たとえば、一九二二年一二月一〇日の『ニューヨーク・タイムズ』紙に掲載された寄稿文は、ユダヤ人大学の設立とシオニズムどちらにも否定的であった。寄稿者は「ニューマン・ラビによってなされたユダヤ人大学の提案は、この二五年間のシオニストによる非アメリカ的行動の論理的最高点である」と述べ、ユダヤ人大学は「必要なく、ユダヤ人とアメリカ人にとって有害である。根本的な誤解にもとづいた考えである(37)」と断じている。

しかし、創設賛成派は逆に、シオニスト運動も、以前は、まさに同じ理由で反シオニストの「最良の精神（best minds）」によって異を唱えられていたのである。彼らは、パレスチナにユダヤ人のホームや国家を建設することは、離散状態で住んでいる国家におけるユダヤ人の平等な権利のためのたたかいを放棄することを意味すると主張していたのだ。そこでシオニストたちは、ユダヤ人は抑圧のあるすべての国の個人やマイノリティ・グループに対する人道にかなった民主主義的な扱いのためにたたかうことによって、人類社会のために奉仕するのだと抗弁したのだ(38)。

として、シオニズムには普遍的な人道主義や民主主義が存すると主張することで、ユダヤ人大学の創設とシオニズムの両方を支持する発言をしたのである。

実は、合衆国においては、ユダヤ人たちによるシオニスト運動は活発ではなかった。一八九七年にセオドア・ヘルツェルがスイスのバーゼルで第一回シオニスト会議を開催し、ユダヤ人国家の建設を目指す政治運動としてシオニスト運動を確立すると、翌年には合衆国でもアメリカ・シオニスト連盟が結成され、全国規模でシオニスト運動が組織化された。しかし、この組織は合衆国のユダヤ人の意向を代表するというにはほど遠い状態であった[39]。シオニスト運動は、居住国家への忠誠心が強く同化程度の高いユダヤ人のあいだで忌避・非難される傾向があり、たとえばドイツ系の改革派ラビの組織であるアメリカ・ラビ中央評議会は、一八九七年の年次大会において「ユダヤ人国家を建設しようとするいかなる試みにも反対する」、「ユダヤ教は政治的なものでもナショナルなものでもなく、精神的なもの」とする決議を採択していた。また二〇世紀に入ってからは、アメリカ・ユダヤ人委員会も「われわれはもはや自らをネーションとはみなさない。われわれは宗教共同体である……それゆえパレスチナへの帰還も……ユダヤ人国家に関するいかなる法の再生にも期待していない」として、シオニズムへの抵抗感をあらわにしていた[40]。このように、シオニスト運動はアメリカ・ユダヤ人のあいだでは少数派の突出した動きであり、全体として彼らはイスラエル建設に対して消極的かつ慎重な姿勢であった。

また、同じことが逆に、一九四〇年代後半のユダヤ人大学設立への賛同者のなかにはシオニストが多かったことからも説明される。ブランダイス大学の創設の具体化に際しての最初の中心人物だったイスラエル・ゴールドスタイン・ラビはシオニストであったし、賛同者となった哲学者ホレス・カレンもシオニストであった[41]。カレンに関していえば、一九二〇年代のユダヤ人大学設立議論にみられた「るつぼとしてのアメリカ」の対極にあるモデルである文化多元主義を、すでに一九一〇年代に提示した人物でもあった。そうするとここに、ユダヤ人の独自性を強調するものとしてのユダヤ人大学設立の支持と文化多元主義の支持、そして、ユダヤ人大学設立への反対と同化主義の支持のそれぞれが結びつくという、二つの流れが確認される。たしかに、同化主義やるつぼのアイデアにもとづけば、合衆国内における集団としてのユダヤ人は溶解してなくなるべき存在ということになるから、ユダヤ人大学を設立するという考えはむしろ文化多元主義と親和性をもち、るつぼの発想とは相容れない[42]。

以上のように、一九二〇年代におけるユダヤ人大学設立に関する議論には、第2章でみた伝統的〈アメリカ〉の理念である平等や民主主義への期待が再度確認される。そして、その期待の内容とは、総じて、るつぼのなかで溶けて人種や宗教などの色をなくして〈アメリカ〉人となった個人の機会の平等であって、各集団の文化的価値を平等のものとする文化多元主義の発想とは異なるものであった。

その後、一九二三年一月、ニューマンは寄せられた反響に答える形で再度『ジューイッシュ・トリビューン』に寄稿した。そして、ユダヤ人だけが入学を許可され、教員もユダヤ人のみ、カリキュラムもユダヤ的精神にもとづいたものであると誤解を受けやすいという点で「ユダヤ人大学」という名称は誤称であるといってよいほど、彼の構想する大学は非ユダヤ人にも開かれたものであり、「偉大なる、民主主義の、大衆の組織であり、真の『多くのユダヤ人のための大学』[43]」であると強調した。しかし、「割当制」という差別への対抗策として打ち出された観の強い一九二〇年代のユダヤ人大学設立の議論は、この時期、これ以上具体的になることはなかった。

三　ブランダイス大学の創設に向けて

以上のようにして、一九二〇年代のユダヤ人大学設立の議論はいったん終息した。その後、この動きがふたたび活発化したのは、ほぼ四半世紀を経た第二次世界大戦後のことであった。本節では、ブランダイス大学設立の経緯と、その際にみられたさまざまな議論を検討したい。

ミドルセックス大学

一九四〇年代後半のユダヤ人大学設立の議論は、ボストン郊外のウォルサム市にあるミドルセックス大学が授業停止の状態に陥ったことによってにわかに本格化した。むろん、一九二〇年代のニューマンによる議論が終息した後、完全にユダヤ人大学設立の議論が途絶えていたわけではなかった。一九四〇年代の初めには、ブネイ・ブリス会長のヘンリー・モンスキーがユダヤ人大学の設立を目指し、全国からメンバーを募って委員会を組織し、中西部にキャンパスの敷地を探したこともあった。しかし、ナチス・ドイツによるユダヤ人迫害などヨーロッパ同胞の窮状は合衆国のユダヤ人にとってより差し迫った問題となり、大学設立の議論は本格化しなかったのである(44)。

ミドルセックス大学はメディカル・スクールと獣医学部を擁する比較的小規模な大学であったが、もとよりメディカル・スクールをめぐってはトラブルが絶えなかった。米国医師会の許可が得られず、同大学の卒業生はマサチューセッツ州以外の医師試験を受験することができなかったのである。さらに一九四四年、マサチューセッツ州は、「臨床設備、教員、資金力の点で改善の必要がある」として、同州における医師試験の受験資格をも認めないことを決定した。このことは、事実上、学校組織の停止を意味した。一九四五年秋、ミドルセックス大学は授業を開講することができず、その機能を停止したのだった。

このような、ミドルセックス大学に対して妨害的ともいえる措置自体が、米国医師会およびその支部であるマサチューセッツ医学協会の反ユダヤ主義によるものだという意見もあった。そもそも、同大学出身者の医師資格がマサチューセッツ州に限定されていたときから、同大学にはユダヤ人やカトリック、黒人学生が多く在籍していたが、この事態を嫌った医師会はマイノリティ・グループに属する学生が多くを占める学校を排除しようとして、少なからぬ圧力をかけていたという。というのは、ミドルセックス大学創設者のジョン・スミスは、メディカル・スクールの入学許可に関して「異端」の信念を持っており、彼自身はプロテスタントだったが、人種や宗教にもとづいた入学制限を設けることを断固として拒んでいた。そのため同大学は、「割当制」によって他大学への入学を拒否されたユダヤ人学生の避難所になってしまっていたのだった[45]。一九四四年時点で、学生三〇〇人のうち約八五パーセントがユダヤ人であった[46]。

ミドルセックス大学の敷地と設備を利用して世俗的ユダヤ人大学を設立する計画は、一九四六年一月七日、一九四四年に創設者のスミスが亡くなった後に学長職を引き継いだ息子C・ラッグルズ・スミスと教養部長のジョセフ・チェスキスが、ニューヨークのイスラエル・ゴールドスタイン・ラビに一通の手紙を送ったことから始まった。授業停止状態に陥った同大学は、はじめ労働者用の大学の設立を念頭に置いて各方面の労働組合などの指導者にアプローチしていたが、交渉は不成功に終わっていた。チェスキスはユダヤ人だったが、彼の知人であり、アメリカ合同衣服労働者組合の総裁であるジョセフ・シュロスバーグが、ゴールドスタインがユダヤ人大学を設立するキャンパスを探していることを知らせてきたのであった。

ゴールドスタインは、合衆国でもっとも影響力の大きい保守派ユダヤ教会のラビであり、これまでにも彼自身のシナゴーグのほか、保守派ユダヤ教の協議会などを組織した経験もあった。一九四〇年代中ごろからは、メディカル・スクールの入学における不公正な慣習に憤りを感じ、ニューヨーク市近郊の知人たちと一緒に差別の問題に取り組むとともに、ユダヤ的価値に好意的な環境を提供できるような大学を設立する可能性を模索しているところだったのである。

先に述べたように、ゴールドスタインは熱心なシオニストであり、数々の合衆国におけるシオニスト運動の先頭に立ってきた人物だった。実際、彼がシュロスバーグにユダヤ人大学設立の腹案を示したのは、一九四五年一一月にアトランティックシティでおこなわれたアメリカ・シオニスト機構年次大会の休憩中の出来事であった。

ユダヤ人という集団への帰属意識の高いゴールドスタインのユダヤ人大学像は、「特別なユダヤ的価値[47]」をもつものであった。彼は、その具体例として、キャンパスにユダヤ教のチャペルを「第一の礼拝の建物」として建設すること、ユダヤ教の安息日、祭日、聖日には授業や試験、学籍登録をおこなわないこと、学生食堂はユダヤ教の食餌法に従うこと、エルサレムにあるヘブルー・ユニバーシティ・オブ・エルサレムその他のユダヤ人大学と交換協定を結び、活発な交流をおこなうべきであることなどをあげていた[48]。また、大学の役割ということに関しても、世界に発信するユダヤ人文化の中心地ということを強く意識しており、つぎのように述べた。

図版10　初期のブランダイス大学全景（前ページ上）
キャッスル（前ページ下）
獣医学部の校舎（上）

……このような大学は、ユダヤ人のリーダーシップを形成し発展させるのに重要な手段となり、またアメリカ・ユダヤ人の文化的および知的センターとなるべきである。……この文化と科学の中心地から、すべての人類に啓発と癒しをもたらし、さらにはユダヤ人の良い名声に与するような、人文科学と自然科学における重要な研究の成果を生み出さなければならない。(49)（傍点引用者）

スミスとチェスキスがしたためた手紙にはユダヤ人大学という言葉は使われておらず、ゴールドスタインをメディカル・スクールの再建者として期待していること、現在の設備は無料同然で譲ってよい旨などが書き綴られていた。しかし、ゴールドスタインは手紙を受け取った一週間後の一月一五日には、さっそくミドルセックス大学のキャンパスを訪れている。彼は、財政難によって傷んだ建物や内装、手入れがされておらず雑草の伸びたグラウンドとともに、ウォルサム市とチャールズ川を一望できる立地に深い感銘を受けた。そして、「このキャンパスは本来的に偉大なるユダヤ人大学の敷地として価値のあるものである」と述べ、この地にユダヤ人大学を設立することを決意したのだった。(50)

「割当制」と「アカデミック・ゲットー」に対する懸念

以上のような経緯で、一九四〇年代後半におけるユダヤ人大学の設立は、利用可能な敷地や設備が先に用意された形で、「議論」というよりは具体的「計画」として進行していった。ということは、裏を返せば、この「計画」はユダヤ人大学設立に対する要望が高まった結果として進められたものではなかったのである。この時期は、第二次世界大戦後の復員軍人援護法による大学進学希望者の急増と、それにともなう教育施設の不足などによって、一九二〇年代と比べて高等教育の機会拡大に対する要求自体が高まっていた。にもかかわらず、依然として「ユダヤ人の」大学を設立することに対する慎重論や反対意見は多く聞かれたのであった。

筆者の管見の限りでは、ミドルセックス大学を引き継ぎ新大学を設立する計画を妨害する動きは確認されなかった。しかし、たとえば当初一九四七年一〇月予定だった開学時期が一年遅れたことは、資金集めが順調に進まなかったことが原因のひとつであった。ゴールドスタインは、一九四六年二月からユダヤ人の名士やユダヤ人団体に呼びかけて資金集めを開始し、同年八月には、アインシュタイン博士の賛同を得て「アルバート・アインシュタイン高等教育基金」を組織して本格的に大学設立に向けての資金調達を試みたのだが、世界的な有名人物の名をもってしても予定どおりに計画は進まなかった[51]。

ゴールドスタインの回想によると、ユダヤ人大学に対する否定的な意見として、「ゲットー・スクール」になることへの危惧、一流の学生や教員をひきつけられるのかどうかという懐疑などさまざまな意見があったが、その代表は、一九二〇年代と同じく、既存の大学における「割当制」や差別に関連したものだった[52]。たしかにこの時期、ユダヤ人学生に対する入学差別の存在は、ニューヨーク州「州立大学の必要性に関する臨時委員会」やニューヨーク市「統合に関する市長の委員会」などによる調査によって、数値的にも証明されつつあった。しかし、「一校や二校、あるいは二〇校ユダヤ人の援助による大学を設立したとしても、大学教育を求めるユダヤ人学生にいかほどの機会を開くというのだろうか」として、ユダヤ人大学の設立が差別の問題の解決になるであろうという期待はほとんどなかったのである[53]。

それどころか、むしろユダヤ人は「自分たちの学校」に行けばよいとして、ユダヤ人学生の入学を拒否する口実を他の大学に与えることになるのではないかと心配された。

ユダヤ人団体の動向に関していえば、たとえばアメリカ・ユダヤ人委員会はユダヤ人大学の設立に対して消極的であった。同委員会はこの時期、「割当制」が全国的な醜聞となりつつあることを受けて「ユダヤ人のための高等教育に関する会議」を組織している。一九四六年一〇月一一日、一二日の両日にウォルドルフ・アストリア・ホテルでおこなわれたこの会議は、教育機関やアメリカ大学協会などの教育組織が独自で差別への取り組みをおこなうよう直接的に働きかけること、ニューヨーク州立大学を例として公立の高等教育機関の拡充を支持していくこと、教育の機会の制限を至急廃止すべきことを一般の人びとにも直接訴えること、オースティン＝マホニー法案の通過などの法律の制定を含め政府に対して適切な行動を求めていくことの四点を勧告し、マイノリティの高等教育への入学の障害を取り除くために努力することを確認した。[54] しかし、

世間で非難されている風潮に乗じるのではなく、〔アメリカ・ユダヤ人（＝引用者）〕委員会はこの問題についてはじめからあらためて調査することに決めた。たとえば、ユダヤ人大学を設立しようという提案は、他所の組織では賞賛をもって受け入れられた。しかし当委員会は、この計画には、その大学が「ゲットー・ユニバーシティ」になり、他の大学が「割当制」を継続するもっともらしい口実を与えてしまうというような、危険な面があると感じた。[55]

このように、ユダヤ人による自前での世俗的大学の設立、あるいはそのことによる教育の機会の拡大は、この勧告のなかには含まれないままになったのであった[56]。

また、アメリカ・ユダヤ人会議の発行する雑誌『コングレス・ウィークリー』も、疑問を呈する形で同様の意見を表明した。

この施設の性質が、それを夢見ている本人たちにとってさえ、いまだ十分にクリアになっていないのである。その大学は、差別を理由に一般の「非宗派」大学に拒絶された若者の必要性に応じるためのものになるべきなのであろうか、そして、ユダヤ人に対する差別がアメリカの学業の世界では「普通の」現象であることを間接的に認めるべきなのであろうか。その大学は、ユダヤ人の資金によって支えられた非宗派の大学として機能すべきなのか、あるいは大っぴらにユダヤ人性（Jewishness）の刻印を抱いたものにするべきなのであろうか。……いずれにせよ、ユダヤ人大学の設立は、ユダヤ人のために何かをしようという一握りのやる気はある素人に扱える事柄ではないのである。その設立を支えるには、深遠な確信と非常に熟慮された判断、そしてこの国におけるわれわれの民の歴史の重要性に対する深い意識が必要なのである[57]。

このように、一九四〇年代後半には「割当制」への認識が一九二〇年代以上に強まったにもかかわらず、あるいは強まったからこそ、ユダヤ人大学設立に対する否定的な意見が強くなったのだった。

もっとも危惧されたのは、ユダヤ人大学を設立するときに、それが「割当制」への対処として設立されるのであれば、他大学に拒否されたユダヤ人の集まる「アカデミック・ゲットー」になってしまうということだった。前述のように、シオニスト運動の支持者であるゴールドスタインは、メルティング・ポットよりも文化多元主義的な発想を好んだ。実際、彼はユダヤ人大学設立への反対意見に対して、「ユダヤ人のアイデンティティを感じさせるものの存在には何でも不快感を示すユダヤ人からの反対であり、彼らは保護色のなかにいることに救済を見いだすのである。彼らにとって、メルティング・ポットの均一性がオーケストラの多様性よりも心地よいアメリカの民主主義のシンボルなのである」[58]と述べた。そしてそれを、「論理で説得する類のものではない感情的なレベルのもの」[59]と、さして重要視しない姿勢を示しさえしている。しかし、「割当制」の存在を前にしては、ユダヤ人大学の設立は合衆国における集合的なユダヤ人の存在を浮き上がらせる――しかも、ネガティブな形で――こともまた事実なのであった。

ユダヤ人大学正当化の論理――ゴールドスタイン・ラビのスピーチ

こうした事態に、ゴールドスタイン、あるいは彼の支持者はどのように折り合いをつけようとしたのか。本項では、依然として大学設立への抵抗感が強いユダヤ人たちに対し、ゴールドスタインがどのような説明を与え、支持や資金を得ようとしたのか、その論理を探りたい。具体的には、一九四六年六月一六日、ゴールドスタインはシカゴで開催された全国コミュニティ関係諮問会議のユダヤ人大学に関する部会のパネルディスカッションに招かれたが、その際の彼のスピーチを分析することとする。

この会議は、アメリカ・ユダヤ人委員会、アメリカ・ユダヤ人会議、ブネイ・ブリスおよびユダヤ人労働委員会など、約二〇のユダヤ人団体の代表者から構成される会議であり、合衆国のユダヤ人コミュニティをもっとも広い範囲で代表している組織であった。すでに一九四六年二月ごろから、ボストン、ニューヨークを中心に大学設立に対する支持者集めの活動を開始していたゴールドスタインにとって、この会議は、ユダヤ人の全国レベルの指導者たちに彼の計画の概要を説明できる最初の重要な機会だった。しかし、この会議はユダヤ人大学の設立について話し合うものであり、ゴールドスタインの計画を支援するために企画されたものということでは決してなかった。たとえば、討論の際のゴールドスタイン以外のパネラーは、イェシバ大学大学院主事ジェイコブ・ハースタインとシカゴ大学社会学教授ルイス・ワースだったが、ワースはあらゆるタイプのユダヤ人大学に反対であると表明していた。

冒頭、会議に招待されたことへの謝辞を述べた後にゴールドスタインが切り出したのは、合衆国の高等教育界における宗教系大学の普遍性であった。

それは、例外というより、むしろ通例なのです。おそらく一ダースのクエーカーの大学、二〇校のカトリック大学、一〇〇校のメソジスト、バプテスト、ルター派、監督派、長老派の支援による大学があるでしょう。一校あるいはそれ以上のユダヤ人の支援による大学があったとしても、それはまったくアメリカのパターンに沿うものであり、これまでの例からわかるように、非ユダヤ人のコミュニティも当然のこととして受け入れるでありましょう。(60)

このように、ユダヤ人大学を他の宗教系大学と同じ種類のものと位置づけ、「被差別者」グループのユダヤ人というマイナスのイメージを取り払ったうえで、ゴールドスタインは本題に入った。ユダヤ人大学設立に関して人びとの心のなかにある疑念を晴らすためにお話をさせていただきたい、彼は言った。

ひとつは、人種と宗教の理由にもとづいた割当制という悪にどう対応するかです。……言うまでもなく、それを撲滅するためにはあらゆる努力がなされなければなりません。それはたとえば、割当制をおこなっている機関を公衆の批判にさらすであるとか、裁判所は認めないであろうけれどもそれらの機関の免税措置を取り除くように訴えるとか、さらに多くの州立大学設立の構想を練るとか、そういうことです。アメリカ人として、われわれは高等教育の領域から非アメリカ的な方針を取り除く努力をする権利と義務があるのです。しかし、その努力がどの程度成功するのか、あるいはどのくらいの時間がかかるのかはまったくわかりません。

……少なくとも、ユダヤ人の支援による大学を支持している人びと――私は、光栄なことにその代表をつとめているのですが――は、学生や教員をユダヤ人に限定することは提案していないのです。提案しているのは、学生と教員を選抜する唯一の基準を能力にする、非割当の大学（non-quota university）なのです。[61]

ゴールドスタインは「割当制」とユダヤ人大学の関連について、さらにつぎのように述べた。

もし、いまだ〔ユダヤ人大学のアイデアを支持することに対する（＝引用者）〕精神的な留保が残っているのなら、反対の意見よりも賛成の意見、すなわち、他の宗派大学の例と同じであれば生ずるであろう恩恵を重要視して欲しいのです。それは、ユダヤ人の援助による大学は非割当（non-quota）の大学であるから、われわれの割当制とのたたかいはこのような機関の存在によって強力な武器を得るであろうということを知らしめることの価値、そして、また、ユダヤ人大学のアメリカの高等教育への貢献によって強化されたユダヤ人グループの威厳といったものであります。[62]

すなわちゴールドスタインは、ユダヤ人大学を「割当制」への対処として設立するのではなく、それを「おこなわない」ことで積極的に民主主義や機会の平等の範を垂れることを提案したのであった。さらに彼は、ユダヤ人大学が設立されると否応なくユダヤ人という「集団」が意識されることについては、ユダヤ人「グループ」（Jewish group）という言葉を使ってつぎのように述べた。

なぜユダヤ人グループが唯一、この分野でのグループとしての提供を差し控えなければならないのでしょうか。個人のユダヤ人は他の大学に大いに提供していますが、それはユダヤ人グループとしておこなわれない限り、ユダヤ人の貢献とは理解されないのです。そこでふたたび、他のグループに参考になる例が見つかるのです。……ハバフォードやスワスモアにおけるクエーカー教徒の大学、シカゴにおけるバプテストの大学、そしてカトリックによるノートルダム大学こそが、これらのグループがアメリカの教育に貢献したということを、もっとも強く印象づけるのです。ユダヤ人グループの場合も同様です。

……このアプローチの観点からすると、ユダヤ人の支援による大学は、たとえユダヤ人の若者がアメリカの高等教育機関に入るのを難しくしている割当制がないとしても、あるいは州立の大学が現在より広く行きわたったとしても、重要でかつ久しく待望されている事業であるといえます。このようなユダヤ人の支援による大学は、知的、職業的に準備の行きとどいたアメリカの若者を育てる責任におけるユダヤ人の威厳とのユダヤ人の参加という問題に関して、重要で機の熟したものなのです。……主にユダヤ人の資金でまかなわれ、レベルの高い民主主義的な方法で運営される大学は、もっとも印象的にアメリカのユダヤ人がいかに信頼に足るかを示すのに寄与するのです。[63]

このようにゴールドスタインは、ユダヤ人学生の隔離（segregation）やゲットー化という懸念について、再度、他宗派の大学を引き合いに出して合衆国における下位グループの存在を正当化した。そして、そのうえで、大学を設立することは、そのグループを合衆国の民主主義に貢献する良いグループとして印象づけると主張したのであった。

さらに、このような貢献、また非ユダヤ人の学生にとっても魅力のある大学をつくるための具体的な手がかりとして、ゴールドスタインは、新大学を学問的に高いレベルを誇るものにするつもりであることを説いた。

仮の例をあげさせてください。もし、アインシュタイン教授が数学と物理、モリス・コーエン教授が哲学、アルヴィン・ジョンソン教授が社会科学を教えたら、クリスチャンの学生に事欠くことはないでしょう。……第一級の教員が、すべての人種と宗教の第一級の学生を引き寄せるのです。[64]

さらに同様の例として、当初は受け入れられなかったユダヤ人病院が、その「非宗教的キャラクターと基準の高さゆえ」、現在では非ユダヤ人にも広く受け入れられていることをあげている。[65]最後にゴールドスタインは、構想されている新しい大学は「割当制」をおこなわないことをふたたび強調し、演説を終えた。

ユダヤ人の少年は入学願書にこう書くのです。「私は、私たちの民（our people）に属する非割当の大学に行きたいのです」と。このシンプルな申し立てに、われわれがやろうとしていることの真髄が含まれているのです。これは、誇りと威厳においてユダヤ人のアメリカの教育への貢献となるでしょう。それは……ユダヤ人が慈善の分野で示したように、機会の平等というアメリカの民主主義の原則が高等教育の分野に当てはまるということを示すことになるでしょう。[66]

ユダヤ人大学設立への賛同と支持

翌六月一七日、全国コミュニティ関係諮問会議の総会がおこなわれた。ユダヤ人大学については、つぎのように決議された。

総会は、人種、肌の色、信条にかかわりなくすべての人に開かれたユダヤ人大学、およびユダヤ人の援助のもとにある高等教育機関を合衆国内に設立し、拡大する最近の動きを満足をもって承認する。われわれが思うに、これらの努力はこの国のユダヤ人コミュニティの文化的、知的発展、あるいはアメリカン・ライフ一般にとっての重要な貢献となるであろう。[67]

このように、「ユダヤ人のリーダーシップを形成」、あるいは「アメリカ・ユダヤ人の文化的および知的センター」という当初の構想では賛同が得られないことを理解したゴールドスタインは、「ユダヤ人大学の設立という集団としてのユダヤ人の存在を浮き立たせざるをえないこの計画に対し、彼らが苦しんできた「割当制」をおこなわないというポジティブな要素を強く打ち出した。そして、そのことで、ユダヤ人諸団体からの支持を得たのであった。後年、彼は、この総会を「それは重要な勝利であった——われわれのプロジェクトに対するユダヤ人の世論を勝ち取るための根気強い苦闘の頂点であり、また、アメリカ・ユダヤ人のコミュニティからこの計画を圧倒的に受け入れられるための十分な予兆となり、道を開くものであった」[68]と回想している。

ユダヤ人大学設立のスポンサーあるいは支持者になった人びとのなかには、ニュー・スクール・フォー・ソーシャル・リサーチのアルヴィン・ジョンソンやホレス・カレン、ユダヤ教再建主義者のモーデカイ・カプラン、作家のルートヴィヒ・ルーイソンのほか、アメリカ・ユダヤ人会議会長のスティーブン・ワイズ・ラビやルイス・ニューマン・ラビの名前もあった。その後、ゴールドスタインが資金集めパーティに非ユダヤ人を呼ぶかどうかをめぐってアインシュタインと反目し、アインシュタイン高等教育基金の総裁を辞任するなどの紆余曲折はあったものの、計画自体は残された人びとによって遂行され

図版11　黒人学生も在籍するブランダイス大学（黒人雑誌『エボニー』より，1952年）

た。[69]一九四八年の五月には、ユダヤ人史家でありヒレル財団創設者でもあるエイブラム・ザッハーが初代学長に就任し、一〇月には、一〇七人の新入生と一三人の教員で授業を開始した。その間、設立される新大学は人種・宗教にかかわりなく学生を受け入れ、「割当」をおこなわないという方針は、変更されることはなかった。[70]

本章では、合衆国における世俗的ユダヤ人大学設立に関する議論を、「割当制」との関連に注目しながら一九二〇年代、一九四〇年代と考察してきた。そもそも、他大学における「割当制」や差別をかえって固定化するのではないかとの心配から、大学への進学意欲のきわめて高いユダヤ人のあいだにおいても、ラビ養成機関以外の世俗的ユダヤ人大学の設立については否定的かつ消極的な意見が多かった。そのことには、移民や非キリスト教徒、非白人を異邦人や異人種として忌み嫌い、彼らがその特性や独自性を失ってワスプに同化することを求める時代風潮も作用していた。ことに一九二〇年代には、一〇〇パーセント・アメリカニズム、一九二四年移民制限法制定への流れなど、不寛容な雰囲気は強く、「多様性」はプラスのイメージをもつ言葉では決してなかった。そのような状況では、ユダヤ人の集団としての存在や独自性を強調することになるユダヤ人大学の設立は、ユダヤ人の隔離、あるいは「ゲットー・ユニバーシティ」としてユダヤ人が孤立することを意味したのである。

一九四八年に開学したブランダイス大学の場合、ゴールドスタイン・ラビを中心とした設立の計画者たちは、同大学はユダヤ人大学ではあるが、入学者をユダヤ人に限定したり優先したりということをしない人種・宗教上の平等の方針を表明した。「割当制」もおこなわず、願書には人種、宗教、出身国に

図版12　1957年，1963年にキング牧師がブランダイス大学に来校（写真は1963年）

ついての質問項目も設けないという方針である。その点では、一九二〇年代にユダヤ人大学の設立を訴えたニューマン・ラビも学生として非ユダヤ人を受け入れることを構想していたが、ブランダイス大学は、「非割当」の大学として合衆国の機会の平等や民主主義に貢献することをより強く訴えた。このことが、敷地や設備の提供があったことや第二次世界大戦後の高等教育の拡大・大衆化と重なり、ユダヤ人たちの大学設立への支持と賛同を集め、結果として、その実現を近づけたといえる。

　そして、ゴールドスタインと彼の支持者がこのような学生募集をおこなったことは、カラー・コンシャスな行為であるはずの「ユダヤ人」大学の設置と「割当制」廃止運動にみられるユダヤ人のカラー・ブラインドの理想とのあいだに理論的整合性を得ようとする、きわめて象徴的な行動であった。世俗的ユダヤ人大学設立をめぐる議論には、ユダヤ人たちが希求していた人種・宗教が考慮の対象とならない入学選考、ひいては個人としての平等やカラー・ブラインドの理想が色濃く反映されている。むろん、カリキュラムにユダヤ教に関する科目を入れることや大学をユダヤ人の「エスニック・センター」に位置づけることを望む声もあったように、ユダヤ人大学の設立に関するユダヤ人の意見は決して一枚岩的なものではなかった。しかし、最終的にブランダイス大学は、「アカデミック・ゲットー」ではなく「アカデミック・メルティング・ポット」として、るつぼとしての〈アメリカ〉の象徴として設立されたのである。(71)

なお、以上の議論と逆方向の作用として、その後、「非割当」のブランダイス大学の設立が「割当制」廃止を訴えるユダヤ人たちの運動を力づけるものになったことが、反名誉毀損同盟のつぎの資料から読み取れる。その部分を引用して、この章を終えることとしたい。

割当は消えうせるべきである。われわれは前進しているところなのだ。われわれは、ウェルズリーの願書はもう志願者の人種、宗教、信条、肌の色に関する情報を問わないという発表を歓迎している。われわれは、新しいブランダイス大学とその哲学および包括性（inclusiveness）、そして優秀さのみにもとづいた入学者選抜を保証するテクニックを提示している入学願書を歓迎している。(72)

第5章　ブラウン判決への道のり

一八九六年、白人と黒人のために別々の客車を設けることを定めたルイジアナ州法の合憲性を争った、プレッシー対ファーガソン訴訟に関する連邦最高裁判決が下された。このとき、提供されているサービスや施設が同等のものであれば、人種隔離（racial segregation）そのものは憲法上許容されるという「分離すれども平等」の原則が確立し、以後、半世紀以上にわたって黒人の生活全般を規定することとなった。

プレッシー判決が下された当初から、黒人たちは「分離すれども平等」は、単に黒人の白人に対する服従という現実を隠蔽するスローガンにすぎないことを知っていた。学校、交通機関、劇場、レストラン、ホテル、公園など、あらゆる公共施設は分離されたが、黒人用の設備は白人用のそれよりも貧弱であり、「分離したら不平等」が常態であった。教育に関していえば、白人校と黒人校は必ずしも並行して設立されるわけでなく、黒人校は教室、図書館等の設備面で不利であり、白人教員と黒人教員のあいだには大きな給与格差があった。そのようなわけで、アメリカ合衆国最初の公民権団体ともいうべき全国黒人地位向上協会は、リンチや人種暴動の反対闘争とあわせ、早い時期から人種隔離制度を突き崩すことに取り組んできたのだった。(1)

そして一九五四年五月一七日、公立学校における人種隔離教育を違憲とする画期的な判決が下された。このブラウン対トペカ市教育委員会訴訟は、近所にある白人だけの小学校への入学を拒否された黒人少女の親が、全国黒人地位向上協会の援助を得て提訴したことから始まったものであった。連邦最高裁判所は、「分離された教育施設は本質的に不平等である」との判断にもとづいて、公立学校における黒人と白人の隔離は憲法に違反するとの裁定を下したのである。(2)

これまで、どのようにして「分離すれども平等」原則が覆されたのかに関しては、歴史学のみならずさまざまな面からの研究がなされてきたが(3)、一九三〇年代半ばから全国黒人地位向上協会が大学院、とくにロー・スクールにおける人種隔離を争点として起こしていたいくつかの裁判は重要である。というのは、連邦最高裁は一九三八年から一九五〇年にかけて、高等教育の分野で白人大学への黒人の入学を認めるか、あるいは同等の黒人大学を設置するかの選択を迫る判決を下していた。すなわち、あくまで「分離すれども平等」原則の範囲内で設備面での不平等を問題にしたものではあったが、状況はジム・クロウ制度の見直しに向けて「慎重に注意深く進みつつあった(4)」のである。

本章では、人種隔離教育制度撤廃に向けてのユダヤ人団体の活動を観察することとしたい(5)。ユダヤ人団体が発行・頒布した「割当制撤廃運動」パンフレットにみられる黒人差別に関する記述や、とくにブラウン判決に先立つ各訴訟に際しての活動に着目することで、本書でこれまでみてきた「ユダヤ人に限らない」平等を求める彼らの思想と活動の傾向を再確認することができるだろう。それはまた、公民権運動期、そしてその後の彼らの活動にもつらなるものである。

一　「割当制撤廃運動」にみる黒人差別

合衆国においては、人種、信条、肌の色、または出身国にもとづいた割当や隔離によって個人の平等な教育の機会を否定することは、非民主的であり、望ましくないことである。また、いわゆる「分離すれども平等」な黒人用と白人用の大学院やプロフェッショナル・スクールを運営することは、非経済的であると同時に非民主的である。

これらの正当化しえない慣行は今すぐに中止されるべきであること、また、合衆国中の大学院とプロフェッショナル・スクールへの入学に際して、学生は、公益（common good）と志願者の個人としての評価によって選抜されるべきであることを、ここに決議する。(6)（傍点箇所は原文では斜体）

反名誉毀損同盟が一九四七年ごろから「割当制撤廃運動（Crack the Quotas Drive）」と銘打ったキャンペーン活動を展開していたことについては、すでに第3章で述べた。右の決議文は、その一環として開催された一九四九年一一月のシカゴにおける「大学入学における差別に関する全国教育者会議」のものである。反名誉毀損同盟は、「割当制」を主要なターゲットとしつつも、人種隔離教育制度についても反対であり撤廃すべきとの考えをもっており、それがこの決議文にも反映されていたのだった。そこで本節では、「割当制撤廃運動」において黒人差別がどのように扱われていたのかについて考察することとする。

すでに述べたように、「割当制」はマイノリティの学生をひとりも入学させないという完全な排除ではなく、入学を許可する数を制限する部分的な排斥であった。また、その具体的「割当」の数字は、あくまでも入学事務局の内規としての非公式なものであり公表されることはなかったので、表面的には、大学入学に際して志願者に対する人種や宗教、出身国による差別的慣行は存在しないことになっていた。したがって、入学応募要件に人種や宗教の制限が設けられ、マイノリティの志願者の応募資格自体が否定されるということもまた、おこなわれることはなかったのである。

このことは逆に、「割当制」は必ずしも「ユダヤ人割当制」ではありえないことをも意味した。事実、たとえば一九四六年から一九四七年にかけてのコネチカット州における調査では、イタリア系志願者が同レベルの学業成績である他の志願者と比べて、私立非宗教系大学への入学に際して不利になっている事実が統計的に明らかにされている(7)。ただ、実際のところ、一九二二年にはじめてハーヴァード大学でユダヤ人学生数制限の計画が公表されたときにそうであったように、「多すぎる」ことで問題になり、数を減らす方向で合格者数の調整がなされたのは、大部分の大学やメディカル・スクールではユダヤ人だけであった。通常は、カトリックにせよ黒人にせよ、大学が歓迎しないことに関してはユダヤ人と同様だったが、あえて制限をするほどの志願者の数がなかったのである。

そのような意味で、理論上、「割当制」による入学差別の被害者はユダヤ系に限定されるものではなかったので、「割当制撤廃運動」は、「ユダヤ人割当制撤廃運動」ではなく、入学願書から人種・宗教等を記入させる欄を取り除かせることを高等教育機関に要請する、より広い運動として展開された。すな

CRACK THE QUOTA SYSTEM!

HERE'S SOME HELP

IF YOU WANT TO HELP FIGHT THE QUOTA SYSTEM
HERE ARE SOME OF THE THINGS YOU MAY NEED

Further Documentation of the Facts . . .

Davis, Helen: On Getting Into College

Berkowitz, David S.: Inequality of Opportunity In Higher Education (N. Y. State Study)

Factors Affecting the Admission of High School Students to College (ACE Study)

Higher Education for American Democracy—The Report of the President's Commission on Higher Education

Informational Pamphlets

Religion and Race: Barriers to College? (Public Affairs Pamphlet #153 – Ivy and Ross)

Ten Good Reasons for Cracking the Quota System in American Education

College Quotas and American Democracy—Dan W. Dodson

Un-American Education: Barriers to Equal Educational Opportunity—University of Chicago Round Table Discussion

Program Aids

Case Studies on Educational Discrimination

Program Aids for Group Discussion on Barriers to Higher Education

Discussion Guide

Turnover Talk

Radio Programs

(Transcribed 15-minute recordings)

"Bridge Builders"—starring Fredric March

"Seasoned Timber"—starring Raymond Massey

The above materials and further information on how you can help in this campaign are available from the

ANTI-DEFAMATION LEAGUE OF B'NAI B'RITH

Program Division

212 5th Avenue • New York 10, N. Y.

図版13 「割当制を撤廃せよ！」反名誉毀損同盟のパンフレット

わち、各大学当局は、「心理テスト」や「個人面談」、あるいは入学生の出身地の地理的配分を配慮し選考をおこなった結果によるものとしながら、実際には、願書に記入させた人種や宗教によって合格させるマイノリティ学生の数を操作・調整している。したがって、このことを踏まえ、差別的に使用される可能性のある質問項目を削除することによって、もとより合格者選定の要素に人種や宗教が入り込むことを不可能にしようということである。こうして、ユダヤ人団体が担い手であり、また、実際の差別の被害者もほぼユダヤ人に限定されているにもかかわらず、「割当制撤廃運動」は、その広報活動においては、高等教育機関への入学差別をなくすためのキャンペーンとして、ユダヤ人以外にも広く受け入れられる内容のものとなったのである。

このような傾向は、反名誉毀損同盟が発行していたパンフレット類にも確認することができる。たとえば、「割当制を撤廃せよ！（Crack the Quota System!）」と題された一九五〇年発行のリーフレット（図版13）を見てみると、まず「割当制とは何か？（What is the Quota System?）」として、つぎの定義が与えられ、黒人その他が「割当制」対象者のなかに含められている。

割当制とは、大学へのマイノリティ・グループの学生の入学を制限するために設けられた制度である。それは、入学を許可されるユダヤ人、カトリック、黒人、イタリア人、ポーランド人などのパーセンテージを設定することで、人種、宗教、国籍を理由としてアメリカの若者から教育の平等な機会を奪うものである。(8)

だが実際のところ、黒人学生にとって「割当制」は大きな問題ではなかった。むろん、人種隔離していない大学でも彼らに対する差別や偏見は存在した。しかし、黒人学生は本来であれば入学を許可されていたはずの合格者の人数を「抑えられていた」というよりは、大学に進学する経済力がないために出願者の数自体が少なかったのである。あるいは、そうでなくても入学後に差別にさらされることを恐れ、南部の黒人用大学に自ら進学を希望する場合も多かった。一九四七年には、全国七万五〇〇〇人の黒人学生のうち、八五パーセントが一〇五校の人種隔離された大学に在籍していたという。(9) そのような意味では、黒人学生の就学上の問題はもっぱら人種隔離教育制度であったといってよい。

このような事情を反映して、当時、反名誉毀損同盟が発行した高等教育における差別に関する別のパンフレットでは、黒人の置かれた状況としてより直接的に人種隔離教育制度について言及され、その撤廃の必要性が説かれた。

近年、改善がみられるとはいえ、南部の黒人教育はいまだジム・クロウである。分離は、ほかに害がない場合でも、どうしても精神的苦痛は逃れられない。しかし、たいていの場合、ハンディキャップは物理的にも存在する。分離は、法的には「分離すれども平等」な設備を義務づけているとはいえ、その平等とは普通はフィクションである。黒人大学はほとんど必ずといってよいほど資金が少なく、教員や実験室、図書室も白人大学より貧弱である。

……二重の学校システムに資金を使うのは乏しい資源の重大な損失である。結果として、分離教育でなければそうはならなかったであろうに、黒人学生と同じく、白人学生も貧しい教育を受けることになるのである。

……状況は悪いとはいえ、この一〇年あまりで黒人の高等教育は随分と改善している。以前は白人学生専用であった大学でも、ますます多数が黒人を受け入れるようになってきた。南部地域教育委員会が、平等を確保し、早晩、分離を終わらせる――それこそ真の意味での唯一の機会の平等なのだから――ための進展を刺激することを期待したい。(10)(傍点引用者)

以上のように、「割当制撤廃運動」においては、広く高等教育における平等を達成することが必要であることを訴えるなかで、「割当制」とは対象とするマイノリティも差別の性質も異なる黒人の人種隔離教育制度についても、その撤廃が活動の視野に入っている。とくに、発行されたパンフレットは、「割当制」により差別を受ける対象者はユダヤ人以外でもありうるという差別の普遍性を強調しつつ、同時に、明らかにパーセント制度という意味での「割当」の範疇からは外れる南部の人種隔離教育制度や、「分離すれども平等」原則のもとでの設備の不平等についても言及していた。このような黒人の不平等に対する関心は、より直接的な撤廃に向けての努力としてはどのように発揮されたのであろうか。その様子を次節以下でみていくこととしたい。

二　高等教育における人種隔離の撤廃に向けて

全国黒人地位向上協会の取り組み

まず、ユダヤ人団体の活動をみていく前に、一九五四年のブラウン判決にいたる以前の人種隔離教育の実施状況、および全国黒人地位向上協会が主導していた、その撤廃に向けての動きを概観しておくことにしたい。

南北戦争以前の南部では、学校教育は主として私学でおこなわれており、公教育の制度が確立していなかった。黒人向けの教育自体がほとんど存在しなかったので、人種隔離をおこなう必要性もなかったのである。その後、再建期を通じて南部諸州でも公立学校制度が整備された際に、それは一八六八年の合衆国憲法修正第一四条に従ってすべての子どものためのものとされた。しかし、その教育を人種別に提供するのかどうかについては州ごとに違いがみられた。たとえば、ジョージア、アラバマ、テネシー、アーカンソーでは白人と黒人で別々の学校が設けられたのに対し、ミシシッピ、サウス・カロライナ、ルイジアナでは両人種の混合学校が試みられたのであった。

その後、一八七七年には連邦政府が南部諸州から撤退し、南部白人の反動が始まった。さらに一八九六年のプレッシー判決において「分離すれども平等」の原則が確認されると、ミシシッピをはじめ混合教育をおこなっていた州を含めて、南部ではかなり多くの州が州憲法や州法を改正し、人種別学の規定をもつにいたった。

たとえばルイジアナ州は、一八六八年の州憲法改正では、「もっぱらいかなる人種のためにも分離された学校もしくは学問機関が設けられてはならない」として、白人・黒人の混合学校が要求された。だが、一八七九年にはこの規定が消失し、さらに一八九八年の改正では「全州にわたって、州議会により分離して設置される白人種と黒人種との無償公立学校が存しなければならない」と定められるにいたった。また、アラバマ州は、「白人・有色人の子弟には分離された学校が提供されねばならず、かつ一方の人種の子弟は他の人種の学校に就学を認められないものとする」として、人種隔離教育を許容するというよりむしろ義務づける規定を、一九〇一年に州憲法のなかに設けている。[11]

このように、一九世紀末ごろから人種隔離された教育の制度は広く普及するようになった。主に南部に位置する一七州とワシントンDCにおいては、州憲法または州法によって公立学校における人種隔離が強制され、その他の多くの州でも人種隔離教育は許容されるか、あるいはとくに規定なく任意のものとして黙認されるようになった。逆にみて、一九五四年のブラウン判決の時点で法的に人種隔離教育が禁止されていたのは、アラスカとハワイを除いた合衆国の全州のなかで、コネチカットやペンシルヴェニアなど北部や中西部を中心とした一六州のみであった。[12]

こういった状況のなか、人種隔離教育制度が違憲と判断されるまでの長い道のりにおいて重要な転機が一九三〇年代後半に訪れた。全国黒人地位向上協会が、高等教育、ことに大学院やロー・スクールにおける人種隔離を争点とした法廷闘争を開始したのである。いわゆる、「ロー・スクール訴訟」である。具体的には、州内に黒人用の大学院がない場合に州外の教育機関への通学費用を州が負担する制度や、一人の黒人学生のための大学院の新設、あるいは座席や図書館を白人学生と隔離したうえでの同じ大学院での受講では、黒人学生に白人学生と平等な教育の機会が保障されないとして、同協会の弁護士が原告団を率いて訴えを起こしたのであった。

ブラウン訴訟が問題にしていたのは初等教育であったから、対象となる人口から考えると、これらの

「ロー・スクール訴訟」は人種隔離教育制度に対するいわば側面からの攻撃であった。しかし、現実に黒人専用のロー・スクールがほとんど存在しておらず、その状況が「分離すれども（設備面では）平等」の原則を明らかに満たしていないため、全国黒人地位向上協会にとっては高等教育レベルの訴訟のほうが法廷闘争をおこなううえで戦略的に好都合だった。また、対象となる学生の数はきわめて少数ではあるけれども、それゆえに裁判所は小学校や中学校の人種統合よりも気楽に人種統合命令を出すのではないか、という読みもあった。彼らは、まず提訴をおこない、黒人学生に白人学生と真に同質の教育が提供されるよう要求し、そのうえで「分離すれども平等」という原則自体の正当性について挑戦する機会をつくろうと考えたのだった[13]。

一九三八年のゲインズ対カナダ判決は、ロー・スクールに関して連邦最高裁判所まで上告された最初の裁判となった。一九三五年に黒人専用のミズーリ州立リンカーン大学を卒業し、ロー・スクールへの進学を希望したロイド・ゲインズは、同大学にロー・スクールがないため白人専用のミズーリ大学ロー・スクールに出願したが、黒人であることを理由に申請を却下された。それまでにすでに、黒人用の大学や大学院が州内にない場合、州外の機関に進学するための学費や生活費を州が支払う制度を、いくつかの州が採用していた。ミズーリ州でも、ミズーリ大学で開講されていてリンカーン大学で開講されていない科目を黒人が受講したい場合、州政府が奨学金を支給し、近隣州の大学や大学院で学べる道が開かれていた。

そこでゲインズは、将来ミズーリ州で弁護士として働くには同州のロー・スクールを卒業していたほうが顧客の信頼を得やすいことや、州裁判所の傍聴をするための在学中の帰省が不便なことをあげて州外教育の不平等性を主張したが、ミズーリ州最高裁判所は、州外教育制度の妥当性および近い将来にリンカーン大学にもロー・スクールが設立される予定であるとして、彼の主張を退けた。それに対し、連邦最高裁判所は州最高裁の判決を覆した。連邦最高裁は、たとえ法学教育に対する黒人の需要が数的にきわめて限られたものであったとしても、それは白人のみを優遇し、黒人を不当に差別する正当な理由とはなりえないから、州は職業訓練の平等な機会を与えなければならないと主張した。そして、州内には黒人が法律の訓練を受けることができる適当なところがほかにないのだから、ゲインズはミズーリ大学ロー・スクールに入学を認められるべきである、とする判決を下したのだった[14]。

ゲインズ判決における「今すぐにこの黒人に州内で学習の機会を付与しなければならない」との判断は、たとえ近隣州のロー・スクールのカリキュラムや教授法がミズーリ大学ロー・スクールのものとほぼ同一だったとしても、州外教育制度は法のもとの平等に反するとした点で、ブラウン判決に一歩近づくものであった。しかしその後、こんどはミズーリ州が急遽設立を決めたリンカーン大学ロー・スクールの白人校に対する不平等性を争ってゲインズが起こした新たな訴訟は、彼が行方不明になったことで審理途中で終わってしまい、州外の機関に頼って黒人学生に学習の機会を提供する慣行はその後も続くことになった[15]。一九四八年には黒人の州外教育制度を管理する委員会が結成され、メリーランド、ミズーリ、ケンタッキーなどこの委員会に加盟する一三州が黒人学生を州外の機関に通学させる場合、志願者がもともと居住していた州の機関の学費で通学を認めていたという[16]。

その意味で、一九五〇年に下された二つの連邦最高裁判決は、高等教育における人種隔離の打破に向けての決定打となった。ひとつは、ヘマン・スウェットが従来白人専用だったテキサス大学ロー・スク

図版14　「校内隔離」されて授業を受ける黒人大学院生ジョージ・マクローリン

ールへの入学を求めた、スウェット対ペインター事件である。同大学は白人専用校の一部を仮校舎とする黒人専用ロー・スクールを設立したが、裁判所は、たとえ州が黒人用のロー・スクールを急遽設けたとしても、教室や図書館、学生ひとりあたり教員の数などの有形要素だけでなく、学校の伝統と権威、卒業生の活躍などの無形要素も含めると、それは平等の基準に合致しないという判決を下した⑰。

また、スウェット判決と同日に下されたもうひとつの連邦最高裁判決は、教育学大学院の博士課程において黒人大学院生が仕切りで区切られた席に他の白人学生と離れて座ることを強要されていた、マクローリン対オクラホマ州の事件に関するものであった。こちらの裁判においても、ジョージ・マクローリンがオクラホマ大学に入学を認められていても、教室、食堂、図書館などで隔離されている限り、彼は平等を享受していることにはならないとして、原告に有利な判決が下された。こうしたいわば校内隔離は、隔離された黒人学生が他の学生や教員と意見を交わし、討論に参加するのを妨げ、効率よく専門教育を受ける権利を阻害するとの判断がなされたのである。(18)

スウェット判決において学校の社会的価値、マクローリン判決において快適さの平等が平等の判断基準として採用されたことは、隔離をすれば平等はありえず人種隔離教育は本質的に不平等であるという、ブラウン判決の判断にますます接近するものであった。そのほかにも、オクラホマ大学ロー・スクールへの入学を争った一九四八年のシピュエル対オクラホマ州立大学事件でも、原告の黒人女子学生に有利な判決が下された。(19) こうして、これら一連の訴訟において原告の弁護団を務めた全国黒人地位向上協会は、人種隔離教育制度自体を違憲とする判決を勝ち取るための足場を、一九五〇年代の初めには着実に固めつつあった。

ユダヤ人団体と「ロー・スクール訴訟」

全国黒人地位向上協会には、ジョエルとアーサーのスピンガーン兄弟が設立時から一九六六年まで会長職を引き継いだのをはじめとして、そもそも多数のユダヤ人が参加していた。同協会の弁護士として、黒人の解放や地位向上のために尽くした者も多かった。一九三一年には、九人の黒人の若者が白人女性を強姦したとの濡れ衣を着せられ告訴される事件がアラバマ州で起こったが、その際、いったんは死刑を宣告された少年たちの弁護に奔走したのは、ニューヨーク出身のユダヤ人弁護士サミュエル・リーボウィッツであった。彼は最終的に少年たちの無罪を勝ち取り、この「スコッツボロー事件」は、ユダヤ人と黒人の利害を結びつけ、公民権運動に向けての道筋をつくる法廷闘争のひとつとなった。

その他、反名誉毀損同盟に関していえば、その設立自体が一九一三年にジョージア州アトランタで起きた「レオ・フランク事件」を契機としたものだったことにも留意したい。ニューヨーク出身のユダヤ人である鉛筆工場の工場主レオ・フランクは、従業員の一三歳の白人少女を強姦殺害したという濡れ衣を着せられ、当時、もっぱら黒人に向けられた暴力行為だったリンチによって命を奪われた。このことは、黒人とユダヤ人が同じ差別の被害者となりうることをユダヤ人たちに強く意識させ、反名誉毀損同盟はユダヤ人団体でありながら、当初からリンチの撲滅に力を注いだのであった[20]。

以上の事例をはじめとして、二〇世紀前半に人種差別問題や黒人の公民権獲得に対するユダヤ人の意識が高かったことは、先行研究においても一致した見解である。そしてこの時期には、日常生活のレベルでの両グループの接触が始まった。ユダヤ人の公民権運動や人種関係改善運動への参加は、活動への寄付をおこないうる裕福な上流階級の者に限られなくなった。ユダヤ人の多い労働組合、とくに国際婦人服労働組合と合同衣服労働組合は、「スト破り」として黒人労働者を排除する組合が多いころから、彼らを自分たちの組合に加入させるよう精力的に動いた。また、東欧から移民して間もない人びとが読者だったイディッシュ語新聞は、アメリカの人種関係について詳しく報道し、黒人の窮状に対して強い共感と同情を示した[21]。そして一九四〇年代後半からのこの時期、アメリカ・ユダヤ人委員会と反名誉毀損同盟、アメリカ・ユダヤ人会議は、ユダヤ人「団体」として全国黒人地位向上協会に賛同する形で「ロー・スクール訴訟」を支援することとなった。その様子を、以下にみていきたい。

一九四九年五月二四日と一九五〇年三月三一日の二度、アメリカ・ユダヤ人委員会と反名誉毀損同盟

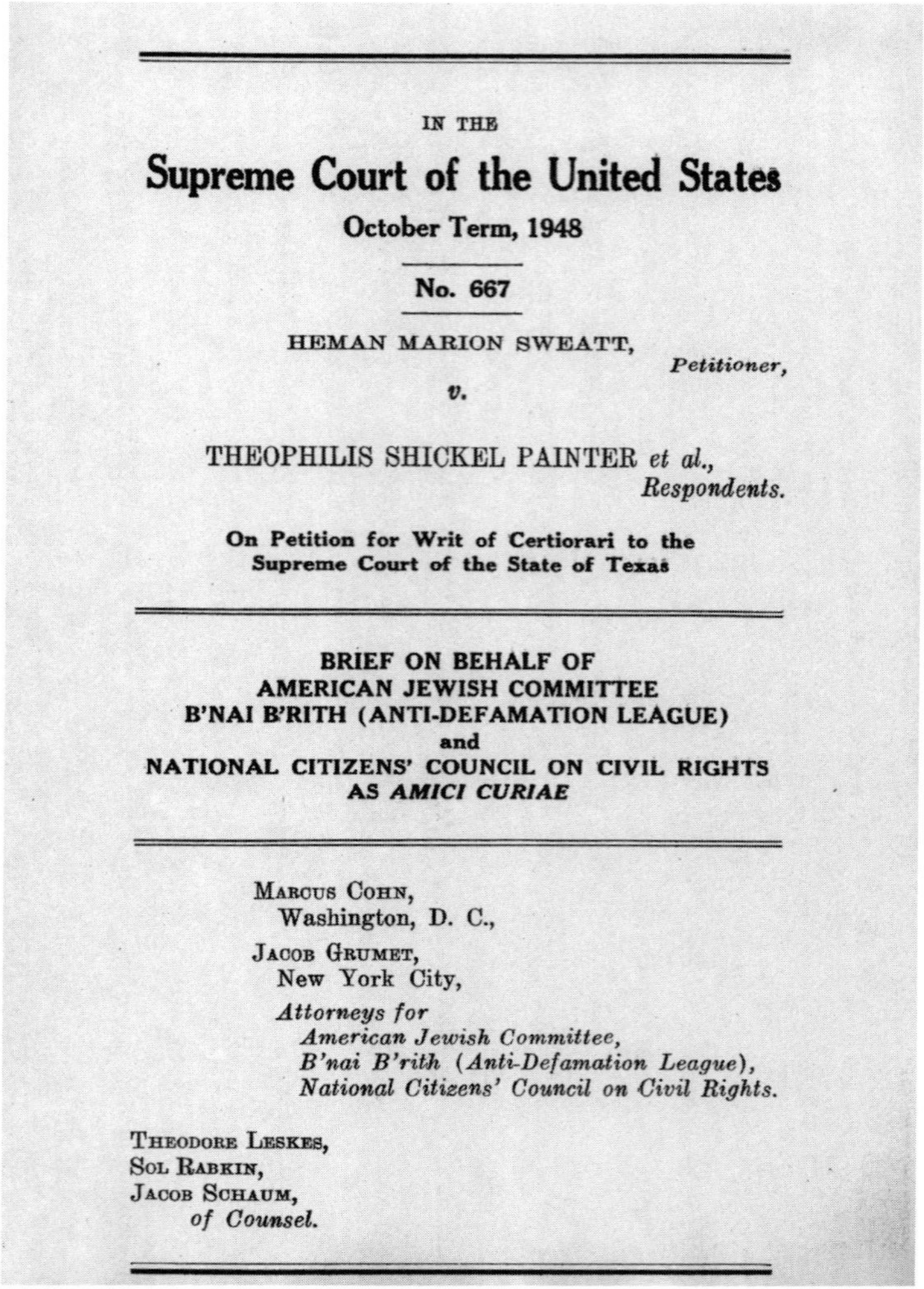

IN THE

Supreme Court of the United States

October Term, 1948

No. 667

HEMAN MARION SWEATT,
Petitioner,

v.

THEOPHILIS SHICKEL PAINTER *et al.*,
Respondents.

On Petition for Writ of Certiorari to the Supreme Court of the State of Texas

BRIEF ON BEHALF OF
AMERICAN JEWISH COMMITTEE
B'NAI B'RITH (ANTI-DEFAMATION LEAGUE)
and
NATIONAL CITIZENS' COUNCIL ON CIVIL RIGHTS
AS *AMICI CURIAE*

MARCUS COHN,
Washington, D. C.,

JACOB GRUMET,
New York City,

Attorneys for
American Jewish Committee,
B'nai B'rith (Anti-Defamation League),
National Citizens' Council on Civil Rights.

THEODORE LESKES,
SOL RABKIN,
JACOB SCHAUM,
of Counsel.

図版15　スウェット訴訟に対するアメリカ・ユダヤ人委員会，反名誉毀損同盟の法廷助言者意見書（1949年提出のもの）

は、スウェットのケースに関して連邦最高裁に共同で法廷助言者（amicus curiae）意見書を提出した[22]（図版15）。そもそもユダヤ人諸団体は、アメリカ自由人権協会や全国法曹ギルドと並び、政治的、社会的な影響が大きいと思われる裁判の際に、訴訟当事者以外の第三者が事件の処理に有用な意見や資料を提出する法廷助言者になることが多かったのだが、反名誉毀損同盟に関していえば、スウェット訴訟が法廷助言者意見書を提出した教育に関するはじめてのケースとなった[23]。

法廷助言者意見書における両団体の主張は、たとえば「公教育における人種隔離の妥当性については、いままでこの裁判所〔連邦最高裁（＝引用者）〕での判決が下されたことはなかった」、「公教育の施設における人種隔離という問題に関してこの裁判所が公表する判決は、わが国の福祉にとって最高の重要性をもつものである」、「プレッシー対ファーガソンにおいてこの裁判所によって編み出された『分離すれども平等』の原則は、その当時に存した判例において根拠のないものであり、また、今日の法的あるいは社会学的な見識においても時代錯誤である」といったものであり、とくに「ユダヤ人の」団体が提出したという特色をその文面ににじませるものではなかった[24]。その傾向は「結論」部分においても同様であり、「世界情勢におけるわれわれのリーダーシップが問われている今の状況において、人種隔離の継続はわれわれが民主主義を公言していることに嘘をつくことになる」と、冷戦初期の国際情勢に言及する形で人種隔離教育制度の見直しを迫っている[25]。

そして、その主張のなかには、スウェットと全国黒人地位向上協会が勝訴を勝ち取るうえで重要な論点が含まれていた。一九五〇年三月に提出された意見書には、つぎのように述べられている。

……しかし、人種隔離されたロー・スクールには、法律学の訓練に欠かすことのできない横断的な知的関心や習熟度を供給するには不十分な数の学生しかいない。……もしかりに黒人ロー・スクールの入学生の数が多かったとしても、学生間の議論のための便益は限られており、黒人学生は必要な知的挑戦を白人の同級生から受けることができないのである。

……さらに黒人は、認可された有名な教育機関の卒業生であるという威信を欠くことになる。この威信は後の生活、とくに職業生活についてまわるものであり、かなりの金銭上の価値をもつものである。一般社会から見て、黒人の学校が「同等の」白人校よりかなり低い職業的地位に置かれていることは周知の事柄である。(26)

この「客観的な測定にはそぐわないものの学校の偉大さを形づくる資質(27)」は、判決のなかで最高裁が、黒人ロー・スクールが人種統合された学校と同等の教育機会を提供できない理由として、とくに重要性を指摘した部分であった。原告支持で提出された法廷助言者意見書はほかに四団体のものがあったが、ユダヤ人団体の主張がこのような形で採用されたことは、彼らの人種隔離教育制度打破に向けての功績であるといえるだろう。

なお、巻末の付録の各組織の紹介文において、アメリカ・ユダヤ人委員会についてはつぎのように述べられている。

設立から四三年間のあいだに、アメリカのユダヤ人の幸福と安全は憲法の遵守の保全しだいであるというのがわれわれの信条となった。いかなるグループに対する公民権の侵害も、すべてのグループの安全にとっての脅威なのである。

こういった理由により、われわれは多くの機会に、ユダヤ人の利害が明確に関わっていない場合でも、市民的自由の擁護のためにたたかってきた。今回のケースは州立の教育機関における人種隔離に関するものであるが、このような差別は他の人たちは自由に享受している権利を多くの人から奪うものであるし、また逆にわれわれの社会の民主的な構造全体にも影響を与えるので、われわれは深い関心を持っているのである。こうして、並外れて公共の重要性をもつ問題が、法廷に提出されている。(28)

また反名誉毀損同盟についても、「アメリカの人びとを構成するさまざまな人種、宗教、エスニック・グループに対する誹謗や差別をなくす、あるいは対抗する」ことを目的として活動していると述べられるなど、ユダヤ人に限定しない差別の解消のために活動していることが強調されている。(29)

また、一九四九年五月に一回めの法廷助言者意見書がアメリカ・ユダヤ人委員会と反名誉毀損同盟の代表者によって提出された際には、当日のうちに、その事実と内容を伝える文書が報道関係者用に発表された。そのなかでこの二つの団体は、全国黒人地位向上協会がスウェットの弁護人を務め積極的に裁判を推し進めていることに触れつつ、南部諸州で黒人に対して人種隔離された教育施設を提供している「分離すれども平等」原則は、憲法修正第一四条で保障されている法の平等保護に明らかに違反するものであると主張している。(30) また、スウェット判決およびマクローリン判決が下された後にも、この二つの団体は「教育における差別に影響を与える最近の判決や法律」と題する共同メモランダムを発行し、それぞれの団体の支部や部局に配布しているが、そのなかでも、人種分離についてそれ自体が本質的に不平等と差別を意味するのだと述べている。これらの記述からも、スウェットとマクローリンに関する二つの連邦最高裁判決を受けて、ユダヤ人たちがこの時期からすでに「分離すれども平等」の原則そのものを近く突き崩そうと意気込んでいたことが読み取れる。[31]

その文書ではまた、つぎのように述べられ、人種隔離教育制度と「割当制」を並列して、教育における差別の二つの大きな問題であり取り組むべき課題として扱っていた。

教育における差別に影響を及ぼす法律と判決を考察すると、二つの主要な活動の分野のことが明らかになる。ひとつは公立あるいは私立の教育における人種隔離の慣行を打ち破る努力に関わるものである。……それに加えて、人種隔離がおこなわれていない地域における特定の人種、宗教グループに向けられた割当制およびその他の差別的慣行も、多くの法律といくつかの訴訟を生み出している。[32]

二〇世紀におけるユダヤ人と黒人の関係を考察したシェリル・グリーンバーグによると、一九五〇年代を通じてリベラルな黒人団体とユダヤ人団体は、公民権法の制定、機会の平等、人種差別と反ユダヤ主義を監視することを、その活動の最優先課題としていた。[33]ブラウン訴訟が開始されたのは一九五一年二月であるから、この時点でユダヤ人団体の思惑はすでに「割当制」あるいは「高等」教育における差別の撤廃ではなく、人種隔離教育制度、あるいは教育に限らず人種隔離制度そのものの打破という、より大きな問題の解決に向かっていたと判断することができるだろう。

また、アメリカ・ユダヤ人会議も、「割当制」を取り除く一環として公正教育実施法を各州に定着させるにとどまらず、人種隔離教育制度を含めて、教育における差別全般を撤廃することに対する関心は高かった。同会議は、スウェット訴訟に際して、スウェットを支持して法廷助言者になっただけでなく、[34]一九四八年から一九五三年まで、全国黒人地位向上協会と共同で『アメリカ合衆国における市民権――グループ間関係のバランス・シート』という報告書を年一回発行した。そのなかでは、投票権や住居、雇用の問題と並んで、教育における平等に向けての毎年の進歩あるいはマイナス点が綴られており、たとえば一九四八年には、アーカンソー大学が八月二四日、黒人の学生を人種隔離せずにメディカル・スクールに入学させ、また九月には別の黒人学生をロー・スクールに入学させたことが、その年の重要な進歩のひとつとして記録されている。[35]一九四七年の時点で両団体は「可能な限りの協力と協同作業を希望しており、……意見書にとどまらず、秘密のプロジェクトの一覧や月例レポートも交換したい」として、「サンドイッチやケーキを持ち込み、コーヒーを飲む」スタッフ合同昼食会を開催することに合意していた。[36]

以上のように、一九四〇年代後半から一九五〇年代初め、全国黒人地位向上協会の主導によってロー・スクールおよび大学院に関して起こされていた訴訟は、隔離された教育システムの枠内では平等は達成されえないことを示したものであり、ブラウン判決の準備段階として重要なものであった。ユダヤ人諸団体は、北部の高等教育機関における差別の問題として公正教育実施法の制定を呼びかけたり、大学関係者らに入学政策の自己点検を促したりすることで「割当制」の撤廃に取り組むかたわら、南部諸州における人種隔離教育撤廃に向けても少なからぬ役割を果たしたのであった。

ブラウン判決とユダヤ人団体

本章は、一九四〇年代後半の「割当制撤廃運動」が、ユダヤ人に限らないすべてのマイノリティに対する差別をなくす方向への広がりをもっていたことを示すことを主眼としている。しかし、ブラウン判決は人種問題に関する判決として二〇世紀でもっとも重要なものとされるので、同判決に対してユダヤ人たちがどのような対応を取ったのかについても、ここでみておきたい。

ブラウン訴訟は、一九五一年二月、カンザス州に住むリンダ・ブラウンという黒人の少女の父親オリヴァー・ブラウンが、近所の公立白人小学校への娘の入学を求め、転校の希望を拒否したトペカ市教育委員会を相手取って起こしたものであった。カンザス州の連邦地方裁判所は、トペカ市の公立小学校では白人校、黒人校とも校舎、設備、教員の資質などにおいてほぼ同等のものが提供されており、黒人児童は白人児童より長距離を通学することを余儀なくされていることは確かだが、市は黒人児童のために無料のスクールバスを運行させているから、彼らは憲法違反といえるほどの不利益は被っていない、という判断を下した。ブラウン側は連邦最高裁に上告したが、そこでは、同じく公立学校での人種隔離の合憲性を争点として起こされていた、ヴァージニア州、サウス・カロライナ州、デラウェア州における他の三件の訴訟と一括して審理されることとなった。一般にブラウン判決と呼ばれるのは、この四件の訴訟をひとまとめで審議して下された一九五四年五月一七日の連邦最高裁判決のことである。(37)

ブラウン訴訟においては、アメリカ・ユダヤ人委員会、反名誉毀損同盟、アメリカ・ユダヤ人会議の三団体とも原告支持にまわった。前二者はスウェット訴訟に続いて共同で、アメリカ・ユダヤ人会議は単独で法廷助言者意見書を提出した。[38] ただし、アメリカ・ユダヤ人委員会と反名誉毀損同盟の意見書に関しては、アメリカ自由人権協会や日系市民協会など他の団体と共同で提出したものなので、二つのユダヤ人団体が意見書を作成する際にどの程度の主導権を握っていたのかについては定かでない。

ブラウン判決におけるユダヤ人団体の功績は、憲法修正第一四条やプレッシー判決で示された「分離すれども平等」原則の解釈のあり方に関して連邦最高裁に論理的に見直しを迫ったというより、現実的に人種隔離教育がいかに黒人の子どもに心理的な被害を与えているのかについての具体的なデータを示したことにあった。ユダヤ人団体が提案し資金援助をおこなった社会心理学の実験結果が、「人種のみを理由とした隔離が、設備その他の有形の要素が同等であったとしてもマイノリティの子どもから平等な教育の機会を奪う[39]」根拠として、判決文のなかで引用されたのである。連邦最高裁判所は、「公立学校において白人と黒人の子どもを隔離しておくことは黒人の子どもに有害な影響を与える。それが法の強制によるものであれば、影響はもっと大きい。したがって、法の強制による隔離は、黒人の子どもの教育的、知的発達を阻害し、人種共学の学校制度のもとで受けたであろう利益の一部を、彼らから奪う傾向をもつ」ことを指摘し、「公教育の分野においては、『分離しても平等』の原理を受け入れる余地はない。分離された教育施設は本質的に不平等である」と判断したのであった。[40]

この心理実験は、偏見と差別の子どもへの影響について明らかにするためにおこなわれた、黒人の心理学者のクラーク夫妻による「人形テスト」であった。一九五〇年にアメリカ・ユダヤ人委員会に雇用

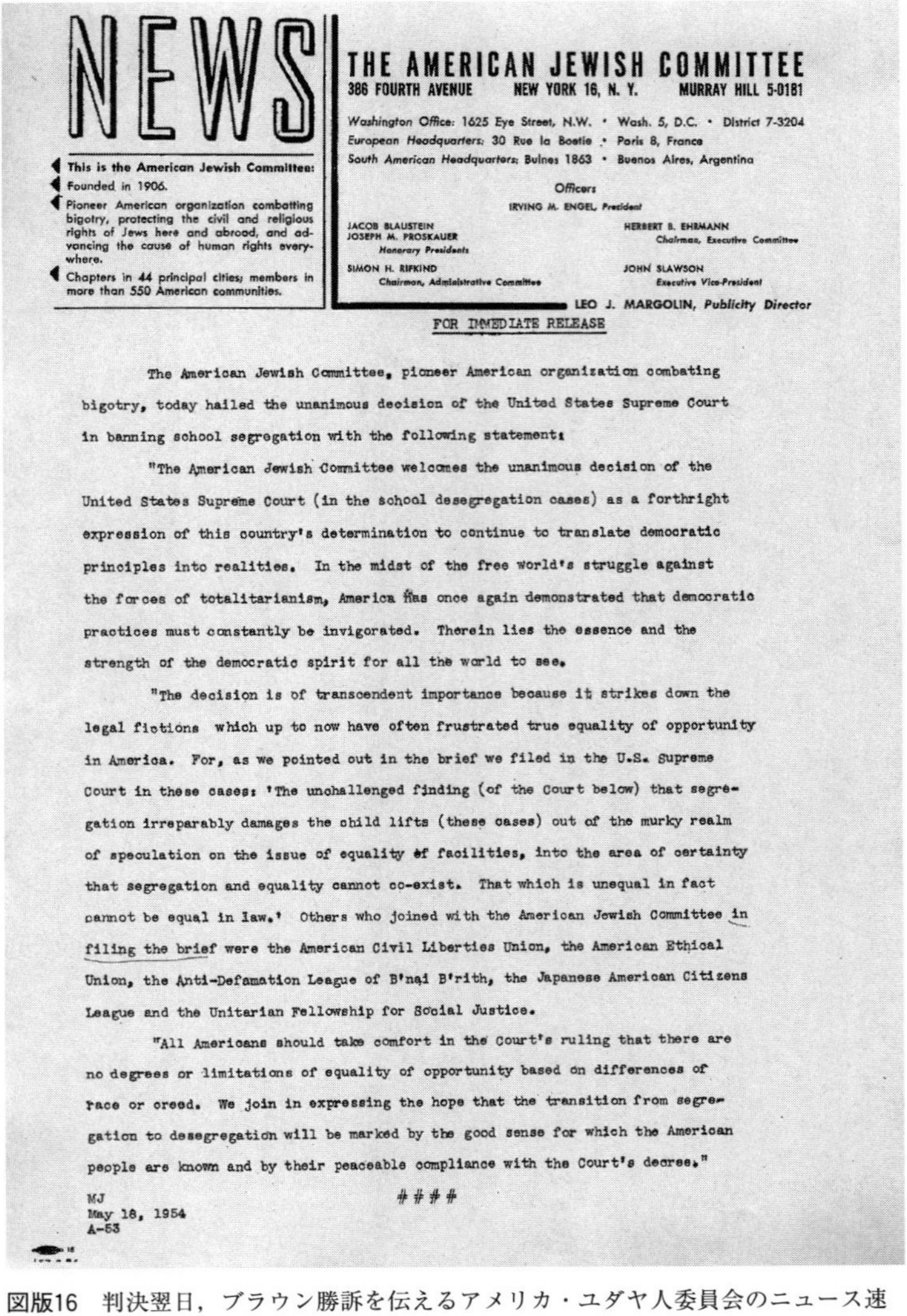

NEWS

THE AMERICAN JEWISH COMMITTEE

386 FOURTH AVENUE   NEW YORK 16, N. Y.   MURRAY HILL 5-0181

Washington Office: 1625 Eye Street, N.W. • Wash. 5, D.C. • District 7-3204
European Headquarters: 30 Rue la Boetie • Paris 8, France
South American Headquarters: Bulnes 1863 • Buenos Aires, Argentina

- This is the American Jewish Committee:
- Founded in 1906.
- Pioneer American organization combatting bigotry, protecting the civil and religious rights of Jews here and abroad, and advancing the cause of human rights everywhere.
- Chapters in 44 principal cities; members in more than 550 American communities.

Officers

IRVING M. ENGEL, *President*

JACOB BLAUSTEIN
JOSEPH M. PROSKAUER
Honorary Presidents

SIMON H. RIFKIND
Chairman, Administrative Committee

HERBERT B. EHRMANN
Chairman, Executive Committee

JOHN SLAWSON
Executive Vice-President

LEO J. MARGOLIN, *Publicity Director*

FOR IMMEDIATE RELEASE

The American Jewish Committee, pioneer American organization combating bigotry, today hailed the unanimous decision of the United States Supreme Court in banning school segregation with the following statement:

"The American Jewish Committee welcomes the unanimous decision of the United States Supreme Court (in the school desegregation cases) as a forthright expression of this country's determination to continue to translate democratic principles into realities. In the midst of the free world's struggle against the forces of totalitarianism, America has once again demonstrated that democratic practices must constantly be invigorated. Therein lies the essence and the strength of the democratic spirit for all the world to see.

"The decision is of transcendent importance because it strikes down the legal fictions which up to now have often frustrated true equality of opportunity in America. For, as we pointed out in the brief we filed in the U.S. Supreme Court in these cases: 'The unchallenged finding (of the Court below) that segregation irreparably damages the child lifts (these cases) out of the murky realm of speculation on the issue of equality of facilities, into the area of certainty that segregation and equality cannot co-exist. That which is unequal in fact cannot be equal in law.' Others who joined with the American Jewish Committee in filing the brief were the American Civil Liberties Union, the American Ethical Union, the Anti-Defamation League of B'nai B'rith, the Japanese American Citizens League and the Unitarian Fellowship for Social Justice.

"All Americans should take comfort in the Court's ruling that there are no degrees or limitations of equality of opportunity based on differences of race or creed. We join in expressing the hope that the transition from segregation to desegregation will be marked by the good sense for which the American people are known and by their peaceable compliance with the Court's decree."

####

MJ
May 18, 1954
A-53

図版16　判決翌日，ブラウン勝訴を伝えるアメリカ・ユダヤ人委員会のニュース速報（1954年）

された夫妻は、黒人の子どもに茶色の肌の人形と白い肌の人形を見せ、どちらの人形が好きかを尋ね、彼らが白い人形を好む傾向があることを発見した。この結果は、人種偏見と人種隔離の結果、「黒さ」に対するネガティブな評価を子どもがすでに内在化していることを示すものだった。そして、ケネス・クラークがこの調査結果を、同じ年に開催された「子どもと青少年に関するミッドセンチュリー・ホワイトハウス会議」で発表したのであった。

この実験は、それまで人びとの意識に働きかけての差別の撤廃を目指し、啓発運動や広報活動に力を入れる傾向があったユダヤ人団体の方針転換の賜物でもあった。一九四〇年代の後半から、とくに反名誉毀損同盟とアメリカ・ユダヤ人委員会は、活動方針の見直しを迫られていたのである。社会科学の研究によると、それまでこれらのユダヤ人団体がおこなってきたキャンペーン活動や大衆教育活動は、グループ間関係（intergroup relations）に影響を与えるには表面的すぎるということだった。くわえて、社会心理学者の研究によって、成人や青年はそれまで考えられていたほど反差別プロパガンダの影響を受けないということも明らかになった。アメリカ・ユダヤ人委員会の副会長ジョン・スロウソンは、一九四七年三月、ニュージャージー州アトランティックシティで開かれた各ユダヤ人団体のグループ間関係担当者の集まりにおいて、「われわれの研究によると、九歳までに偏見のパターンはその子どものなかで確立してしまうのだ」と述べた。そして、子育ての過程での改善や教育により偏見は最小化することができるという社会科学者の提案に従って、人格形成期にある幼い子どもを教育プログラムの対象年代として設定することにしたのであった[41]。

また、「人形テスト」ほど有名ではないけれども、同じく最高裁の判決文において引用されたのが、自らユダヤ人であり、アメリカ・ユダヤ人会議の「コミュニティ相互関係委員会」のメンバーであるイシドア・チェインとマックス・ドイッチャーによる調査であった。この調査は、アメリカ民族学会やアメリカ心理学会の社会心理学部会の全会員、そのほか社会心理学や人種関係を専攻するアメリカ社会学会の会員など、八四九名の社会科学者を対象としたアンケートであった。「強制された隔離は、かりに平等な設備が提供されていても、隔離された人種または宗教グループのメンバーに有害な心理的影響を与えるか」という質問に対し、回答者五一七名の圧倒的多数である九〇パーセントがイエスと答えたのだった。そして、その傾向は回答者の八・四パーセントを占めた南部の研究者のあいだでも同様であり、九一パーセントが肯定の返事をしている[42]。この調査についてはアメリカ・ユダヤ人会議の法廷助言者意見書のなかでも言及され、その執筆者には、一九四八年ニューヨーク州公正教育実施法の制定に尽力したシャド・ポリエールとウィル・マズロウも弁護士として名を連ねていた。彼らは調査の結果を示しながら、たとえ物理的設備が黒人と白人で釣り合いよく割り当てられたとしても、人種隔離された学校制度は先在する不平等にもとづいたものだから、その存在自体が黒人児童に心理的傷害を与える、と主張したのだった[43]。

たしかに彼らの活動には、それがユダヤ人団体の支援であることを前面に押し出す、あるいはユダヤ教の精神にもとづいた平等観を押しつけるような傾向は確認されない。だがこのことは、ユダヤ人たちの公民権運動への熱意の程度が低いことを意味するものではない。彼らは、「ユダヤ人の」事業とみられることを避けるため、また学術的・技術的な問題は専門家に任せるべきであるとの考えから、一九四〇年代を通じて、小学生向けの平等教育プログラムに関しては、資金面での援助にもっとも力を入れていた。ブラウン訴訟における彼らの行動は、同じ考えにもとづいたものであるとみてよいだろう。[44]
以上のように、ブラウン訴訟は初等教育レベルの公教育における人種隔離を問題にしたものだったが、ユダヤ人団体による支援は「分離すれども平等」を打破する判決を勝ち取るうえで重要な役割を果たした。そして、このことは、彼らがユダヤ人に限らない平等の達成や黒人の市民権獲得に意欲的であったことを示すものといえるだろう。

三　ユダヤ人と公民権運動

差別撤廃の論理としての「カラー・ブラインド」

ここで、「割当制」撤廃運動と人種隔離教育制度の撤廃運動にみられる平等の論理について考えてみたい。というのは、「割当制」と人種隔離では、教育に関してそれぞれユダヤ人と黒人が抱える差別の問題という点で共通していたものの、北部を中心としたものと南部を中心としたもの、部分的な排斥と完全な分離別学、「見えない」差別と公に明言された政策というように、差別の対象者が異なるだけでなく、その性格は非常に対照的であった。

だが、その「異なる」差別のどちらにアプローチする場合でも、ユダヤ人たちの取った方法は、あくまで人種や宗教を取り去った「個人」としての扱い、志願者のあいだに肌の色や宗教の違いはないということを前提とする、「カラー・ブラインド」な入学選抜や学校制度を要求するものであった。その点で、公正教育実施法の制定により入学願書から人種・宗教に関する質問項目を取り除くよう訴える運動、「割当制」撤廃について生徒、生徒の親、学校関係者の意識に訴える広報・教育活動、人種・宗教を問わない大学の新設を推し進める活動、人種隔離教育制度の撤廃を求めて訴訟を支援する活動は、すべて同じ論理にもとづいていた。

ただし、この活動の方向性が、「平等」やアメリカ社会への統合に関して黒人たちの求めていたものと合致していたのかどうかについては、議論の余地があるだろう。というのは、南北戦争後から二〇世紀半ば過ぎにいたるまで、黒人教員の雇用の問題や白人が多数派を占める学校で子どもたちがかえって孤立感を感じることに対する危惧などから、実は黒人のあいだでも、人種統合教育よりも黒人学校の増設や充実を求めたほうがよいとして、人種隔離教育を支持する意見もかなりあったのである。[45] そのような状況において、あくまで人種統合教育、いいかえれば、誰もが肌の色にかかわりなく本人の希望する大学やもっとも自宅に近い公立学校に通えることを望んだユダヤ人たちの行動は、ただ単に教育に関する黒人たちの希望をかなえようとするものではなかった。それよりもむしろ、組織体としての全国黒人地位向上協会の方針が、自分たちの「カラー・ブラインドによる平等」の価値観に合致していたからこそのものであった。あるいはまた、そのことが、自分たちに直接は関わりのない差別である人種隔離教育制度を撤廃するために力を尽くす原動力にもなったのではないだろうか。

というのも、「カラー・ブラインド」を実現する——大学当局を人種・宗教に関して「色盲にさせる」——方法としてユダヤ人たちが重要視したのは、入学願書からの差別的質問項目の削除であった。しかし、人種・宗教を尋ねず、写真の添付もしない方針が確立しても、面接を経ずに採用が決定されることはまずない雇用の問題や、隣人として生活することになる住居の問題、あるいは教育に関しても入学「後」の問題については、入口部分の「カラー・ブラインド」の達成では、黒人には恩恵はなかったのである。とすると、入学時点での差別撤廃にとくに力を入れたユダヤ人たちの行動は、自分たちに恩恵の多い分野を意識した、戦略的なものだった可能性がある。

また、黒人にとってより根源的で深刻な問題は、黒人に対する差別は深く社会構造に根ざしていることであった。南部に奴隷制が敷かれていたとき以来、黒人を経済的、政治的、社会的に排除するシステムが確立していたのである。このような構造化した人種差別に対しては、「一九四七年、全国三八八〇人以上の博士号取得者のうち、黒人はたった八人」[46]とパンフレットで訴えても効果はなく、また、「理論上のカラー・ブラインド」な入学選抜の実現も、差別の解消には不十分だった。教育が「カラー・ブラインド」になって救われたのは、学力も進学意欲も高いけれども大学当局の偏見によって入学者数を制限されているユダヤ人志願者であり、偶然に白人用の小学校がもっとも自宅から近かったリンダ・ブラウンであった。多くの場合、たとえ「もっとも自宅から近い小学校」に通えるようになっても、実質的な黒人と白人の居住地域の分離により、児童・生徒の人種構成は変わらず、「元」黒人学校の設備や教育内容が劣る状態に変化はなかった。ブラウン判決によって「分離された公教育は本質的に不平等である」と判断された後も、こうした事実上の人種隔離（de facto segregation）は、南部はもちろんのこと北部でも続いたのであった。

ブラウン判決後、アラバマ州モンゴメリーで一九五五年一二月に開始されたバス・ボイコット運動を契機として、それまで主に法廷闘争としてエリートに担われていた公民権運動は一般の人たちも参加する大衆運動にその性格を変え、その後、およそ一〇年間にわたって運動は盛り上がりを見せることになる。[47] その際、ユダヤ人たちは、黒人の権利獲得のために比類なき積極姿勢を見せたことが知られている。ボランティアとして公民権運動に参加した白人のうち半分から三分の二ほどがユダヤ人だったといわれるし、マーチン・ルーサー・キング牧師の片腕として長く活躍したスタンリー・レヴィソンもユダヤ人だった。[48] とくに、一九六四年六月には、ユダヤ人の公民権活動家マイケル・シュワーナーとアンドルー・グッドマンがミシシッピ州で黒人教会の焼き討ち事件の調査に出かけたまま行方不明となり、黒人のボランティア青年ジェームズ・チェイニーとともに人種差別主義者によって殺害されるという事件が起こったが、このニュースは合衆国中の関心を集めたばかりか、国際的にも大きな反響を呼んだのであった。[49]

このような一九五〇年代後半からのユダヤ人の公民権運動への献身については本書の分析の射程ではないが、「色のない個人」としての教育の実現を目指した彼らの方針を考えると、少なくとも、公民権運動期における彼らの活動の下地はすでに一九四〇年代後半にできていたといえるだろう。しかし、運動の成果として、強制バス通学（busing）により児童・生徒を居住区外の学校に通学させ、学校の人種統合を図ろうとする動きが出てくると、議論は複雑化することになった。強制バス通学、そして、バス通学のアイデアを発展させたアファーマティヴ・アクション（積極的差別解消策）の導入は、ユダヤ人たちにとって、「理論上のカラー・ブラインド」の徹底か、あるいは社会構造化した差別やそれにもとづく「事実上の人種隔離」の解決か、選択を迫るものになったことは間違いない。

南部ユダヤ人の状況

さて、ここではさらに、ユダヤ人社会内部の多様性に目を向けて、南部諸州に居住したユダヤ人の状況についてみてみたい。合衆国におけるユダヤ人は、全体の人口の四割強がニューヨーク市に住んでいたのをはじめ、ボストン、フィラデルフィア、シカゴなど、つねにその居住地は北東部に偏っていた[50]。しかし、公民権運動が展開された「現場」であった南部のユダヤ人たちに目を転じてみると、そこには北部ユダヤ人とは異なった人種隔離教育制度への対応がみられたのである。

南部ユダヤ人は、人種差別にかかわる恐怖を身近なものとして感じるあまり、公民権運動に北部ユダヤ人が積極的に関わることに否定的な態度を示すことがあった。ユダヤ人の黒人への共感や差別撤廃への取り組みは、ユダヤ人人口が多く集中し、それゆえ社会的、経済的にある程度の影響力をもちはじめていた北部ユダヤ人のあいだでのものであった。また、『アメリカン・ジューイッシュ・ワールド』や『イスラエルの子』、イディッシュ語新聞の『フォワード』などはアメリカの人種関係について詳しく報道し、黒人の窮状に対して強い共感と同情を示していたが、その読者は東欧から移民して間もないニューヨークなどの北部大都市に住む人びとだった[51]。

南部ユダヤ人が公民権運動に際し北部ユダヤ人と異なる行動を取った理由は、いかなるものであったのであろうか。その答えは、南部における彼らの立ち位置に深く関係すると思われる。

もともと南部では、反ユダヤ主義は北部に比べて歴史的に希薄であった。南北戦争時から一九五〇年代を通じて南部総人口の一パーセント以下と人口がもとより少なく[52]、さらにユダヤ教の宗派のなかでもキリスト教に近く世俗的な性格が強い改革派ユダヤ教を奉じる割合が高いために、南部におけるユダヤ人が視覚的にも目立たない存在だったことが、その要因であった。しかし、黒人の存在、正確にいえば奴隷制度および南北戦争後も温存された強固なカラー・ラインの存在が、より重要なもうひとつの要因であった。というのは、総人口の半数近い黒人を力で押さえつけていくためには、ユダヤ人も含めたすべての白人を上位に立つ平等者とみなし、結束する必要があった。白人の優位性こそが何よりも強調されなければならなかった南部社会では、結果的に白人各集団の差異は意図的に不明瞭にされてきたのだった。[53] セス・フォーマンは、ユダヤ人が何らかの特権を持った白人としての称号をはじめて手に入れたのは南部においてであった、と述べている。[54]

同じくユダヤ人史家バートラム・コーンの表現によれば、黒人は「南部社会の逃がし弁(escape valve)」であり、[55] ユダヤ人は、黒人がいなければ受けていたはずの偏見や差別をすべて吸収してくれる彼らのおかげで、地位と安全を手に入れたのだった。したがって、自分たちの比較的安全な地位と境遇が借り物であることを自覚していた南部ユダヤ人は、反ユダヤ主義に対する恐怖心から、ネイティブ白人の不興を買うような行為を極力回避すると同時に、地域社会の規範に順応して生活するよう特別な努力を払い続けた。この地域社会への順応とは、すなわち黒人に対する差別体制への追従であった。ことに、レオ・フランク事件を経験し、自分たちがいつ差別を受ける側にまわるかもしれないマージナルな立場にあることを思い知らされた後の彼らは、差別や迫害への恐怖の裏返しとして、カラー・ラインの黒人と反対の側にいる「白人」として振る舞うことに心を砕いたのだった。

このような事情から、ブラウン訴訟に先立ちサウス・カロライナ州クラレンドン郡の公立小学校における人種別学の是非を争ったブリッグズ訴訟に際し、反名誉毀損同盟の「南部地域連合」は、ニューヨーク市の同盟本部に対して、黒人の原告を支持した法廷助言者意見書を提出しないよう要請する決議をおこなった。そのため、アメリカ・ユダヤ人会議を含めて他の団体はすでに提出をおこなっているにもかかわらず、反名誉毀損同盟の意見書の提出は数カ月遅れることになった[56]。ブラウン判決に対しても、ルイジアナ、ミシシッピ、ヴァージニア各州の反名誉毀損同盟の支部は、同盟本部に対し、人種隔離制度撤廃への姿勢を考えなおすよう求める決議をおこなっている[57]。

このような人種隔離制度撤廃をめぐる意識の違いは、ユダヤ人社会内部の亀裂をも生むことになった。南部ユダヤ人の非協力的な姿勢に対して、北部ユダヤ人は苛立ちをあらわにした。一九四六年の時点ですでにこの傾向はみられており、「南部ユダヤ人は黒人に対する不正という犯罪の共犯者である」という、彼らを非難する文章がユダヤ教再建主義者の雑誌『リコンストラクショニスト』に掲載されている[58]。また、一九五六年の全国ユダヤ人コミュニティ関係諮問会議の会合においては、南部ユダヤ人の人種隔離撤廃への不承不承の態度はナチスへの賛同と同じである、との声が聞かれ、さらに同会議の一九五八年の総会では、全国黒人地位向上協会のユダヤ人幹部ロイ・ウィルキンズが、南部ユダヤ人の活動は黒人の助けになってないばかりでなく、むしろ人種隔離撤廃へのたたかいに有害である、と発言したのだった[59]。

むろん、南部ユダヤ人が総じて公民権運動に対しこのような態度を取っていたわけではない。ユダヤ教の宗教指導者であるラビのなかには、ミシシッピ州のチャールズ・マンティンバンドやジョージア州のジェイコブ・ロスチャイルドのように、堂々と公民権運動への賛同を表明する者もいた。また、「現場」の住民として公民権運動を支援した者もいた。カンザスシティ郊外に住むユダヤ人主婦エスター・

ブラウンは、ブラウン訴訟を起こすよう全国黒人地位向上協会のカンザス支部に働きかけた中心人物だったし、宗教的な動機からアラバマ州モンゴメリーのバス・ボイコットに賛同したユダヤ人住民もいた。[60] 一般的にいって、南部ユダヤ人は北部ユダヤ人や北部にある全国的ユダヤ人団体本部ほど熱心ではなかったけれども、やはり圧倒的に南部の他の白人よりも人種隔離撤廃を受け入れていた。

一九六〇年の調査によると、長い目でみて人種隔離撤廃は避けられないしむしろ望ましいと感じているユダヤ人は南部白人の二倍であり、黒人は白人よりも生まれつき劣っていると考えるのは三分の一であった。[61] 明らかな「人種主義者」は非常に少数だったうえ、全国的ユダヤ人団体の公的な方針に反対している南部ユダヤ人のリーダーでも、しばしば、実は個人的には賛成である旨を明かすこともあったという。[62] とすると、南部ユダヤ人の公民権運動への態度は、「臆病な友人」という言葉でもっともよく説明されるのではなかろうか。アレン・クラウスは、人種隔離制度撤廃に関して南部ユダヤ人を「戦う友人（fighting friends）」、「臆病な友人（frightened friends）」、「黒人活動家の敵（foes of the Negro activists）」に分類した場合、およそ七五パーセントが、黒人たちの窮状に心を痛めつつも公然と彼らに味方することができない「臆病な友人」だったと分析している。[63]

以上のように、ユダヤ人の公民権運動への積極的な参加は「常識[64]」とさえいわれる一方で、人口の流動性が高い都市部や大学キャンパスにおけるユダヤ人学生団体などの例外を除き、概して南部ユダヤ人は、すべての市民に平等な権利を与えることや人種隔離制度の撤廃に関して用心深い態度を取っていたのであった。

一九四〇年代後半から一九五〇年代前半、「割当制」廃止に向けた活動を主に北部において展開していたユダヤ人団体は、南部における人種隔離教育制度の撤廃にも関心を寄せていた。そのことは、「割当制」を高等教育における差別全般の問題としてとらえ、その撤廃を訴える様子にも確認することができる。そして彼らは、同じ時期に展開されていた、全国黒人地位向上協会による人種隔離教育制度を打ち破るための数々の法廷闘争を支援した。一九四〇年代後半、ユダヤ人たちが「ロー・スクール訴訟」に賛同し、人種隔離された教育機関において実質的に平等はありえないことを示したことは、ブラウン判決において「分離された教育は本質的に不平等である」との連邦最高裁判決を引き出すのに大きく貢献した。また彼らは、ブラウン判決自体においても意見書の提出や心理実験の実施など、人種隔離教育制度の撤廃については常に黒人の側に立って支援をおこなった。

たしかに、これらの活動のなかでは全国黒人地位向上協会がもっとも主要な役割を果たしたのであり、ユダヤ人「団体」が主導したというわけではない。しかし、「割当制」を克服しようとする際の高等教育における平等をユダヤ人に限定せずに求める傾向は、この時期に黒人の人種隔離教育制度を突き崩す動きを支援するという形でも現われ、彼らの活動は教育をめぐる平等を求めた運動全般において、この時期、看過できない役割を果たしたといえるだろう。

「割当制」の不正義を訴えるユダヤ人たちの運動は、以上のように「すべての人にとっての平等」を求めるものであった一方、その主眼は人種・宗教による差別をおこなわないこと、いいかえれば人種・宗教を無視した入学選抜をおこなうことや学校制度をつくることにあり、「黒人に対する差別的社会構造」に対するアプローチには欠けていた。公民権運動後、奴隷解放一〇〇年を経ていまだ解決されないこうした問題に対処するため、法律的あるいは理論上の「カラー・ブラインド」とは逆方向の「カラー・コンシャス」な制度であるアファーマティヴ・アクションが、全国的に、そして雇用や教育の幅広い分野でおこなわれるようになる。ユダヤ人の考える「平等」の論理、そして、アファーマティヴ・アクションにおける「割当」の概念について彼らがどのような反応を示したのか、次章でみてみたい。

第6章　「割当」の現代的視点

一九五〇年代後半からの公民権運動に対するユダヤ人の献身や黒人との協力・同盟関係は、一九七〇年代に入り、アファーマティヴ・アクション（積極的差別解消策）をめぐって大きく揺らいだ。ワシントン州立大学ロー・スクールへの入学を拒否されたセファルディーム系ユダヤ人のマーコ・デフュニスと、カリフォルニア大学デイヴィス校メディカル・スクールへの入学を拒否されたノルウェー系のアラン・バッキが、彼らより入試成績の低い非白人を合格させたのは逆差別だと訴えたのである(1)。その際、双方の訴訟において、黒人団体は大学のアファーマティヴ・アクションを支持し、ユダヤ人団体は逆の立場を取った。

これは、黒人とユダヤ人の団体が、公民権に関する問題で公式に相対する立場を取った最初の機会となった。デトロイト市長のコールマン・ヤングは、一九八〇年、「ユダヤ人と黒人は多くの社会問題で偉大なる連合を結成していた。しかし、今はバラバラになってしまった。アファーマティヴ・アクションが彼らを引き裂いたのである」と発言している(2)。

アファーマティヴ・アクションは、黒人たちが――いや、黒人たちとユダヤ人たちが――長いあいだ求めてきた「差別の禁止」と「マイノリティの地位向上」をより確実に実行するために導入された政策である。ノース・カロライナ州グリーンズボロで、黒人客に給仕しないランチ・カウンターでの「座り込み」が始まったとき、ブランダイス大学の学生たちは吹雪のなか、ボストンのウールワース・ストアでピケを張ったのではなかったか。また、暴徒に襲われ、警官らに放水され、警察犬をけしかけられた一九六五年のセルマ－モンゴメリー間の行進のとき、生命の危険も顧みずにキング牧師と一緒に行進の先頭に立ったのはエイブラハム・ヘシェル・ラビではなかったか。なぜ、アファーマティヴ・アクションは受け入れられないのか。また、アファーマティヴ・アクションはここまで密であったユダヤ人と黒人の関係を根本的に絶ってしまうものなのか。

本章では、ユダヤ人とアファーマティヴ・アクションの関わりを、「割当」という視点からみていきたい。具体的には、まず、アファーマティヴ・アクションの性質に内在する問題として、それが人種や性別などそれまで彼らが雇用や入学選抜の考慮外に置くよう求めてきた指標を、優遇・優先のためとはいえ考慮するカラー・コンシャスな制度であり、彼らの考える「平等」の理想と矛盾することを指摘する。また、高等教育におけるアファーマティヴ・アクションに関する最初の連邦最高裁判決であり、入学者定員における割当の設置を争点としたカリフォルニア大学理事会対バッキ事件に対する彼らの対応を探りたい。これらの考察によって、一九六〇年代後半から一九七〇年代にかけてのこの時期にも、ユダヤ人たちが相変わらず「カラー・ブラインド」な入学選抜を希求していたこと、そしてそれゆえに、アファーマティヴ・アクションの登場に戸惑いを表明したことが明らかにされるであろう。

一　アファーマティヴ・アクションの登場

一九六四年公民権法の制定とその後

一九六四年の公民権法と一九六五年の投票権法の成立をもって、公民権運動は一応の成果を収めた。一九六四年公民権法、とりわけその第七編（Title VII）は、人種、宗教、性、出身国、皮膚の色といった標識を理由とした私的雇用関係における異なる取り扱いを全面的に違法とするものであり、黒人であるか白人であるかを一切考慮の対象とせず、すべての人を同様に、異なる取り扱いをおこなうことなく処遇するという、それまでの人種統合の動きで求められていた理念を確実に実現しようとした画期的なものであった。(3)

その後、導入されたアファーマティヴ・アクションは、法律上の平等が達成されただけでは取り除くことのできない根強い差別を除去するには、それまで差別されてきた人びとに対して門戸を開放するのみならず、積極的になかに招き入れることが必要であるとの考えから、彼らの雇用や昇進、高等教育機関への入学の機会を増やすために特別の配慮をおこなおうとするものだった。広義にはマイノリティを対象とした奨学金や職業訓練、補習や広報活動も含められる(4)が、多くの場合には、企業や大学におけるマイノリティの人数や全体に占める割合の目標数値（goal）と、それを達成するための時程表（time table）を作成し実行する、雇用あるいは入学政策上のプログラムを指す。最初に雇用分野におけるアフ

図版17　キング牧師とともにデモ行進の先頭に立つヘシェル・ラビ（右から二人め，1965年）

ァーマティヴ・アクションを要求したのは、ジョンソン大統領による一九六五年の行政命令一一二四六号であった。それは、今日においてもアファーマティヴ・アクションの概念の中核として、重要な役割を果たしている。(5)

そして、アファーマティヴ・アクションの展開は、黒人がとくに不利な状態にあるマイノリティであるというだけでなく、第二次世界大戦後に急速に中産階級化と社会的上昇を果たしたユダヤ人がもはやマイノリティではないという、公的な認識を象徴することとなった。というのは、アファーマティヴ・アクションは、人種間および男女間には能力差や役割分担は一切存在しないのだから、差別が存在しない／解消されたのであれば、自由な競争の結果は人種構成比や男女人口比に応じて現われるであろう、との基本的前提にもとづいて運用される。したがって、マイノリティ受け入れ目標を定める際の基数および計画が成功しているかどうかの判断指標は、当該企業や大学の人種、性別などの人口構成比が、周辺地域の労働者人口や大学進学年齢人口の構成比およびその人口構成比にいかに近づきつつあるかにおかれたのであった。そのため、関係のあるすべての人が、人口比を下まわっているので優遇を受ける「マイノリティ」、あるいは、すでに人口比を上まわっているのでパイを奪われる「マジョリティ」に二分されざるをえなくなったのである。

その意味において、ユダヤ人を「マジョリティ」の「白人」と規定し、彼らが「マイノリティ」の黒人と別々の側に属することを明らかにしたのは、一九七三年の行政管理予算局命令第一五号（Office of Management and Budget Statistical Directive no. 15）であった。その文書は合衆国における公的な五つの人種カテゴリーを定めたもので、アフリカ系アメリカ人、アジア系アメリカ人、プエルトリコ／ラティーノ、ネイティブ・アメリカン／太平洋諸島系に分類される個人は、五つめのグループ「非ヒスパニックの白人」に歴史的に抑圧されてきたということを記していた[6]。

そして、一九七七年の連合ユダヤ人組織対ケアリーに関する連邦最高裁判決によって、この命令がユダヤ人に意味するところが確認された。ケアリー訴訟は、ニューヨーク市ブルックリンのハシディズム（ユダヤ教敬虔主義）のコミュニティがニューヨーク州を相手取って起こしたもので、マイノリティの議員を確保するために選挙区割の線引きをしなおすと、それまでひとつの選挙区のなかにあったユダヤ人のコミュニティが分断されてしまい、それはユダヤ人に対する差別であると訴えた事件だった。しかし連邦最高裁は、「白人」が投票に際して不利になる問題はこの場合生じていないと結論づけた。すなわち、ハシディズムのユダヤ人と、たとえばアイルランド人、ポーランド人、イタリア人を祖先にもつカトリック教徒は別々のグループとして区別される必要はなく、彼らは命令第一五号による同じ人種的コミュニティ「非ヒスパニックの白人」に属すると判断されたのであった[7]。

さて、ユダヤ人たちのアファーマティヴ・アクションに対する反応や意識はどのようなものだったのであろうか。従来、アファーマティヴ・アクションは一般的にユダヤ人に不評だったと考えられてきた。つまり、黒人その他のマイノリティの人びとに企業や大学などの門戸が開放される分、「非ヒスパニックの白人」である彼らには、アファーマティヴ・アクションは不利に働いたのである。また、ユダヤ人独自の事情や職業の偏りに鑑みても、アファーマティヴ・アクションにおける決定はすべて、能力を基礎とした社会的上昇の恩恵を受けてきた彼らに大いに不利な影響を与えるものだった。事実、高等教育機関への入学に加えて、公立学校の教師や他の公務員、大学教員、医師、弁護士などユダヤ人が集中しがちな職業は、雇用の面でも職業訓練の面でも、アファーマティヴ・アクションがとくに重点的に確立された分野であった[8]。

また、第二次世界大戦後には、ユダヤ人の本格的な社会的・経済的上昇と反ユダヤ主義の減退がみられた。一九六〇年代からは、アーヴィング・クリストルとネイサン・グレーザーが相次いで保守系の学術誌『パブリック・インタレスト』と『ナショナル・インタレスト』を創刊するなど、ユダヤ系知識人たちのネオ・コンサバティズム（新保守主義）への傾倒も明らかになった。また、今日のユダヤ人社会の危機としてもっとも懸念されていることは、ユダヤ人が非ユダヤ人と結婚する割合が高いことから生じるユダヤ人人口の減少である[9]。こうした事実からは、ユダヤ人はもはや十分に「白人」の仲間入りを果たしたかのようにも見えるゆえ、彼らがワスプとともにアファーマティヴ・アクションは「白人（男性）逆差別」であると唱えているという見方には一定の説得力がある[10]。

しかし、ユダヤ人がアファーマティヴ・アクションに反対していると一様にとらえ、しかもその理由を彼らの中産階級化や社会的上昇、そして、それにともなうユダヤ系アイデンティティの喪失のみに求めることには疑問が残る。本書のこれまでの章では、もっぱら一九四〇年代後半の高等教育をめぐる状況についてではあるが、ユダヤ人たちが自分たちに限らない平等を求めて、「割当制」の廃止運動や世俗的ユダヤ人大学の設立、そして黒人の人種隔離教育制度の撤廃に取り組んできたことを確認してきた。これらのユダヤ人の「平等」観やリベラルの傾向を考えると、アファーマティヴ・アクションへの態度にも彼ら独自のものが見いだされるはずなのである。

カラー・コンシャスな制度としてのアファーマティヴ・アクション

一九四九年、二四の州の三五の教育機関から集まった一〇〇人以上の大学学長、学部長、入学事務担当者が、その時点で三〇年来の問題であったもの、すなわち大学入学における差別にとうとう立ち向かうためにシカゴのパーマーハウスに集まりました。私は最近、この会議についてよく考えるようになりました。

イリノイ大学の学長であり、会議の議長であったアンドルー・C・アイヴィー博士が基調演説者でした。

……アイヴィー博士は、割当制について話していたのです。それは、マイノリティ・グループの学生の大学への入学を制限する装置であり、また、ユダヤ人、黒人、カトリックの固定したパーセンテージを定めることによって、本来なら入学できたはずの若者の入学を阻む装置なのです。その装置のひとつが、願書に設けられた宗教、人種、両親の生まれに関する質問を使用することだったのです。

二三年後の今、大学の入学だけでなく、雇用における割当や別の似たような装置の使用が、ふたたび関心事になっているのです。しかし今回は、マイノリティのメンバーを引き入れたり格上げしたりするためのアファーマティヴ・アクションの名のもとで使用されているという、ある種の皮肉があるのです。[11]（傍点箇所は原文では下線）

これは、一九七二年六月に開催された全国ユダヤ人コミュニティ関係諮問会議[12]の総会での、反名誉毀損同盟の全国総裁ベンジャミン・エプスタインによる演説の冒頭部分である。一九四九年のシカゴの会議とは、「割当制撤廃運動（Crack the Quotas Drive）」として反名誉毀損同盟が一九四七年ごろから展開していた、一連の高等教育における入学差別撤廃のための活動のひとつの成果である、「大学入学における差別に関する全国教育者会議」のことだった。この会議を契機に、各大学は自らの入学制度や学生選抜方法、ことに宗教や人種に関する願書の質問事項に対する自己点検を開始し、「差別的に使用しうる」項目を削除するようになったのであった。

そして、公民権運動と公民権法の制定を経てアファーマティヴ・アクションも導入された二三年後、ふたたび願書の質問項目が大学入試において問題になっていた。それは、端的にいえば「差別的に使用しうる」質問項目の復活であり、すなわち、反名誉毀損同盟やその他のユダヤ人団体も含めて、ユダヤ人たちが「割当制」による差別をなくすために求めてきたことに対向するものであった。

このような、平等を促進するための政策を実施していくうえで、同じく長いあいだ「平等」を求めてきたユダヤ人が困惑するような事態が生じたことは、アファーマティヴ・アクションの性質に由来する。というのは、アファーマティヴ・アクションはある意味、「平等」を逆転の発想によって、実現しようとするものだった。すなわち、公民権運動において目標とされたものは、カラー・ブラインドによる個人主義の徹底であり自由競争の実現であった。それゆえに、公民権運動の成果であり、人種、宗教、性、出身国、肌の色などによる一切の「区別」を禁じた一九六四年公民権法にもとづいて平等を達成するということは、差別が認定された際のバックペイ（さかのぼっての給与支払い）、雇用の回復などはもとより、企業や大学に対し、仕事内容に直接関係しない人種や宗教などを記載させる欄を応募用紙に設けることを禁止することを意味した。しかし、その後、ややラディカルに「平等」を達成するためにアファーマティヴ・アクションをおこなうことが決定されると、こんどは、マイノリティである人びとに対して優遇や配慮をおこなうため、企業への採用希望者や大学への入学志願者の人種、宗教、性別などにあらためて着目することが必要になるのである。「入学願書の質問項目」が復活したのは、このような経緯によるものだった。

アファーマティヴ・アクションの実施について政府の指導が強まったのは、ニクソン大統領のときである。彼の政権は一九七一年に改正命令第四号を出し、政府と取引のある企業に対して、エスニック・

マイノリティおよび女性の雇用増大に関する年次計画を立て、実行することを要求した。一九七〇年代には、エスニック・マイノリティや女性の登用によってアファーマティヴ・アクションの実績を示すことが、主要な企業や団体の一般的慣行となった。それは、連邦政府の方針によって、このような計画を立てて実行していかなければ、連邦政府との契約を失う恐れがあったためであるが、それぞれのエスニック・マイノリティが自己主張を強め、女性が強い権利意識をもつようになった時代には、そのような実績を示すことがよい企業イメージの保持のためにも必要となった。このようにして一九七〇年代には、従来閉ざされていた職種や地位へのエスニック・マイノリティおよび女性の進出が目立つようになった。企業のみならず、大学も、黒人などマイノリティ学生の入学には特別の基準を設け、彼らの数を増やすことに努めた。連邦政府のみならず、州政府や地方政府も、黒人その他の非白人マイノリティに属する人びとおよび女性の雇用に力を入れた。優秀な黒人や女性は大学への入学の際にも、社会人としての雇用と昇進に際しても、引く手あまたとなった(13)。

従来差別されてきた特定のグループの人びとの雇用や昇進、入学の増大について数値目標をつけて、それを達成しようとすれば、それらのグループの人びとに他の人びとよりも優先的に機会を与えることになる。それゆえ、アファーマティヴ・アクションは、公民権法が目的とした無差別平等の原則に反する差別政策だという批判を生むことになった。アファーマティヴ・アクションの支持者たちは、従来差別されてきた黒人やその他のマイノリティの人びとに機会を与えることが公民権法の目的であり、雇用や入学に関してそれらの人びとを優遇することは、平等化の促進のためであるから、同法の精神に合致すると主張した。その一方、反対派は、公民権法は人種を意識しないカラー・ブラインドなものであるのに、アファーマティヴ・アクションは逆に人種基準を持ち込む、と批判した[14]。

また、カラー・ブラインドを支持する立場からの批判には、ユダヤ人はもとより、マイノリティの自助努力の機会を奪うという理由で、黒人のエリート層からの反発もあった。しかしまた同時に、構造的な経済格差に及んでいるマイノリティとそうでない者のあいだの深い溝を埋めるためには、暫定的にこういったラディカルな方法が必要であるとの意見もあがるなど、アファーマティヴ・アクションの是非をめぐっては賛否両論の一大議論が巻き起こされた。いずれにせよアファーマティヴ・アクションは、これまで「尋ねない」ことで達成しようとしてきた「志願者の色を見ない」ことによる平等な選抜――「カラー・ブラインド」な選抜――からは逸脱するものであった。

ユダヤ人のリベラリズムとカラー・ブラインドの「保守」的側面

さて、ここで、カラー・ブラインド思想の「保守」的側面について考えてみたい。この場合の「保守」とは、すなわち、社会的な不平等と権威を擁護する一般的な意味での保守主義ではなく、自由や平等、民主主義といった価値観、とくに自由主義を最大限尊重することを基本的前提としたうえで「リベラル」と対峙する二〇世紀、ことにニューディール期以降の合衆国独特の政治思潮を指す。そして、自由の実現のための政府による経済への介入や規制をどのように位置づけるかに関してこの二つの用語をみると、「保守」は自由放任主義と「強靭な個人主義」を擁護して最小限の介入を支持する立場であり、「リベラル」は政府によるさまざまな社会的サービスの提供などの積極的な介入を支持する立場であるといえる[15]。

第3章から第5章までの考察で確認したように、ユダヤ人は人種・宗教を考慮の対象としない、カラー・ブラインドな入学選抜の実施を希求していた。では、何を基準とした入学選抜を理想としていたのかというと、個人の能力に立脚した入学選抜を希求したのだった。あるいは、能力を「学術能力」に限定しないにせよ、キング牧師が一九六三年のワシントン大行進の際、「私には夢がある」演説で語ったように、人間性の中味（the content of our character）であった。すなわち、ユダヤ人の求めたものは「機会の平等」の徹底であり、人種や宗教などの要素を取り去って、すべての人が同じスタートラインに立って自由に競争することであった。ということは、カラー・ブラインドの思想は合衆国の「伝統的価値観」を守ろうとするものであるという点において、エリートあるいはミドルクラスの発想であり「保守」的であるともいえるだろう。その意味では、この発想は、「肌の色で人間を判断しない」よう訴えたキング牧師の主張がいまや保守派の人びとに好まれていることと通底するものがある。[16]

マイノリティの地位向上や、それまで彼らの属性ゆえに否定されてきた権利の獲得を目指すことは、リベラリズムの本筋にかなうものである。しかし、法律などによる形式的な平等の達成、あるいはカラー・ブラインドによる人種や宗教の無視だけでは、形式的、表面的に差別は禁止・解消されても、マイノリティの地位の「向上」には直接的にはつながらない。平等の達成に積極的な立場ということから考えると、黒人である、あるいはユダヤ人であるというだけの理由で大学への入学が認められないというように、人種や宗教が「目に見える」形でマイノリティがこうむる圧倒的な不利益の元凶になっている場合については、その不利益を取り除くカラー・ブラインドの追求はリベラリズムの実践であるといえる。しかし、人は裸一貫で生まれてきたわけではなく、生まれながらに差があり、単なる個人の努力しだいではその差が埋められないことが社会構造化している合衆国の現実の社会では、マイノリティのこうむる差別や不利益の解消というには不十分であろう。

このように考えると、カラー・ブラインドの思想は、すべての人を個人として扱おうとする点で機会の平等を志向しているけれども、それは必ずしも積極的な差別の解消までをも目指すものではなく、そもそも「保守」的な側面を内在するものであった。そして、アファーマティヴ・アクションというカラー・コンシャスな制度が、文化多元主義の擁護や多元性への理解とともに合衆国のリベラリズムであるといわれるようになると、人種や宗教はすべて無視し、すべての人はメルティング・ポットのなかで溶け合った「ただのアメリカ人」なのだから、そのスタートラインは同じはずであるとするカラー・ブラインドの主張は、よりいっそう「保守」と結びつく思想となった。

そのようななか、一九六〇年代に入っても、ユダヤ人は一九四〇年代後半と変わらず「カラー・ブラインド」を希求していたが、アファーマティヴ・アクションの出現は彼らの「平等」観の「保守」性を浮き上がらせることとなった。それは、平等を実現していく方法が変化しつつある社会において、変わらず「カラー・ブラインドを希求し続けた」、あるいは「カラー・ブラインドに固執した」ことの帰結であったともいえる。こういった現象は、もともとは人種差別廃止の支持者だったグレーザーが、一九七〇年代にはアファーマティヴ・アクション反対の急先鋒に立ち、その数値目標を「積極的差別政策(affirmative discrimination)」だと非難したこと――グレーザーは新「保守」主義者の代表格のようにさえいわれる――に顕著に見て取れる。(17)

むろん、歴史的にユダヤ人は、もっともリベラルな政治志向をもつエスニック・グループであったことは間違いない。彼らは、ニューディール期から公民権運動期にいたるまでのさまざまな社会改革において、そのリベラル度に関しては常に突出した存在であった。また、近年においても、妊娠中絶の合法化や学校での祈禱強制の禁止などの政治的争点に関してリベラルな立場に立つ者が多く、ある程度の社会的・経済的上昇を遂げると保守化することが多い他のいわゆるホワイト・エスニックと異なり、いまだ民主党支持者の割合が非常に高い。

平等の達成のために政府が積極的に介入するという点で、リベラルはアファーマティヴ・アクションの導入を支持するはずであると考えれば、リベラルなユダヤ人はアファーマティヴ・アクションを支持するはずであった。しかし実際には、彼らは、「機会の平等」という合衆国の伝統的価値観を曲げてまで「結果の平等」を達成しようとすることには戸惑いを見せたのだった。

ただし、このことは、彼らが政治的にリベラルであることよりもカラー・ブラインドの追求を優先したということを必ずしも意味するものではないだろう。というのは、ユダヤ人諸団体のアファーマティヴ・アクションへの対応をより詳しくみてみると、彼らは、「目標数値」ではない「割当」の設置は問題であるとしたものの、マイノリティに属する人びとに対して格別の配慮を払うことは否定していないのである。この間の経緯について、以下で検討する。(18)

二　バッキ事件とユダヤ人

一九七二年の演説でエプスタインが述べたように、一九七〇年代に入っても、ユダヤ人にとって「割当制」はまだ過去のものではなかった。というのは、「割当制」は目に見えない非公式・間接的な差別であったから、制度が廃止されたことも目に見えるものではなく、差別が取り除かれたことを確認する手段はない。宗教に関する願書の質問項目は「割当制」の方法のひとつであって、それ以外、たとえば面接で宗教を尋ねたり、ユダヤ的な苗字の志願者を選んで排除したりということは可能だった。

とくに「地域割当制」にユダヤ人は懸念を抱き続けた。たとえば反名誉毀損同盟によると、ウィスコンシン大学では一九六九年に州外学生の割合が二五パーセントに制限された結果、ユダヤ人入学生の数が四分の一以下に減少した。当時、大学内のニュー・レフトとしてユダヤ人学生が多く活動していた経緯から、ユダヤ人たちは、この地域割当制の導入ははじめからユダヤ人学生数の削減を目的としたものだったのではないか、と考えている(19)。本節では、ユダヤ人の割当に対する警戒心や嫌悪感とアファーマティヴ・アクションの関連について、その様子をみていくことにする。

訴訟の概要とユダヤ人団体の反応

ユダヤ人のアファーマティヴ・アクションに対する姿勢を少し詳しく観察してみると、割当に対する警戒心や嫌悪感、第二次世界大戦後にいたるまで「割当制」によって高等教育機関への入学者数を制限されてきた事実がしばしば指摘されている。たとえばアラン・シンドラーは、「おそらく他のどのグループよりもユダヤ人にとって、割当の概念は、ヨーロッパでの迫害や合衆国での差別の歴史から考えて嫌忌の的であっただろう。たとえば合衆国の高等教育においては、二度の大戦間の時代、ユダヤ人は差別的な割当に従属していた。権威ある私立大学やプロフェッショナル・スクール（専門職大学院）がこれらの障壁を取り除いたのは、第二次世界大戦終結後である」と述べている[20]。また、憲法学者のメルヴィン・ウロフスキーは、「ユダヤ人は、ヨーロッパでは悪名高い人数条項（numerus clausus）が彼らを大学や専門職から排除したこと、また合衆国においても多くの大学やメディカル・スクールが聡明な若者を助けるというよりは不利にするユダヤ人割当をもっていたことを覚えている」と述べている[21]。

たしかに、アファーマティヴ・アクションをめぐる議論のなかには、それが人種別の割当につながるといったものがあり、ユダヤ人がとくに不快感を表明する割当の概念とはこのことを指している。ここでは、アファーマティヴ・アクションにおける「割当」の問題とそれに対するユダヤ人の反応を、メディカル・スクールへの入学および入学定員中のマイノリティ「割当」枠の設置をめぐって起こされた裁判であるバッキ事件を手がかりにみていくこととする。

バッキ事件とは、一九七三年、一九七四年の二度にわたりカリフォルニア大学デイヴィス校メディカル・スクールに不合格になったアラン・バッキというノルウェー系の白人男性が、彼が不合格になったのは人種を基準とした同校の特別入試制度のためであり、白人であるという彼の人種にもとづいた差別だとして、大学側に入学を認めるよう提訴したものである[22]。同校の特別入試制度は、「不利な境遇にある市民が医学教育を受ける機会を増やす」ことを目的として一九六九年九月に導入され、定員一〇〇人中一六人をマイノリティ出身の志願者のための入学枠としてあらかじめ確保し、残りの八四人とは別に入学選考をおこなうものだった。その結果、バッキよりもはるかに学部成績や入学試験の点数の低い志願者が、この制度により入学を許可されていたのである。

バッキ事件の争点は、この「一〇〇人中一六人」の割当であった。大学側は、「たしかに、八四名の上限が八五人めのスペイスを排除するとのこじつけの論も、被上告人〔バッキ（＝引用者）〕の観点か

図版18　「バッキが勝てばわれわれはすべて失う」と訴える人（1977年）

らすれば、本件で争われている学年度については、不可能ではない」けれども、「デイヴィスの入学制度は、ひとつの目標を設定したのであって、割り当てを定めたものではない」と主張した[23]。これに対し、バッキ側は「上告人の特別入試制度は人種にもとづくものである。医科大学の初年度のクラスの定員の一六パーセントを右制度〔特別入試制度（=引用者）〕に配分することは、一六パーセントの人種割り当てにあたる」と主張した。というのも、デイヴィス校メディカル・スクールの入学選抜においては、この特別入試制度による審査を希望する個々の志願者が評価された後、最終的に「医学校への入学が適当と思われる候補者」が正規入試委員会に推薦されるのだが、「この推薦は、あらかじめ決められていた一六名の割当に達するまで続けられる」のであった[24]。

　バッキ事件は、このころすでに「人種にもとづく割当（racial quota）」、「優遇措置（preferential treatment）」、「逆差別（reverse discrimination）」といった批判や非難が聞かれるようになっていたアファーマティヴ・アクションに関する連邦最高裁の最初のケースであったために、特別の注目を集めた。一九七七年一〇月一二日におこなわれた最終弁論の際には、何百人もが傍聴を求めて行列をつくり、なかには徹夜で並んだ者もいたという。一〇月二四日号の『USニュース&ワールド・レポート』は、「最高裁の最終判断は、単に大学の入学政策にとどまらず、就職とか事業を開始する際の特別の優遇措置その他の援助を黒人に対して講じる、さまざまな『アファーマティヴ・アクション』計画にも影響を及ぼすものと予想されている」と報じている[25]。

　判決に対する国民の関心の高さを示すように、バッキ事件の審理には一二一もの団体から六一の法廷助言者（amicus curiae）意見書が提出された。その内訳は、バッキ支持が三二、大学支持が八四、その他が五であり、大勢は大学支持にまわったといわれる。(26) しかしながらその際、アメリカ・ユダヤ人委員会、アメリカ・ユダヤ人会議、反名誉毀損同盟をはじめとしたユダヤ人の諸団体はバッキを支持し、デイヴィス校メディカル・スクールの特別入試制度を非難する立場を取った。たとえば、反名誉毀損同盟の提出した意見書にはつぎのように述べられている。

このケースで含まれている人種別割当、すなわち人数条項(numerus clausus)に法廷助言者(amici)はとくに関心を持っているのである。なぜならそれは、ヨーロッパ、合衆国の双方において、ユダヤ人その他を割当を使用することによって長いあいだ差別してきたものだからである。……現在はまだ、信条や肌の色、エスニック・オリジンが適切な大学の入学基準として否定される、差別のない入学試験がおこなわれるようになって三〇年か四〇年しかたっていない。大学は、長いあいだ、ユダヤ人学生やさまざまな宗教的、人種的、エスニック・マイノリティの学生を排除したり制限したりするスタイルを保持していたのだから、……啓発や多様性の名のもとでふたたびそういう排除や制限をおこなう可能性がある。(27)

この記述から、ユダヤ人がデイヴィス校メディカル・スクールの特別入試制度と「割当制」を重ね合わせていることがうかがわれる。しかも、過去には「割当制」が「啓発や多様性の名のもとで」おこなわれていたことも、そのなかで指摘されている。

以上のように、人種問題に関する判決としては、一九五四年のブラウン判決以来の全国の注目を集め

United States

Bakke Wins, Quotas Lose

But the divided Supreme Court endorses affirmative action based on race

Demonstrators outside Supreme Court
A prospect of endless litigation.

It had been heralded as the most important civil rights case since *Brown* vs. *Board of Education*, the 1954 ruling that outlawed racial segregation in the schools and ultimately in all of American life. The nation had moved far in 25 years, but the goal of equality had remained elusive, and the question now before the Supreme Court in the case of *Regents of the University of California* vs. *Bakke* seemed infinitely perplexing: Is it fair to give some preference to blacks over whites in order to remedy the evils of past discrimination?

Split almost exactly down the middle, the Supreme Court last week offered a Solomonic compromise. It said that rigid quotas based solely on race were forbidden, but it also said that race might legitimately be an element in judging students for admission to universities. It thus approved the principle of "affirmative action," the system by which the Government is pressuring U.S. universities, corporations and other institutions to provide

Allan Bakke after learning of victory
A private man with vast determination.

26 TIME, JULY 10, 1978

図版19 「バッキの勝ち，割当の負け」と報じた『タイム』誌（1978年）

たバッキ事件の判決は一九七八年六月二八日に下されたが、それは沸点に達した世論に明解を与えるものとはならなかった。マスメディアが「ソロモンの裁き」と呼んだこの判決では二つの判断が下され、九人の判事は、それぞれ五対四でバッキの入学を命じ、さらに入学者選抜にあたって人種に配慮することも認めたのである。

そのため、二つの判断の双方で多数派に属したルイス・パウエル判事の意見が裁判所の判断となった。彼は、特定の環境のもとでは入学者の選抜の過程で人種をひとつの要素として考慮に入れることは適当であるとして、デイヴィス校メディカル・スクールの特別入試制度を支持するブレナン派（ブレナン、ホワイト、マーシャル、ブラックマンの四判事）に同調した。そしてまた同時に、割当を使用するデイヴィス校の選抜方式は憲法違反でありバッキの入学は認められるべきであるとして、バッキを支持するスティーヴンス派（スティーヴンス、バーガー、ステュアート、レンキストの四判事）にも同調したのであった。すなわち、デイヴィス校メディカル・スクールの用いた厳格な割当および割当による一定の数や割合の確保、異なった選抜方式の適用は違憲とされたが、それはアファーマティヴ・アクションそのものを違憲とするものではなく、それ自体に関する最高裁の判断はバッキ判決ではなされなかったのである。(28)

そしてユダヤ人たちは、判決のなかで「割当」がどう判断されるのかについて強く意識していた。判決への対応として、黒人団体をはじめとするアファーマティヴ・アクションの支持者たちは、「マイノリティの進歩に関し時代を押し戻すもの」と遺憾を表明するコメントを発表した。そのなかで、反名誉毀損同盟だけでなくアメリカ・ユダヤ人委員会は、「割当を退けた」という点についてこの判決を賞賛

したのだった。(29)

半世紀後のハーヴァード大学

第2章で述べたように、「割当制」は戦間期におけるユダヤ人に対する社会経済的差別のもっとも厳しい一局面であった。とくに一九二二年六月のハーヴァード大学学長アボット・ローレンス・ローウェルの反ユダヤ的発言および同大学におけるユダヤ人学生制限に関する一連の議論は、「割当制」をもっとも悪名高くしたエピソードのひとつだった。その後、編入学生を歓迎せず、地方出身の学生を優遇し、「人格や大学に適しているかどうか」を入学事務委員会の自由裁量で評価するという同大学の入学選抜方針は、ローウェルの退任後も継続された。そして、第二次世界大戦後に合衆国全体として反ユダヤ主義が後退した後は、「カリフォルニアやルイジアナからの学生」の地理的な意味に限定されていた多様性概念は「経済的、人種、エスニック上の不利な立場の学生にまで広げ」られつつ、「総合判定・多要因重視」の入学方式自体は引き継がれた。その結果、それまで大学内で少数派だったグループの学生にも大学の門が開かれるようになり、その方針が、その後三〇年以上にわたって現在まで続けられているのである。(30)

このハーヴァード・カレッジの「総合判定・多要因重視」および「新入生の多様性」重視の入学選抜方法が、ふたたびバッキ事件で登場することになる。パウエル判事が、判決における「ソロモン的妥協」、「割当ではない人種の配慮」の中味を具体的にイメージするための手がかりとして、同大学の入学方針を合憲性の指針として提示したのである。

パウエル判事がハーヴァード大学の入学制度を支持した理由とは、つぎのようなものであった。同大学は、長年、入学者選抜の基本方針のひとつとして多様性の尊重を掲げてきた。入学志願者の出身地域、才能、希望の多様化に加えて、経済的、人種・民族的な多様化を意図している。同大学は、人種枠(quota)を定めるのではなく、「学生のタイプとカテゴリーの分布状況」に注意を払いつつ、学生集団の多様性の追求に心がけたとされた[31]。

この見解に対してブレナン派の四判事は少数意見を付し、さらに反論をおこなった。それは、「多様性」の達成方法としての「割当」と、その数値の公表の有無に関するものであった。彼らの意見は、デイヴィス校メディカル・スクールの選抜方法はマイノリティを優遇する割合を公にしているのに、ハーヴァード大学の選抜方法はマイノリティに与えられる優遇措置の程度も、細かな運用も不明であるというものだった。彼らは、ハーヴァード大学の「多要因入学者選抜制度」に関し、「デイヴィス・メディカル・スクールが狙っているのとまったく同じ目的を達成するのに、一般大衆には直接判らない仕方でおこなわれているというだけで、特定の人種優遇入学方法を選ぶ根拠はない」と主張し、「割当」数値を公表したデイヴィス校メディカル・スクール方式を再度支持した[32]。

また、自らがユダヤ人である研究者も、ハーヴァード方式は妥当でないと主張した。彼らは、その理由として、過去にはそれは偽善的な反ユダヤ的入学制度として導入されたものだったという、同大学の入学制度の歴史に言及した。ハーヴァード大学教授のアラン・ダーショウィッツは、「歴史的な証拠を探ると、どうしても、現在のハーヴァード・カレッジの入学制度は合衆国の高等教育、とくにハーヴァード・カレッジの歴史上もっとも恥ずべきエピソードから生まれたという結論になる」として、同大学の「多様性－自由裁量モデル（diversity-discretion model）」を批判した。[33] とくに、彼は、一九二六年に取り入れられた「総合評価方式」に対して強い不信感を表明し、「『多様性』とか『自由裁量』『キャラクター』といった言葉に多くのユダヤ人が神経質になったのも不思議ではない。ユダヤ人排除枠の暗号として使われたのだから」と、大学側のユダヤ人学生を減らすテクニックを非難し、同大学でおこなわれている入学方式は「不健全な起源」をもつことを強調している。[34] またオリヴァー・ポラックも、同大学の入学制度はもともと「表面上は民主的でリベラルなプランである地理的多様性に置き換えることで、ユダヤ人を標的にした直接的な差別というといかがわしい要素を取り除いた」ものであるという、「皮肉」を指摘した。[35]

たしかにハーヴァード大学は、デイヴィス校メディカル・スクールが用いた厳格な割当を採用してはいないが、マイノリティの割合はどういうわけか毎年ほとんど同じである。[36] このことは、ハーヴァード大学も結局のところ、内部では実質的な割当を設けて入学選考をおこなっているという疑問を免れえない。内部での選抜過程が不透明なこの入学方式においては、「人種の配慮」は入学事務委員会の善意にすべてが託されることになる。そうなると、少なくともそれがもともと特定集団への差別を隠す目的で始まったという経緯を知る者が同大学の入学制度に対して神経質になるのは、ある意味自然なことであろう。[37]

三 「目標」と「割当」

では、ユダヤ人は過去に「割当」による差別を受けたことから、その経験を想起させるアファーマティヴ・アクションに感情的なレベルで反対しているのだろうか。そのような結論を下すには、いまだ留保が必要なようである。というのは、実際上の適用において「割当」と混同されやすい面をもっているとはいえ、連邦規定によるアファーマティヴ・アクションで設定されるものは、あくまでも「目標数値」なのである。アファーマティヴ・アクションの重要な法的根拠である大統領行政命令一一二四六号にもとづく改正命令第四号での規定によると、「目標」は厳格で変更できない割当であってはならず、大学や企業の側が「誠実な努力」でその達成を図ればよいとされている。[38] 実際、デイヴィス校メディカル・スクールの特別入試制度は、州法や連邦法によって命令されたものではない自発的なものだったうえ、裁判のおこなわれた一九七〇年代後半でも、同校のようなはっきりとした割当制をとる機関はむしろ少数派だったといわれる。

また、ユダヤ人の態度に目を移してみても、アファーマティヴ・アクションに全面的に反対を表明しているということは決してない。たしかに、一昔前まで「黒人びいきのユダヤ野郎」と罵《ののし》られながら公民権運動に奔走してきたユダヤ人が、バッキ訴訟において白人である被告の支持にまわったことは、彼らの「白人」化と「マジョリティ」化を象徴するかのような行動であった。しかし彼らが、デイヴィス校メディカル・スクールの特別入試制度に関してもっとも問題であるとしたのは「割当」であった。
そのような意味で、ユダヤ人は、「割当」と「目標」の区別をつけることにはとくに敏感であった。先にも述べた、一九七二年六月の全国ユダヤ人コミュニティ関係諮問会議の総会において、エプスタイン以外の講演者であったアメリカ・ユダヤ人会議のナオミ・レヴィーンは、つぎのように述べた。

あなた方は、一九六四年の公民権法は差別を禁止しただけだということは覚えていらっしゃることでしょう。事実それは、人種、肌の色、宗教、性、出身国による優遇を禁じているのです。

……ここで私に、ポッティンガー氏の言葉を拝借して、目標と割当の違いについて紹介させてください。彼は、五月に開催されたユダヤ人団体の会合で、目標と割当には根本的な違いがあるのだと言いました。

……たくさん議論と分析をして、私はやっとこの違いを理解したのです。しかし、不幸なことに、大学キャンパスの事務局は理解していないのです。結果として、彼らが設置したアファーマティヴ・アクション・プログラムにおいて、いまや目標が割当になってしまっているのです。私は、これはアファーマティヴ・アクション・プログラムの本来の意図の歪曲だと思っています。(39)

だが彼女は、そのことを理由にアファーマティヴ・アクションに反対しているのではない。同じ講演のなかで、「マイノリティの教育と雇用におけるマイノリティの数を増やすのを助けるための、割当のないアファーマティヴ・アクション」、「差別を克服するための特別な措置」は支持し、むしろ推進する旨を表明している。(40)また、グレーター・フィラデルフィア・ユダヤ人コミュニティ関係会議のアルバート・チャーニンは、レヴィーンに続いてつぎのように述べた。

全国ユダヤ人コミュニティ関係諮問会議はまた、アファーマティヴ・アクションの必要性について同意しています。黒人は他のアメリカ人と同じ立場でアメリカの生活のメインストリームに自由に参入し競争してよいのだ、という宣言があったとき、われわれは、単にドアを開くだけでは過去の遺産を補修するには不十分だと知っていました。だからわれわれは、政府による雇用面でのアファーマティヴ・アクションを早い時期から擁護してきたのです。[41]

このようなアファーマティヴ・アクション支持の傾向は、個別のユダヤ人団体についてもうかがわれる。たとえば、アメリカ・ユダヤ人委員会は一九七七年の年次大会において「アファーマティヴ・アクションに関する声明」を発表したが、そこでは、アファーマティヴ・アクションとは、あくまでも企業や大学におけるマイノリティの数や割合の目標数値や、それを達成するための時程表を設ける柔軟なものであって厳格な割当ではないことを踏まえたうえで、反対どころか、その適切な運用を推進する立場を取っている。[42] またアメリカ・ユダヤ人会議も、「割当」を守らなければならない固定された数字、「目標」をその数字達成のための「誠実な努力」を義務づけるものと明確に区別したうえで、「目標」を支持する旨を表明している。[43] このように、概してユダヤ人たちは、補習や広報宣伝活動、教育プログラムなど、「志願者の母集団の範囲を広げたり競争の土壌を平らにしたりする」アファーマティヴ・アクシ

ヨンには賛成である。「結果の平等」には反対だが、「機会の平等」を達成する助けになるものだからである。(44)

以上のようなユダヤ人たちの態度を総合すると、つぎのようなことが指摘できる。すなわち、バッキ事件においてユダヤ人の諸団体がバッキ支持にまわったことは、彼らのアファーマティヴ・アクションに対する異議の表明というよりは、それが「割当」を含みがちになることへの対応と解釈するのが妥当であろう。「目標」とはいっても、それが達成できない場合には、企業や大学は理由を説明する義務を課せられており、実際の運用においては「割当」が手っ取り早いという雰囲気があることは否めないのである。デイヴィス校メディカル・スクールの特別入試制度は厳格な「割当」を用いるものであったため、そのことに対して異議を唱えたと考えたほうがよさそうである。

ところで、バッキ事件自体、第一審の訴訟記録が特別入試制度について徹底的に検討した記録を含まないなどの理由により、アファーマティヴ・アクションの合憲性「全般」を判断するケースとしては適当でないといわれていたことには、留意する必要があるだろう。もし敗訴すれば、「カリフォルニア州内のみならず全国の、また教育の分野のみならずその他の分野におけるアファーマティヴ・アクションが違憲とされる」可能性があることからも、カリフォルニア州最高裁で大学側の敗訴判決が下されたとき、マイノリティ出身の法律家を中心とした約二〇の団体は、大学側に対して連邦最高裁への上告をしないよう要求する電報を発していた。また、数名の著名な法学者も同趣旨の書簡を発するなどして、上告には否定的な態度を示していた。そのほかにも、最初にバッキに訴訟を起こすよう勧めたのは大学事務局であることからも、実際のところ大学側は、特別入試制度の実施には決して熱心ではなく、最高裁がアファーマティヴ・アクションに否定的な判決を打ち出すことを期待して、テスト・ケースを設定する役割を買って出たのだとさえ指摘されている(45)。

そうすると、バッキ事件とは、少なくともユダヤ人にとっては、従来差別されてきたマイノリティに特別の配慮を払うことというよりは、それにおける「割当」の設置を争点とした事例と考えるほうが適当であろう。ただし、この事件の判決は、アファーマティヴ・アクションに関する最初の連邦最高裁判決であったゆえに、バッキひとりが大学への入学を認められるかどうか以上に注目された。そのため、ユダヤ系諸団体の行動は、あたかも彼らがアファーマティヴ・アクション自体に反対している、あるいはリベラルだったはずの彼らが急に保守に転じたかのような印象を与えたのであった。

本章では、一九六〇年代後半に登場した積極的差別解消策であるアファーマティヴ・アクションとユダヤ人について、「割当制」との関わりから考察してきた。アファーマティヴ・アクションとは、その性質としてカラー・コンシャスな制度であり、ユダヤ人が抱いてきた「平等」の理想と矛盾するものであった。すなわち、一九一〇年代末以来、彼らが高等教育を受ける機会を著しく制限してきた「割当制」とのたたかいとして、一九四〇年代後半より入学願書からの差別的質問項目の削除、ひいては、人種や宗教を考慮しないカラー・ブラインドな入試選抜の実施を訴えてきたユダヤ人にとって、あらためて人種や宗教を指標とした入学政策や雇用政策が実施されることは、それまでの努力が水の泡となる事態だった。

また、アファーマティヴ・アクションに関する最初の連邦最高裁判決であるバッキ事件においては、ユダヤ人の諸団体は、カリフォルニア大学デイヴィス校メディカル・スクールの特別入試制度に異議を唱え、バッキの入学許可を求めたが、それは、同校の特別入試制度が一〇〇人中一六人という固定的なマイノリティ枠を用いていることに対する異議申し立てであった。また、判決の際にパウエル連邦最高裁判事によって推賞されたハーヴァード・カレッジの入学方針については、ユダヤ人研究者らは、過去に同大学が間接的・非公式に「割当制」を実施していたことと、大学当局内部での選抜過程が不透明であるという点において過去の入学方針が現在も継続していることを指摘し、批判的な態度を取った。以上の状況と、第二次世界大戦後の彼らの本格的な中産階級化や社会的上昇による政治的保守化や「白人化」に鑑みると、ユダヤ人はアファーマティヴ・アクションに否定的であるように見受けられるが、なお彼らはユダヤ人に限らない平等を達成することにはやぶさかではない。マイノリティに「割当」でない類の優遇を与えることを含め、彼らの地位の向上や機会の拡大には賛同している。

アファーマティヴ・アクションにおける「割当」は、これだけの数は受け入れるという「床」であった。黒人たちにとって、これは非常によく当てはまることであった。しかし、ユダヤ人たちにとって「割当」とは、一九二〇年代のものがそうであったように、「天井」であり、これ以上の数は学力や「能力」にかかわらず受け入れないという上限であった。この相違は解消しがたかった。ユダヤ人は、ブルーカラー職の雇用に関する裁判には関与しないことで黒人との争いを避けようとしたが、公民権運動後の「平等」の一大転換であるアファーマティヴ・アクションをめぐって生じた両者の亀裂は、修復できないものとなってしまった。

バッキ判決より三〇年を経た今日の合衆国においても、アファーマティヴ・アクションはいまだ議論の絶えない問題である。たとえば、研究者によって「アファーマティヴ・アクションの終焉」が唱えられ、州レベルでのアファーマティヴ・アクション廃止が進んでいる一方で[46]、一九九六年一一月におこなわれた、その廃止の是非を問うたカリフォルニア州民投票提案二〇九の結果の内訳は、賛成五四パーセント、反対四六パーセントという微妙なものだった。また、ミシガン大学における二〇〇三年の二つの連邦最高裁判決も、マイノリティであることによって一五〇点中二〇点という自動的な点数の加算をおこなった学部の入試制度は違憲である一方、個別的な選考のなかで「考慮」をおこなったロー・スクールの入試制度は合憲という、わかりにくい判断であった。しかし何よりも、ミシガン大学のケースで明らかになったのは、アファーマティヴ・アクションをおこなう大義名分はもはや「差別への償い」ではなく、社会的善（societal good）としての「多様性」の確保と承認であるということだった[47]。

総じて、「自由」や「機会の平等」といった合衆国の根本理念と相容れないものであるため、対象者選定への疑問や暫定性への疑問など、従来からアファーマティヴ・アクションはさまざまな問題点があげられ、批判がなされてきた。今後ともそれは、「過去の差別の清算」であるだけでなく「意識下の差別からくる未来の差別への防波堤[48]」として、いっそうの議論が要求されるだろう。アファーマティヴ・アクションを語る際には、それが平等促進・維持のために必要かつ有効という認識がある一方、人種や性別上の「割当」と混同されやすいという懸念がつきものである。ユダヤ人は、その点に関して、アファーマティヴ・アクションあるいは合衆国のマイノリティ政策全般に対する指摘と提言をおこなっているともいえるだろう。

エピローグ

半開きの「黄金の扉」

レストランへの黒人の入店禁止、男性に限定した従業員の募集など、目に見えやすい差別を法律などによって禁止することは比較的容易である。むろん、マイノリティに属する人びとに対する偏見までを法律で取り除くことはできないのであり、黒人の子どもたちが白人の子どもたちと同じ教室で学んでいるからといって、白人の教師やクラスメートから投げかけられる蔑みのまなざしがなくなるわけではない。また、エスニック・グループごとに所得の平均に格差があることも事実であり、家庭の経済状況によって大学に進学することなど考えがおよばない場合もあるだろう。それらに対しては、平等についての意識教育なり、アファーマティヴ・アクション（積極的差別解消策）によって対処することが必要になってくる。

差別が可視的なものであるかどうかという点に関していえば、ユダヤ人がたたかってきた差別は「目に見えない」差別であった。二〇世紀初頭のニューヨーク市マンハッタンの移民街、ロアー・イーストサイドで起こった反ユダヤ暴動は目に見える物理的暴力だったが、そのようなエスニック・グループどうしの衝突は別として、アメリカ合衆国では、黒人やアメリカン・インディアンのように、法的にユダヤ人に対する差別的措置が規定されることはなかった。しかし、グリーンという苗字であればアパートも借りられるし大学からも入学許可が下りるのに、グリーンバーグになると、このどちらもかなわない。このように、合衆国でおこなわれたユダヤ人に対する社会経済的差別は、目に見えない「紳士協定」的なものであった。

反ユダヤ的な社会経済的差別のもっとも厳しい一局面であった高等教育機関における「割当制」も、同様の性格をもつものであった。二〇世紀初頭にはいまだ上流階級プロテスタントの牙城であった大学は、当局内部の了解事項として入学を許可するユダヤ人学生の数を一定の割合以下に抑えることを決め、「心理テスト」や「人格評価」、「地域割当制」といった方法により、一九四〇年代にいたるまでユダヤ人学生の数を制限したのだった。「割当制」が非公式・間接的な手段によるものだったことは、一九二二年六月にいったんユダヤ人学生の入学者数制限の計画を公表しながらも、ユダヤ人、非ユダヤ人の双方から非難を浴び、翌年にあらためて学生の出身地別多様性を根拠とした入学制度を発表したハーヴァード・カレッジの例に明らかである。

第二次世界大戦後、復員軍人をはじめとした進学希望者が大学に殺到し、連邦あるいは各州政府によって高等教育の本格的な拡大と平等化が議論されるなかで、アメリカ・ユダヤ人会議をはじめとした在米ユダヤ人団体は「割当制」の廃止運動を展開した。それは、人種や宗教を理由にした入学差別を全面的に禁止する州レベルの法律である公正教育実施法の成立を支援するとともに、差別の実態調査をおこなっては各大学に入学願書から宗教や人種を記載させる欄を自発的に取り除くよう訴え、一般の人びとにも「割当制」の存在について広く知らしめようとするものであった。また、「割当制」の廃止運動は、それが「見えない」差別であるがゆえに、ユダヤ人に向けられた差別を直接的に非難・糾弾するというよりは、人種・宗教などによる差別のない入学選抜の実施を訴えるという、カラー・ブラインドな方向性をもつ運動となったのだった。

そして、このようなユダヤ人の「平等」観は、同じく一九四〇年代後半に展開された、世俗的ユダヤ人大学の創設に関する議論や黒人の人種隔離教育制度への対応といった、高等教育をめぐる別の場面にも現われた。一九四八年にマサチューセッツ州ウォルサム市に開学した、合衆国でほぼ実質的にははじめての世俗的ユダヤ人大学であるブランダイス大学は、ユダヤ人のカラー・ブラインドな平等観と「割当制」への対抗意識から、ユダヤ人が資金提供して設立した大学でありながら、学生や教員はユダヤ人に限定せず、優先的な入学もおこなわなかった。同大学は、入学願書に人種や宗教を記載させる欄を設けない「非割当」の大学としてスタートしたのだった。また、全国黒人地位向上協会が主導して展開していた黒人の人種隔離教育制度撤廃に向けたいくつかの訴訟についても、ユダヤ人団体は黒人志願者の白人専用大学および大学院への入学を支援し、人種が入学許可の要素として考慮の対象とならないことを求めたのであった。さらに彼らは、対象は小学校だったが、人種隔離教育制度そのものの是非を問うたブラウン訴訟において黒人の原告を支援し、一八九六年のプレッシー判決以来の「分離すれども平等」原則を突き崩すのに大きく貢献した。

このようなユダヤ人のカラー・ブラインド志向は、一九五〇年代後半からの公民権運動への彼らの献身や黒人との協力・同盟関係にもみられるが、一九六四年の公民権法制定後におこなわれるようになったアファーマティヴ・アクションとの関連では、ユダヤ人は微妙な立場に置かれることになった。それは、アファーマティヴ・アクションが、人種や性別など、それまでの運動では雇用や入学選抜の考慮外に置くよう求めてきた指標を、優遇・優先のためのとはいえ考慮するカラー・コンシャスな制度であったからだった。また、この「考慮」が、公民権法のなかでは禁じられているにもかかわらず、マイノリティの優先枠や割当の設置によりおこなわれる場合があることについて、過去に「割当制」を経験したユダヤ人たちはことさら敏感に反応した。しかし、彼らは同時に、固定的な「割当」と柔軟性のある努力目標としての「目標数値」の区別を理解しており、マイノリティに属する人びとに対して差別をなくすための特別の配慮をおこなうことについては、むしろ支持する姿勢を示している。

そして、結局のところ、二〇世紀におけるユダヤ人の高等教育機関の入学選抜をめぐる経験は、移民としての彼らの経験と重なるものであった。一九一七年の移民法は、東欧や南欧からの「新移民」を減じようとするものでありながら、表面的には字の読めない移民を排除するという、個人を標的としたものであった。[1]また、一九二〇年代の割当移民法も、「帰化不能外人」は別として、「望ましくない」移民や「同化できない」移民を完全には排除しなかった。どの国の出身の移民に対しても、同じパーセンテージを割り当てることで表面上の「平等」は保たれた――実際には、移民許可数算出の基準となる国勢調査の年度を「望ましい」エスニック・バランスだった時代に戻すことで、「新移民」の排除を達成したのだが。

そしてまた大学も、「望ましくない」学生や「同化できない」学生を、完全には排除しなかった。しかし、外国生まれのユダヤ人たちに〈アメリカ〉のエリートが生まれる場を乗っ取られることを恐れた上流階級ワスプの大学人たちは、学生の出身地の多様性の確保や「人格」の評価といった隠れ蓑を使って、非公式な「割当」によってユダヤ人を制限したのである。その意味では、大学の入試選抜の歴史は〈アメリカ〉の歴史である。移民としての入国という意味でも、大学教育を通じての合衆国社会への参入という意味でも、「黄金の扉」は半開きであった。

「同化」と「白人化」

さて、本書で触れえなかった論点は多岐にわたるはずであるが、ここではユダヤ人にとどまらない合衆国全体の問題、あるいはアメリカ史研究の問題として考えられるものとして、さしあたり、以下に二つほどの論点をあげておきたい。

本書の議論の他方面への展開として考えられるひとつめの問題は、ユダヤ人の〈アメリカ〉人意識と「同化」、「白人化」の関係についてである。チャールズ・シルバーマンは、合衆国ユダヤ人の名家に育ったヘンリー・モーゲンソーの少年時代のエピソードをつぎのように紹介する。

彼が五歳のとき、友だちから宗教は何だときかれたと母親に言った。母の答えは、苦しげな沈黙だった。

「ぼくの宗教って何よ、お母さん?」困惑した子どもが聞くと、「もし誰かにまたそんなことを聞かれたら、おまえはアメリカ人だといいなさい」。母親はきっぱりと答えた。会話には終止符が打たれ、二度と開かれることはなかった。(2)

図版20　アメリカ建国100周年記念博覧会の際にユダヤ人団体ブネイ・ブリスにより建立された「宗教の自由の女神」（フィラデルフィア）

右の会話には、たとえば返事をしないであるとか、プロテスタントと答えるのではなく、「アメリカ人」という返答をするところに、アメリカ的価値観や「基本的な市民道徳」に従うことによって信仰する宗教に関わりなく社会に受け入れられたいという、ユダヤ人の典型的な願いが凝縮されているように思われる。大学で学びたいと思ったユダヤ人たちも、自分たちは〈アメリカ〉人なのだから「ユダヤ人」志願者として扱わないように、願書では「人種・宗教を尋ねないように」と訴えたのである。その意味で、ユダヤ人が〈アメリカ〉化を目指し、〈アメリカ〉人になることを希望していたことは間違いないであろう。

一方、近年、移民史・人種関係史に登場してきた「白人性《ホワイトネス》」研究によると、一九世紀に入国したアイルランド移民や「新移民」といったいわゆるホワイト・エスニックは、黒人やアジア人を差別・排斥することで彼らとの差異を強調し、彼らと人種の境界線の対極にいることを誇示することによってホスト社会の仲間入りを果たした、と指摘されている(3)。彼らが取った行動は、「黒人公民権への否定的態度や、徹底した職場からの黒人排除と居住区での隔離(4)」であった。というのも、アイルランド移民は白人と黒人の中間人種のように扱われたし、二〇世紀に入ってからは、シチリア人やシリア人が裁判によって「白人かどうか」が争われ、「白人ではない」と裁定されたケースが相次いだ(5)。すなわち、白人／黒人という人種分類ははじめから存在したものではなく、移民たちは黒人とのあいだにカラー・ラインを引くことによって、ようやく「白人」になったのである。「彼らの成功や同化や愛国心」は、「黒人や東洋人を犠牲にしたうえでの『白人性』の獲得によって達成された(6)」（傍点引用者）のだった。

「白人性」は、労働や居住区など日常生活に関して論じられることが多いものであるゆえ、高等教育の場、ことに入試選抜のあり方を対象とした本書での議論に当てはめるのは難しいかもしれない。しかし、同じく〈アメリカ〉人になろうとしていながら、ユダヤ人は、公正教育実施法によって黒人も含めたすべての人に対する大学入学の際の差別を取り除こうとし、ブラウン判決やそれに先立つ訴訟を支援し、「徹底した排除や隔離」どころか人種隔離制度撤廃のために奔走した。他方、ホワイト・エスニックは、ときに暴力を用いて黒人を排除・差別することで「同化」を果たしたのである。このような相違はどこから生じるのだろうか。ここでは、両者の「白人化」の受け止め方の違いからみてみたい。

異教徒であり同化不能とされた点では、ユダヤ人は他の「新移民」と同じであった。アイルランド人がケルト人という人種とみなされたように、彼らも一九世紀末から二〇世紀初めには、「ユダヤ人種」あるいは「ヘブライ人種」として扱われた。そして、第二次世界大戦が終わるころに、ユダヤ人も他のホワイト・エスニックも、「白人」の仲間入りを果たしたとされる。(7) しかし、エリック・ゴールドスタインによると、ユダヤ人は、白人に「なった」というよりもむしろ、人を白人種／黒人種に二分する人種観が広まるなかで、白人として自らの居場所に「折り合いをつけた」のだった。というのも、ユダヤ人には自分たちのグループとしての紐帯を「人種（race）」という言葉で表現する傾向があり、二〇世紀前半を通して、ユダヤ人のなかでは、合衆国社会への包摂（inclusion）とユダヤ人としての特殊性（distinctiveness）の維持の両方に対する衝動がせめぎあっていた。(8) それゆえ、ユダヤ人にとって白人化はユダヤ「人種」の放棄という「対価を払って」のことであり、「高くついた（came at a heavy price）」のだった。(9)

一方、一九世紀に移民してきたアイルランド人を考察したデイヴィッド・ローディガーは、白人としての地位を得ることを「報酬」と表現した。アイルランド人労働者は、南北戦争前の東部で頻発した対黒人暴動の主要な担い手となり、一九世紀末から二〇世紀初頭にかけては、西海岸で生じた中国人や日系人に対する暴力的な排斥運動にも積極的に関与した。彼らは、伝染病の蔓延するスラム街で黒人たちと隣り合って暮らし、労働市場では建設業や運輸業など、同じ低賃金の肉体労働者だった。しかし彼らは、黒人やアジア人を差別・排斥する「白人」であることで、「たとえ低賃金であったとしても、その一部を……社会全体から受け取る精神的な賃金によって埋め合わせることができた」[10]。同じ白人化に対して、アイルランド人は「報酬(wage)」を得たと受け止め、ユダヤ人は「対価(price)」を支払ったと受け止める。これは、ユダヤ人とアイルランド人が異なる点である。

たとえば、本書で考察したユダヤ人大学をめぐる議論にも、「ユダヤ人は目立たぬように」、「アカデミック・ゲットーをつくってしまう」、『るつぼ』が望ましい」と設立に否定的な意見が多かった一方で、積極的にユダヤ・アイデンティティを主張し、大学の設立によって〈アメリカ〉に貢献しようという意見もみられた。このユダヤ人のあいだでの「揺れ」が、白人になってしまうことに対する精神的な留保——あるいは「高くついた」という感覚——であり、ホレス・カレンという「ユダヤ人による」文化多元主義の提唱とも重なるのである[11]。あるいは、もはやロアー・イーストサイドのユダヤ人街を抜け出しイディッシュ語訛りも抜けた一九四〇年代、ユダヤ人たちは、ユダヤ的な名前でさえなければ、「プロテスタント・オンリー」の求人広告はくぐり抜けることができるし、大学にも行けるようになった。良い意味でも悪い意味でも「白人化」が完了したと感じたユダヤ人たちが、この時期に早々とエスニック・グループとしての「ユダヤ人系アメリカ人の」活動を本格化させたといえるかもしれない。

「多様性」をめぐって

そして、二つめの問題は、ユダヤ人学生に対する差別としての「割当制」と今日のアファーマティヴ・アクションの双方において登場した、「多様性」概念についてである。この「多様性」について、アラン・シンドラーはつぎのように述べた。

一九二〇年代から一九四〇年代、多くの大学が多様性の必要性を引き合いに出して嫌いな白人グループの入学許可者の数を低く抑えていたことは、記憶しておく価値のあることである。当時、「地理的多様性」は、ある意味で特定のグループに対する隠された割当のコード・ワード（暗示語句）だったのだ。もし多様性がグループの均衡《パリティ》の点で定義されるようになれば、それはふたたび特定のグループ、とくに不釣合いに高い学問的資格を持っているために「過剰に代表している（over-represented）」グループの人びとの受け入れ数を制限する論拠として使用されるであろう。この展開は、一周してもとに戻ってくる歴史の問題ではない。すなわち、さらに悪いものになるだろうということである。「以前の多様性」のグループを制限する効果は機会の平等を否定していたと広く理解されている一方で、「新しい多様性」の効果は機会の平等を促進するものとして正当化されるであろう。(12)

すなわち、学生集団の「多様性」を保持し尊重するという論拠が、急速に高等教育界に進出した「多すぎる」ユダヤ人学生の数の制限を——彼らは、当時は社会的にも経済的にもマイノリティであったにもかかわらず――正当化したという事実は、今日のマイノリティ政策に関しても示唆するところが大きい。アファーマティヴ・アクションを実施する際にも、その成功の度合いは、企業や大学におけるエスニシティあるいは性別の構成比率をいかに地域や連邦の労働力・就学者人口比率に近づけるかで測られ、それは往々にして「多様性」や「均衡《パリティ》」の達成という言葉で語られるのである。こういった「数字・統計重視」のアファーマティヴ・アクションは、特定のグループに不利に働くことがありうる。その顕著な例が大学入試におけるアジア系のケースであった。

アジア系を優秀な「成功者」とするメディアが増えていた一九八〇年代後半、ハーヴァード大学やカリフォルニア大学バークレー校およびロサンジェルス校などの一流大学で、アジア系の学生を制限する目的で割当制度がとられているとの報道に論議が沸騰した。入学する学生のなかにアジア系の占める割合が高かった大学で、その割合が減ってきていたことの報道が発端であり、そのような制限政策はとっていないと主張する大学もあり、「学術上およびエスニック上の多様性を促進するための政策であった」との説明つきで、制限政策をとったことを認める当局もあった。その他、卒業生子弟の優先入学の対象者がアジア系に少ないことや、スポーツやボランティアなどの課外活動に積極的でないものが多いことなどをあげた当局もあった。この問題に対し、差別であるとしてアジア系学生やその親、アジア系マスメディアや市民グループから激しい抗議がおこなわれ、カリフォルニア大学バークレー校などは校長がアジア系コミュニティへの謝罪をおこなったほか、入試方法の訂正をおこなった大学もあった(13)。

この状況に関して、「新しいユダヤ人」などの表現で一九一〇年代末からおこなわれた過去のユダヤ人学生「割当制」と比較しての議論がおこなわれ、アジア系学生の大学入試選抜の問題は全国的なメディアで注目されることになった。[14] 一九六〇年代後半以来、各高等教育機関はアファーマティヴ・アクションにもとづいて、学生集団の構成にも「人種や性別の多様性・バランス」の促進と維持を図り、あらためてカラー・コンシャスな入学制度を工夫するようになっていたが、このことが、ユダヤ人と同じく大学進学意欲の高い「多すぎる」アジア系学生の制限を正当化する場合がある、という問題点を浮き彫りにしたからであった。

たしかに近年、アファーマティヴ・アクションを廃止する州が相次いで出てきている。しかし、教育の分野に限らず、公共機関や企業がその人的構成において連邦全体あるいは地域の多様性を反映すべきだという考え方は、能力主義が基本であるとはいっても、多人種・多民族社会である合衆国で廃れることはない。事実、今日では、過去の差別の精算や補償ではなく、そしてもはやアファーマティヴ・アクションという言葉も使わず、ディヴァーシティ・マネジメントとして「多様性」を根拠にマイノリティの雇用や入学の促進策がおこなわれるようになっている。また、ヒスパニック人口が黒人人口を凌いで最大のマイノリティ集団となり、地方レベルで同性結婚を認める動きも出てきている昨今の合衆国の「多様さ」に鑑みても、エスニックなものに限らない社会のあらゆる面における「多様性」や文化多元主義的思考は、今後、最大限に尊重されるべきものになるだろう。

また、現在のアメリカ歴史学界の動向、さらにはその影響を受けたわが国のアメリカ地域研究学界の動向も、圧倒的にマルティカルチュラリズム（およびその世界観にねざすポリティカル・コレクトネス）によって支配されているのが実情である。そこでは、アメリカの国家統合を論じること自体がすでに現実の少数派集団の抑圧に荷担することであり、許しがたく「反動的な」問題提起であると断ずる雰囲気すらうかがえる。[15] その意味では、自由や平等と並んで、「多様性」もいまや〈アメリカ〉の理念のひとつであるといえるかもしれない。

たとえば、学生集団内の「多様性」確保を根拠に入学者の数を制限されたアジア系は、同じ経験をしたユダヤ人たちが一九四〇年代後半にそうしたように、必ずしもカラー・ブラインドな入学選抜を要求する動きを見せなかった。[16] このことは、彼ら自身がアジア地域内での出身国や移民の時期、言語や生活習慣など内部に多様性を抱えているように、新たな大量移民を迎えている現代において、「多様性」が合衆国社会の現実となりつつある状況を反映したものともいえるだろう。

しかしながら、本書での議論でみてきたように、「多様性」は原則的には妥当なものであるにせよ、運用しだいでは差別的なものとして作用する、たとえば特定の分野において人口比以上の代表（representation）があるマイノリティの割合を低く抑える根拠として使用される可能性をはらんでいる。したがって、多人種・多民族社会である合衆国において「多様性」を追求する思想自体を否定することはできないにせよ、ユダヤ人が以前に高等教育機関で受けた経験から、今日、そして将来の合衆国のマイノリティ政策への提言として、「多様性」という言葉をより慎重に取り扱う必要性を指摘して、筆を置くことにしたい。

註記

プロローグ

（1） Program Aids for Group Discussion on Barriers to Higher Education, Prepared by Anti-Defamation League of B'nai B'rith, n.d., p. 18, Discrimination-Education/ADL file, American Jewish Committee Blaustein Library（発行年月が記載されていないが、所蔵のアメリカ・ユダヤ人委員会図書室での受け入れは一九五五年四月一四日となっている。なお本書では、以下、図書室名をBLと略記する）.

（2） アメリカ合衆国に居住するユダヤ人の呼び方については、本来、ユダヤ人（系）移民、アメリカ・ユダヤ人、ユダヤ系アメリカ人など、時代や文脈に応じて使い分けるのが適当であると思われるが、本書では全体を通して「ユダヤ人」としている。

（3） 明石紀雄・飯野正子『エスニック・アメリカ――多民族国家における統合の現実（新版）』有斐閣、一九九七年、一八九頁。また実際は、年間移民割当数が一〇〇人未満になる場合には、同法第一一条により一〇〇人に切り上げられる。

（4） Gratz v. Bollinger, 539 U.S. 244（2003）; Grutter v. Bollinger, 539 U.S. 306（2003）; Parents involved in Community Schools v. Seattle School District no. 1 *et al.*, 2007.

（5） Thomas Sowell, *Ethnic America: A History,* New York: Basic Books, 1981, pp. 5, 98; Arthur A. Goren, "Jews," in Stephan Thernstrom, ed., *Harvard Encyclopedia of American Ethnic Groups,* Cambridge, MA: Harvard University Press, 1980, p. 592.

（6） "Text of President John F. Kennedy's Proposals to Liberalize Immigration Statutes," July 23, 1963, in John F. Kennedy, *A Nation of Immigrants,* Revised and Enlarged Edition, New York: Harper and Row, 2008［1964］, p. 77.

（7） 明石・飯野『エスニック・アメリカ』、二〇四〜二〇七頁。

（8） 「自由の女神」像の台座に刻まれたエマ・ラザルスによる詩「新たなる巨像（The New Colossus）」の最終行に、「私は黄金の扉のところで灯を掲げています（I lift my lamp beside the golden door.）」とある。

（9） 「ハイフン付きアメリカ人（hyphenated Americans）」として外国系および移民のアメリカ人のことを表現することがある。John Higham, *Strangers in the Land: Patterns of American Nativism, 1860–1925,* With a New Epilogue, New Brunswick, NJ: Rutgers University Press, 2002［1955］, pp. 195–204; 鈴木重吉・小川晃一編『ハイフン付きアメリカニズム』木鐸社、一九八一年。

第1章　高等教育をめぐるユダヤ人の社会史

（1） Howard M. Sachar, *A History of the Jews in America,* New York: Alfred A. Knopf, 1992; Arthur A. Goren, "Jews," in Stephan Thernstrom, ed., *Harvard Encyclopedia of American Ethnic Groups,* Cambridge, MA: Harvard University Press, 1980. 一九世紀末までの合衆国へのユダヤ人移民の歴史に関しては、邦語文献では以下のものを参照した。ラビ・リー・J・レヴィンジャー（邦高忠二・稲田武彦訳）『アメリカ合衆国とユダヤ人の出会い』創樹社、一九九七年、丸山直起『アメリカのユダヤ人社会――ユダヤ・パワーの実像と反ユダヤ主義』ジャパン・タイムズ、一九九〇年、野村達朗『ユダヤ移民のニューヨーク――移民の生活と労働の世界』山川出版社、一九九五年。

（2） 丸山『アメリカのユダヤ人社会』、一九〜二〇頁。

（3） 上田和夫『ユダヤ人』講談社、一九八六年、一一四〜一一五頁、野村『ユダヤ移民のニューヨーク』、三二〜三七頁。

（4）野村達朗「ロシア・ユダヤ人のアメリカ移住の社会経済的背景——アメリカ労働者階級形成の一側面」『愛知県立大学外国語学部紀要』第一九号、一九八七年、一四〇～一七四頁。
（5）野村『ユダヤ移民のニューヨーク』、六八～七二、一〇〇頁。
（6）明石紀雄・飯野正子『エスニック・アメリカ——多民族国家における統合の現実（新版）』有斐閣、一九九七年、九九頁。
（7）John Higham, *Send These to Me: Jews and Other Immigrants in Urban America,* New York: Atheneum, 1975, p. 146（斎藤眞・阿部齊・古矢旬訳『自由の女神のもとへ——移民とエスニシティ』平凡社、一九九四年、一四一頁）. ただし日本語訳は改訂版の訳であり、サブタイトルも異なる。改訂版の書誌情報は以下のとおり。John Higham, *Send These to Me: Immigrants in Urban America*, Revised ed., Baltimore: Johns Hopkins University Press, 1984.
（8）Higham, *Send These to Me,* p. 152（邦訳、一四六～一四七頁）.
（9）Oscar Handlin and Mary F. Handlin, "The Acquisition of Political and Social Rights by the Jews in the United States," *American Jewish Year Book,* vol. 56, 1955, pp. 74–75.
（10）Leonard Dinnerstein, *Anti-Semitism in America,* New York: Oxford University Press, 1994; 佐藤唯行「合衆国の高等教育機関におけるユダヤ人排斥——クォータ・システムの展開」『西洋史学』第一七二号、一九九三年。
（11）Higham, *Send These to Me,* p. 159（邦訳、一五三頁）.
（12）Carey McWilliams, *A Mask for Privilege: Anti-Semitism in America,* Boston: Little, Brown and Company, 1948, pp. 38–40, 132–141, 238–241; Higham, *Send These to Me,* p. 116–118（邦訳、一一〇～一一二頁）.
（13）佐藤唯行『アメリカのユダヤ人迫害史』集英社、二〇〇〇年、二二一～二二三頁。
（14）同右、一六頁。
（15）早川操「アメリカ人の教育観」喜多村和之編『アメリカの教育——「万人のための教育」の夢』弘文堂、一九九二年、四二～四三頁。
（16）稲継尚「プロフェッションの形成と学歴主義——アメリカにおける学歴主義」『芦屋大学論叢』第一〇号、一九八二年八月、二〇頁。

(17) Jerome Karabel, *The Chosen: The Hidden History of Admission and Exclusion at Harvard, Yale, and Princeton,* New York: Mariner Books, 2005.

(18) *Ibid.,* p. 5. なお、カラベルは、合衆国の大学と異なり学力試験の成績だけで合格者を決定する大学として、フランスのエコール・ノルマル・シュペリウール（高等師範学校）とならんで東京大学をあげている。

(19) Stephen Steinberg, *The Ethnic Myth: Race, Ethnicity, and Class in America,* 3rd ed., Boston: Beacon Press, 2001 [1981].

(20) Stephen Steinberg, *The Academic Melting Pot: Catholics and Jews in American Higher Education,* New York: McGraw-Hill, 1974, pp. 167–170.

(21) Marcia Graham Synnott, *The Half-Opened Door: Discrimination and Admissions at Harvard, Yale, and Princeton, 1900–1970,* Westport, CT: Greenwood Press, 1979.

(22) Marcia Graham Synnott, "Anti-Semitism and American Universities: Did Quotas Follow the Jews?" in David A. Gerber, ed., *Anti-Semitism in American History,* Chicago: University of Illinois Press, 1986.

(23) Harold S. Wechsler, *The Qualified Student: A History of Selective College Admission in America,* New York: John Wiley & Sons, 1977.

(24) Dan A. Oren, *Joining the Club: A History of Jews and Yale,* New Haven, CT: Yale University Press, 1985.

(25) その他の個別事例研究としては、以下のようなものがある。Oliver B. Pollak, "Anti-Semitism, the Harvard Plan, and the Roots of Reverse Discrimination," *Jewish Social Studies,* vol. 45, no. 2, Spring 1983; Tamar Buchsbaum, "A Note on Antisemitism in Admissions at Dartmouth," *Jewish Social Studies,* vol. 49, no. 1, Winter 1987.

(26) Steinberg, *The Ethnic Myth,* p. 238.

(27) Deborah Dash Moore, *B'nai B'rith and the Challenge of Ethnic Leadership,* Albany: State University of New York Press, 1981.

(28) Stuart Svonkin, *Jews Against Prejudice: American Jews and the Fight for Civil Liberties,* New York: Columbia University

Press, 1997, pp. 90–91.

(29) Marianne R. Sanua, *Let Us Prove Strong: The American Jewish Committee, 1945–2006,* Waltham, MA: Brandeis University Press, 2007.

(30) James Baldwin, "The Harlem Ghetto," *Commentary,* vol. 5, no. 2, February 1948, p. 7.

(31) Ibid., p. 9.

(32) 『ジューイッシュ・ソーシャル・スタディーズ』一九六五年一月号や『ミッドストリーム』一九六六年一二月号など。後者は以下の文献にまとめられている。Shlomo Katz, ed., *Negro and Jew: An Encounter in America,* New York: Macmillan, 1967. そのほか、この時期に出版されたものとしては以下の文献などを参照。Robert G. Weisboad and Arthur Stein, *Bitter Sweet Encounter: The Afro-American and the American Jew,* New York: Schocken, 1972［1970］.

(33) Maurianne Adams and John Bracey, eds., *Strangers & Neighbors: Relations between Blacks & Jews in the United States,* Amherst: University of Massachusetts Press, 1999; V. P. Franklin, Nancy L. Grant, Harold M. Kletnick, and Genna Rae McNeil, eds., *African American and Jews in the Twentieth Century,* Columbia, MO: University of Missouri Press, 1998.

(34) *Common Quest: The Magazine of Black Jewish Relations,* Washington DC: American Jewish Committee and Howard University, vol. 1, no. 1, Spring 1996–.

(35) Michael Lerner and Cornel West, *Jews & Blacks: A Dialogue on Race, Religion, and Culture in America, with a Post-O.J., Post Million Man March Epilogue,* New York: Plume Book, 1996.

(36) Historical Research Department, the Nation of Islam, *The Secret Relationship Between Blacks and Jews,* Chicago: Latimer Associations, 1991.

(37) David Brion Davis, "The Slave Trade and the Jews," *New York Review of Books,* December 22, 1994; Do., "Jews in the Slave Trade," in Jack Salzman and Cornel West, eds., *Struggles in the Promised Land: Toward a History of Black-Jewish* Relations *in the United States,* New York: Oxford University Press, 1997; Jason H. Silverman, "'The Law of the Land is the Law': Antebellum Jews, Slavery, and the Old South," in Salzman and West, eds., *Struggles in the Promised Land.*

(38) James Baldwin, "Negroes are Anti-Semitic Because They're Anti-White," *The New York Times Magazine,* April 9, 1967.

(39) Michael Lerner, "Jews Are Not White," *Village Voice,* May 18, 1993, pp. 33–34; Leonard J. Fein, "Negro and Jew: A 'Special Relationship'," *Israel Horizons,* November 1968, p. 9.

(40) Peter I. Rose, *Mainstream & Margins: Jews, Blacks, and Other Americans,* New Brunswick, NJ: Transaction, Inc., 1983, p. 155; Karen Brodkin Sacks, "How Did Jews Become White Folks?" in Steven Gregory and Roger Sanjeck, eds., *Race,* New Brunswick, NJ: Rutgers University Press, 1994, p. 84; Eric L. Goldstein, *The Price of Whiteness: Jews, Race, and American Identity,* Princeton, NJ: Princeton University Press, 2006. そのほか、北美幸「『白人性《ホワイトネス》』議論のユダヤ系アメリカ人への適用の可能性」『法政研究』（九州大学法政学会）第七〇巻第四号、二〇〇四年三月。

(41) Murray Friedman, *What Went Wrong?: The Creation & Collapse of the Black-Jewish Alliance,* New York: The Free Press, 1995; Jonathan Kaufman, *Broken Alliance: The Turbulent Times Between Blacks and Jews in America,* New York: Touchstone Books, 1995［1988］.

(42) Louis R. Harlan, "Booker T. Washington's Discovery of Jews," in J. Morgan Kousser and James M. McPherson, eds., *Region, Race, and Reconstruction: Essays in Honor of C. Vann Woodward,* New York: Oxford University Press, 1982, pp. 271–273; Jeffrey Melnick, *Black-Jewish Relations on Trial: Leo Frank and Jim Conley in the New South,* Jackson, MI: University Press of Mississippi, 2000; Rabbi Marc Schneier, *Shared Dreams: Martin Luther King, Jr. and the Jewish Community,* Woodstock, VT: Jewish Lights Publishing, 1999; Jane Anna Gordon, *Why They Couldn't Wait: A Critique of the Black-Jewish Conflict over Community Control in Ocean Hill-Brownsville, 1967–1971,* New York: Routledge Falmer, 2001.

(43) Norman H. Finkelstein, *Heeding the Call: Jewish Voices in America's Civil Rights Struggle,* Philadelphia: The Jewish Publication Society, 1997; Clive Webb, *Fight Against Fear: Southern Jews and Black Civil Rights,* Athens, GA: University of Georgia Press, 2001; Mark K. Bauman and Berkley Kalin, *The Quiet Voices: Southern Rabbis and Black Civil Rights, 1880s to 1990s,* Tuscaloosa, AL: University of Alabama Press, 1997.

(44) Cheryl Lynn Greenberg, *Troubling the Waters: Black-Jewish Relations in the American Century,* Princeton, NJ: Princeton

University Press, 2006.

(45) Saul Viener Book Prize, 2005–2006.

(46) Seth Forman, "The End of 'Blacks and Jews'," *American Jewish History*, vol. 93, no. 3, September 2007, p. 349.

(47) このような差別の性格に留意し、本書では括弧つきで「割当制」と表記する。

(48) 佐藤「合衆国の高等教育機関におけるユダヤ人排斥」、三八頁。

(49) Steinberg, *The Ethnic Myth*, pp. 249–252; Synnott, *The Half-Opened Door*, pp. 199–202, 225–231.

(50) 馬場美奈子「ユダヤ系アメリカ人のアイデンティティ——文学批評家の意識を中心に」五十嵐武士編『アメリカの多民族体制——「民族」の創出』東京大学出版会、二〇〇〇年、一一五～一一六頁; Nathan Glazer, "The Anomalous Liberalism of American Jews," in Robert M. Seltzer and Norman J. Cohen, eds., *The Americanization of the Jews*, New York: New York University Press, 1995, pp. 133–143; Charles S. Liebman and Steven M. Cohen, "Jewish Liberalism Revisited," *Commentary*, vol. 102, no. 5, November 1996, pp. 51–53; Kaufman, *Broken Alliance*, 1995, pp. 15–48.

(51) Andrew Kull, *The Color-Blind Constitution*, Cambridge, MA: Harvard University Press, 1992, p. 1.

(52) グリーンバーグは、ユダヤ人の政治的傾向を「レイス・ブラインド・リベラリズム（race-blind liberalism）」と表現している。Cheryl Greenberg, *Troubling the Waters*, pp. 237–239.

(53) ユダヤ人自身がカラー・ブラインドという語を使用している最初の例は、筆者の管見の限り、一九五九年のアメリカ・ユダヤ人会議発行のパンフレットである。ブラウン判決後五年を経て、こんどは、人種ごとの居住地域の偏りと学校区割によって生じている北部での「事実上の人種隔離教育制度」の撤廃に向け、生徒数やエスニシティなどの実態調査をおこなったものであった。そのなかでは、黒人だけでなくプエルトリコ系の子どもたちも隔離状態を解消されるべき対象として扱われている。*From Color Blind to Color Conscious: A Study of Public School Integration in New York City*, New York: American Jewish Congress, September 1959.

(54) Milton M. Gordon, *Assimilation in American Life: The Role of Race, Religion, and National Origins*, New York: Oxford University Press, 1964（倉田和四生・山本剛郎訳編『アメリカンライフにおける同化理論の諸相——人種・宗教およ

び出身国の役割』晃洋書房、二〇〇〇年）.

（55） ゴードン『アメリカンライフにおける同化理論の諸相』、八二頁。なお、本書では、「るつぼ」と「メルティング・ポット」は互換的に用いている。

（56） 辻内鏡人『現代アメリカの政治文化――多文化主義とポストコロニアリズムの交錯』ミネルヴァ書房、二〇〇一年、二五頁、古矢旬「アメリカニズムと『人種』――その原点と現在」川島正樹編『アメリカニズムと「人種」』名古屋大学出版会、二〇〇五年、二一、二八～二九頁、アーサー・シュレージンガー・ジュニア（都留重人監訳）『アメリカの分裂――多元文化社会についての所見』岩波書店、一九九二年。

（57） ロナルド・タカキ（富田虎男監訳）『多文化社会アメリカの歴史――別の鏡に映して』明石書店、一九九五年、四三頁、遠藤泰生「多文化主義とアメリカの過去――歴史の破壊と創造」油井大三郎・遠藤泰生編『多文化主義のアメリカ――揺らぐナショナル・アイデンティティ』東京大学出版会、一九九九年、三九～四〇頁。

（58） それぞれ文化多元主義、多文化主義の概念に近いものを、たとえばゴードンは『アメリカンライフにおける同化理論の諸相』後の別の著作において「リベラルな多元主義」、「コーポレイトな多元主義」と呼んでいるし、多文化主義を超えた「ポストエスニシティ」を提起するデイヴィッド・ホリンガーは「コスモポリタニズム」、「多元主義《プルラリズム》」と呼んでいる。ミルトン・M・ゴードン「人種・種族集団関係の一般理論を求めて」N・グレーザー、D・P・モイニハン編（内山秀夫訳）『民族とアイデンティティ』三嶺書房、一九八四年、一三八～一四四頁、デイヴィッド・A・ホリンガー（藤田文子訳）『ポストエスニック・アメリカ――多文化主義を超えて』明石書店、二〇〇二年を参照。

（59） ゴードン『アメリカンライフにおける同化理論の諸相』、一二八頁。

（60） Nathan Glazer and Daniel Patrick Moynihan, *Beyond the Melting Pot: The Negroes, Puerto Ricans, Jews, Italians, and Irish of New York City*, 2nd ed., Cambridge, MA: The MIT Press, 1970［1963］（阿部齊・飯野正子訳『人種のるつぼを越えて――多民族社会アメリカ』南雲堂、一九八六年）.

（61） Horace M. Kallen, "Democracy versus the Melting Pot: A Study of American Nationality," *The Nation*, vol. 100, no. 2590, February 18, 1915（Part 1), vol. 100, no. 2591, February 25, 1915（Part 2）; Randolph Bourne, "Trans-national America,"

The Atlantic Monthly, vol. 118, no. 1, July 1916, pp. 86–97.

(62) Will Herberg, *Protestant, Catholic, Jew: An Essay in American Religious Sociology*, With a New Introduction by Martin E. Marty, Chicago: The University of Chicago Press, 1983［1960］.

第2章　ユダヤ人学生「割当制」とその展開

(1) ジョン・ハイアム（斉藤眞・阿部齋・古矢旬訳）『自由の女神のもとへ——移民とエスニシティ』平凡社、一九九四年、一五三〜一五五頁。

(2) これまでハーヴァード・カレッジのケースについては、シノットが微に入り細をうがつ研究をおこなっている。彼女は、高等教育史の立場から、大学内部での委員会や教授会の動きなどを詳細に述べているが、ハーヴァード・カレッジがユダヤ人学生制限を公言した理由として学長ローウェルの個人的性格を強調するなど、ワスプ対非ワスプの図式のなかで当時の大学当局がいかに反ユダヤ的であったかを描写するにとどまっている観がある。またスタインバーグも、学内での入学制度変更の過程ではなく、このケースに対する当時の世論がいかなるものであったという点からこの問題を考察しているが、シノットと同じく、当時ユダヤ人への偏見がいかに強かったかを強調するものになっている。そのほか、同大学だけに限った入学制度の変化をポラックも記述しているが、この論考は入学制度変更についての説明が一九二三年段階で終わっているなど考察が不十分な部分がある。Marcia Graham Synnott, *The Half-Opened Door: Discrimination and Admissions at Harvard, Yale, and Princeton, 1900–1970*, Westport, CT: Greenwood Press, 1979; Do., "Anti-Semitism and American Universities: Did Quotas Follow the Jews?" in David A. Gerber, ed., *Anti-Semitism in American History*, Chicago: University of Illinois Press, 1986; Stephen Steinberg, *The Academic Melting Pot: Catholics and Jews in American Higher Education*, New York: McGraw-Hill, 1974; Do., *The Ethnic Myth: Race, Ethnicity, and Class in America*, 3rd ed., Boston: Beacon Press, 2001［1981］; Oliver B. Pollak, "Antisemitism, the Harvard Plan, and the Roots of Reverse Discrimination," *Jewish Social Studies*, vol. 45, no. 2, Spring 1983.

(3) 野村達朗『ユダヤ移民のニューヨーク——移民の生活と労働の世界』山川出版社、一九九五年、第三章。

（4） Steinberg, *The Ethnic Myth,* p. 227.

（5） "Professional Tendencies Among Jewish Students in Colleges, Universities, and Professional Schools (Memoir of the Bureau of Jewish Social Research)," *American Jewish Year Book* 5681, vol. 22, September 13, 1920 to October 2, 1921, pp. 387–389.

（6） Ibid., pp. 391, 393. 当資料より筆者（北）が「ある学問領域を非ユダヤ人学生が専攻するのを一〇〇とした場合のユダヤ人学生がそれを専攻する度合い」を算出したところ、薬学三〇五、歯学二五五、法律学二二九に対し農学・林学二〇、教育学三七という、自営的専門職業につながる専攻を好むユダヤ人学生の志向が明らかになった。

（7） Frederick Rudolph, *The American College and University: A History,* New York: Vintage Books, 1962, p. 289.

（8） 稲継尚「プロフェッションの形成と学歴主義——アメリカにおける学歴主義」『芦屋大学論叢』第一〇号、一九八二年八月、三九頁。

（9） Heywood Broun and George Britt, *Christians Only: A Study in Prejudice,* Reprint ed., New York: Da Capo Press, 1974 [1931], pp. 53–54.

（10） ハイアム『自由の女神のもとへ』、一四九頁。

（11） 同右、七六頁。

（12） 野村『ユダヤ移民のニューヨーク』、第五章。

（13） Steinberg, *The Academic Melting Pot,* pp. 53–54; Ralph Philip Boas, "Who Shall Go to College?" *The Atlantic Monthly,* vol. 130, no. 4, October 1922, p. 444.

（14） Norman Hapgood, "Jews and College Life," *Harper's Weekly,* vol. 62, January 15, 1916, pp. 53–54; Do., "Schools, Colleges and Jews," *Harper's Weekly,* vol. 62, January 22, 1916, p. 78.

（15） 佐藤唯行「合衆国の大学教員職の任用・昇任時におけるユダヤ人排斥——一九三〇年代から六〇年代」『青山史学』第一三号、一九九二年一〇月。

（16） Harold S. Wechsler, *The Qualified Student: A History of Selective College Admission in America,* New York: John Wiley &

Sons, 1977, pp. 158–159.

（17） "May Jews Go to College?" *The Nation,* vol. 114, no. 2971, June 14, 1922, p. 708; Broun and Britt, *Christians Only,* p. 74.

（18） 新移民の一部として新しく合衆国に移民したユダヤ人の多くはロシアや東欧からであり、苗字から彼らがユダヤ人であることを判定できると考えられていた。

（19） ジェイムズ・ヤフェ（西尾忠久訳）『アメリカのユダヤ人――二重人格者の集団』日本経済新聞社、一九七二年、四五頁。

（20） Alan M. Dershowitz, *Chutzpah*, New York: Touchstone, 1991, p. 4（山下希世志訳『ユダヤ人の世紀――フッパ・成功に隠された屈辱の歴史』ダイヤモンド社、一九九三年、四頁）.

（21） C・E・シルバーマン（武田尚子訳）『アメリカのユダヤ人――ある民族の象徴』サイマル出版会、一九八八年、五八頁。

（22） Synnott, *The Half-Opened Door,* p. 30.

（23） E・J・カーン（渡辺通弘訳）『ハーバード――生き残る大学』日本YMCA同盟出版部、一九八四年、二四頁。

（24） 同右。

（25） Samuel Eliot Morison, *Three Centuries of Harvard, 1636–1936,* Cambridge, MA: Harvard University Press, 1936, p. 417. メノラーとはユダヤ教の宗教儀式の際に使用する燭台のことで、メノラー・ソサイエティとはユダヤ人学生のクラブを指す。

（26） Pollak, "Anti-Semitism, the Harvard Plan," p. 114.

（27） 一八九四年、三人のハーヴァード大学卒業生によって結成された民間の団体。一九一七年移民法における識字テスト導入に賛成したほか、一九二一年の緊急割当移民法および一九二四年法において、各国からの年間移民の許可数の基数を一八九〇年の国勢調査にすることを提案した。John Higham, *Strangers in the Land: Patterns of American Nativism, 1860–1925,* With a New Epilogue, New Brunswick, NJ: Rutgers University Press, 2002［1955］, pp. 102–103; Jerome Karabel, *The Chosen: The Hidden History of Admission and Exclusion at Harvard, Yale, and Princeton,* New York: Mariner

Books, 2005, pp. 78, 104, 575, fn.10を参照。

（28）Seymour Martin Lipset and David Riesman, *Education and Politics at Harvard*, New York: McGraw-Hill, 1975, p. 146.

（29）Synnott, *The Half-Opened Door*, pp. 58–59.

（30）Nitza Rosovsky, *The Jewish Experience at Harvard and Radcliffe: An Introduction to an Exhibition Presented by the Harvard Semitic Museum on the Occasion of Harvard's 350th Anniversary*, Cambridge, MA: Harvard Semitic Museum, Harvard University Press, 1986, p. 15; Henry Aaron Yeomans, *Abbott Lawrence Lowell, 1856–1943*, Reprint ed., New York: Arno Press, 1977［1948］, p. 212.

（31）President A. Lawrence Lowell to Judge Julian Mack, March 29, 1922, quoted in Steinberg, *The Ethnic Myth*, p. 241.

（32）入学希望者は、「オールド・プラン」あるいは一九一一年より取り入れられた「ニュー・プラン」のいずれかの制度で大学が課す試験に合格することを求められていた。

オールド・プラン……（ギリシア語）、ラテン語、数学、英語
ニュー・プラン　……認可を受けた中等教育の修了証とつぎの四科目
英語
ラテン語（理学の希望者はフランス語かドイツ語も選択可能）
数学・物理学・化学のうち一科目
ギリシア語、フランス語、ドイツ語、歴史、数学、化学、物理学のうち上記の三科目と異なるもの一科目

（Yeomans, *Abbott Lawrence Lowell*, p. 206）

（33）Letter from A. L. Lowell to Committee on Admissions, April 1922, quoted in Synnott, *The Half-Opened Door*, p. 61.

（34）一九二二年には、ユダヤ人学生は条件付き新入生の一五パーセント、編入学生の二七パーセントを占めていた（Rosovsky, *The Jewish Experience at Harvard and Radcliffe*, p. 11）。

（35）Meeting of the Faculty of Arts and Sciences, May 23, 1922, quoted in Synnott, *The Half-Opened Door*, p. 65.

(36) Synnott, *The Half-Opened Door,* p. 60.

(37) *The New York Times,* June 2, 1922, p. 1.

(38) *The New York Times,* June 17, 1922, p. 3.

(39) *The New York Times,* June 24, 1922, p. 15.

(40) Report of the Committee Appointed "To Consider and Report to the Governing Boards Principles and Methods for More Effective Sifting of Candidates for Admission to the University," April 1923. 本書では、"Admission to Harvard University" として *School and Society,* vol. 17, no. 434（April 21, 1923, pp. 441–444）に全文が掲載されたものを参照した。

(41) Ibid.

(42) Ibid.

(43) Henry W. Holmes, "The University," *Harvard Graduates' Magazine*, 124, June 1923, p. 533.

(44) Steinberg, *The Ethnic Myth,* p. 248.

(45) Karabel, *The Chosen,* p. 581, fn.159.

(46) President A. Lawrence Lowell to Henry James, November 3, 1925, quoted in Steinberg, *The Ethnic Myth,* p. 248.

(47) Report of the Special Committee Appointed to Consider the Limitation of Numbers, December 1925, quoted in Synnott, *The Half-Opened Door,* p. 109.

(48) Ibid.

(49) *The New York Times,* September 20, 1922, p. 23. 当然ながら、この際にはユダヤ人学生や卒業生らが大学を強く非難している。

(50) Synnott, "Anti-Semitism and American Universities," p. 234.

(51) Clarence Mendell, "Harvard," 8 December 1926, Yale University Archives, quoted in Karabel, *The Chosen,* p. 109.

(52) Synnott, *The Half-Opened Door,* pp. 110, 112.

(53) Harry Starr, "The Affair at Harvard: What the Student Did," *The Menorah Journal,* vol. 8, no. 5, October 1922, p. 266.

（54） Ibid., p. 269.

（55） Ibid., p. 265.

（56） *The New York Times,* June 3, 1922, p. 1.

（57） *The New York Times,* June 7, p. 1.

（58） *The New York Times,* June 13, p. 22.

（59） William T. Ham, “Harvard Student Opinion on the Jewish Question,” *The Nation,* vol. 115, no. 1983, September 6, 1922, p. 226; “Exclusion from College,” *The Outlook,* vol. 131, no. 10, July 5, 1922, p. 406; “The Jews and the Colleges,” *The World’s Work*, 44, 1922, pp. 351–352.

（60） 明石紀雄・飯野正子『エスニック・アメリカ――多民族国家における統合の現実（新版）』有斐閣、一九九七年、一三七頁。

（61） Karabel, *The Chosen,* pp. 98–100.

（62） “The Flavor of Harvard,” *The New Republic*, 31, August 16, 1922, pp. 322–323; “What was Your Father’s Name?” *The Nation,* vol. 115, no. 2987, October 4, 1922, p. 322; Boas, “Who Shall Go to College?” pp. 446–448.

（63） David Philipson, “Is A Jewish University Desirable?” *American Hebrew,* vol. 112, no. 21, April 6, 1923, p. 697.

（64） “Harvard Saved for Democracy,” *School and Society,* vol. 17, no. 434, April 21, 1923, p. 440.

（65） *The New York Times,* April 16, 1923, p. 19.

（66） “Harvard Overseers Ban Discrimination in Race or Religion,” *The New York Times,* April 10, 1923, p. 1; “Harvard Vindicates the American Spirit,” *American Hebrew,* vol. 112, no. 22, April 13, 1923, p. 713.

（67） *The New York Times,* April 10, 1923, p. 1. もっとも、「誰であれ人種を理由に排除されない」としながら、一方では「この規則の適用の際には、白人と有色人は一緒に住み一緒に食事をすることを強いられない」として、黒人学生に限りルームメイトを自分で見つけることを強いるなど、実際には人種差別を強行するものであった。

（68） “Harvard and Its Students,” *The Nation,* vol. 122, no. 3176, May 19, 1926, p. 545.

(69) "The New Harvard Entrance Regulations," *American Hebrew*, vol. 118, no. 21, April 2, 1926, p. 697.
(70) シルバーマン『アメリカのユダヤ人』、五七頁。
(71) Steinberg, *The Ethnic Myth*, p. 238; Synnott, "Anti-Semitism and American Universities," p. 234.
(72) *The New York Times*, June 3, 1922, p. 1. 同趣旨の議論は以下の資料にも見られる。"Anti-Semitism at Dartmouth," *The New Republic*, 113, August 20, 1945, p. 207; Edward N. Saveth, "Discrimination in the Colleges Dies Hard," *Commentary*, vol. 9, no. 2, February 1950, p. 117.
(73) Seymour Martin Lipset and Everett Carll Ladd, "Jewish Academics in the United States: Their Achievements, Culture and Politics," *American Jewish Year Book*, vol. 72, 1971, p. 89, fn.1.
(74) Marvin Lowenthal, "Anti-Semitism in European Universities," *The Nation*, vol. 117, no. 3045, November 14, 1923, pp. 547–549.
(75) Ibid.
(76) *The New York Times*, April 14, 1923, p. 12.

第3章　「割当制」廃止運動とユダヤ人団体

(1) Frank Kingdon, "Discrimination in Medical Colleges," *American Mercury*, vol. 61, no. 262, October 1945, p. 395.
(2) 留学先としては、ベルリンが一〇名、ウィーンが七名などの順になっている。また、同大学は、ときには九〇パーセントを超えるほど全学生に占めるユダヤ人学生の割合が高く、一九三〇年の場合もメディカル・スクール進学希望者二九九名のうち二八〇名がユダヤ人であったから、この数字は留学に活路を求めたユダヤ人の割合とほぼ等しいと考えて差し支えないであろう。Heywood Broun and George Britt, *Christians Only: A Study in Prejudice*, New York: Da Capo Press, 1974［1931］, p. 147.
(3) 佐藤唯行「アメリカユダヤ人の世界――反ユダヤ主義の歴史的展開」『歴史学研究』第五八一号、一九八八年六月、四八頁に引用の "Admission Policies of Medical Schools," *Rights: ADL Reports*, January-February 1958, p. 25 による。

（4） Alan M. Dershowitz and Laura Hanft, "Affirmative Action and the Harvard College Diversity-Discretion Model: Paradigm or Pretext?" *Cardozo Law Review*, vol. 1, issue 1, 1979, pp. 383–385.

（5） C・V・ウッドワード（清水博・長田豊臣・有賀貞訳）『アメリカ人種差別の歴史（新装版）』福村出版、一九九八年、一三七～一四七頁。また、たとえばドゥジアックは、冷戦が人種隔離制度撤廃といった公民権に関する諸改革を促進したことを指摘している。Mary L. Dudziak, *Cold War Civil Rights: Race and the Image of American Democracy*, Princeton, NJ: Princeton University Press, 2000.

（6）「割当制」自体に関するより個別的な研究によると、スタインバーグは、「割当制」は高等教育機関からのユダヤ人の完全な排除ではなかったゆえ、残された少ない入学者の席をめぐってユダヤ人内部での競争が激化するだけであったとみており、ユダヤ人サイドからの差別への抗議の有無については触れていない。またシノットは、たとえばメディカル・スクールに関しては、第二次大戦末期には戦時の医者不足によって差別が解消しはじめていたと指摘しつつ、戦後に民主主義の問い直しがおこなわれたことを差別が減退した最大の要因ととらえている。これらの研究に対し、ディナースタインは在米ユダヤ人団体による活動やトルーマン大統領の功績を評価しているし、佐藤唯行も同じくユダヤ人団体のほか、業績主義を標榜する復員軍人学生らの活動など、より積極的な差別撲滅のための努力があったことを指摘している。ただし、これらはいずれも、合衆国の反ユダヤ主義研究の文脈から記述されているためさまざまな活動があった事実を紹介するにとどまり、活動自体の分析やそれらが差別後退に果たした役割の検証というには、いまだ考察の余地があると思われる。Stephen Steinberg, *The Ethnic Myth: Race, Ethnicity, and Class in American Higher Education*, 3rd ed., Boston: Beacon Press, 2001 [1981]; Marcia Graham Synnott, *The Half-Opened Door: Discrimination and Admissions at Harvard, Yale, and Princeton, 1900–1970*, Westport, CT: Greenwood Press, 1979; Leonard Dinnerstein, "Anti-Semitism Exposed and Attacked, 1945–1950," *American Jewish History*, vol. 71, no. 1, September 1981; 佐藤唯行「合衆国の高等教育機関におけるユダヤ人排斥――クォータ・システムの展開」『西洋史学』第一七二号、一九九三年。

（7） 三団体とも本部はニューヨーク市、全米各地に支部を持つ。設立年は、アメリカ・ユダヤ人会議が一九一八年、アメリカ・ユダヤ人委員会が一九〇六年、反名誉毀損同盟が一九一三年である。Jerome A. Chanes, "The American Jewish

Committee," Abraham H. Foxman, "The Anti-Defamation League," Jerome A. Chanes, "The American Jewish Congress," in Norwood, Stephen H. and Eunice G. Pollack, eds., *Encyclopedia of American Jewish History,* vol. 1, Santa Barbara, CA: ABC-CLIO, Inc., 2008, pp. 240–242, 242–248, 248–251; Cheryl Lynn Greenberg, *Troubling the Waters: Black-Jewish Relations in the American Century,* Princeton, NJ: Princeton University Press, 2006, pp. 35–37.

(8) *The New York Times,* February 7, 1945, p. 19; February 9, 1945, p. 32; February 10, 1945, p. 24.

(9) *New York Post,* August 7, 1945, p. 5.

(10) "Anti-Semitism at Dartmouth," *The New Republic*, 113, August 20, 1945, p. 208.

(11) Leonard Dinnerstein, "Education and the Advancement of American Jews," in Bernard J. Weiss, ed., *American Education and European Immigrant: 1840–1940,* Urbana: University of Illinois Press, 1982, p. 52.

(12) *New York Post,* August 8, 1945, p. 7.

(13) 佐藤「合衆国の高等教育機関におけるユダヤ人排斥」、二五二〜二五三頁。

(14) Dan W. Dodson, "Religious Prejudice in Colleges," *The American Mercury,* vol. 63, no. 271, July 1946, pp. 11–12.

(15) 原タイトルは *Gentleman's Agreement*、エリア・カザン（Elia Kazan）監督。

(16) Ruth G. Weintraub, *How Secure These Rights?: Anti-Semitism in the United States in 1948, An Anti-Defamation League Survey,* New York: Doubleday & Company, Inc., 1949, pp. 46–48.

(17) Kingdon, "Discrimination in Medical Colleges," p. 391.

(18) Weintraub, *How Secure These Rights?* p. 43.

(19) Jacob Rader Marcus, *To Count a People: American Jewish Population Data, 1585–1984,* Lanham, MD: University Press of America, 1990, p. 139.

(20) 南北戦争時の反乱州でなく十分な公有地のある州に適用された法律で、連邦政府が農業・工業教育用大学を設立するための土地を各州に与えることを定めた法律。その結果、六九校のランド・グラント・カレッジが設立された。

(21) Edward N. Saveth, "Democratic Education for New York: Equal Opportunity Through a State University System," *Com-*

mentary, vol. 4, no. 1, July 1948, p. 47.

(22) "May Jews Go to College?" *The Nation,* vol. 114, no. 2971, June 14, 1922, p. 708; Broun and Britt, *Christians Only,* p. 74.

(23) Saveth, "Democratic Education," p. 47.

(24) 中島直忠・池田輝政「第二次大戦後の米国における高等教育政策——連邦立法を中心として」『九州大学教育学部紀要（教育学編）』二四号、一九七九年、八四〜八五頁。

(25) 「裁判所の友：法廷助言者。裁判所に係属する事件について裁判所に情報または意見を提出する第三者。多くの場合、社会的・経済的・政治的影響のある事件において、これに利害関係のある個人・機関・組織等が裁判所の許可を得またはその要請によって amicus curiae となり amicus（curiae）brief を提出する。口頭で意見を述べうる場合もある。……単に amicus（複数は amici）と呼ばれることもある」。田中英夫編『英米法辞典』東京大学出版会、一九九一年、四八頁。

(26) *Brief of Stephen S. Wise, Amicus Curiae*, Supreme Court of the State of New York Appellate Division–First Department, *In the Matter of the Application of Julius L. Goldstein, Petitioner-Appellant, For an Order under Article 78, C.P.A. against William Wirt Mills, as President, Joseph M. Levine, Dominic A. Trotta, Peter Leckler, Adam E. Welstead, Walter A. Mungeer and Edward A. Goetting, as Members of the Tax Commission of the City of New York, and THE CITY OF NEW YORK, Respondents, and the Trustees of Columbia University in the City of New York, Respondent-Intervenor;* Goldstein v. Mills *et al.,* Opinion by Mr. Justice McNally, Supreme Court, Special Term, Part I, (N.Y. Law Journal, September 14, 1945, p. 491) Discrimination-Education-N.Y./Columbia University file, BL.

(27) Memorandum on Legal Action as Applied to Discrimination in Higher Education, October 3, 1946, pp. 2–3, Discrimination-Education/AJC file, BL（以下、Memorandum とする）.

(28) トーマス・F・ペティグリュー（今野敏彦・大川正彦訳）『現代アメリカの偏見と差別』明石書店、一九八五年、一三八〜一三九頁。なお、ディナースタインは公正雇用実施法の成立についても「ユダヤ人たちの勝利」であると述べている。また、この間の経緯については、以下にも述べられている。Dinnerstein, "Anti-Semitism Exposed and At-

tacked," p. 183; Marc Dollinger, *Quest for Inclusion: Jews and Liberalism in Modern America,* Princeton, NJ: Princeton University Press, 2000, pp. 143–147; Greenberg, *Troubling the Waters,* pp. 125–126, 137.

(29) Mayor's Committee on Unity, *Report on Inequality of Opportunity in Higher Education,* New York, July 1, 1946; *The New York Times,* January 23, 1946, pp. 1, 20. 報告書自体は、承認手続きの遅れにより一九四六年七月に発行された。

(30) American Jewish Congress, *News Summary,* vol. 1, no. 6, September 1946, p. 3.

(31) Memorandum, p. 4.

(32) Greenberg, *Troubling the Waters,* p. 114.

(33) Memorandum, pp. 6–7.

(34) American Jewish Congress, *News Summary,* vol. 1, no. 6, September 1946, p. 2; vol. 1, no. 7, November 1946, p. 3.

(35) Harold S. Wechsler, *The Qualified Student: A History of Selective College Admission in America,* New York: John Wiley & Sons, 1977, p. 199.

(36) Oliver Carmichael, Jr., *New York Establishes a State University: A Study in the Process of Policy Formation,* Nashville, TN: Vanderbilt University Press, 1955, p. 74.

(37) *The New York Times,* February 28, 1947, p. 3.

(38) Carmichael, *New York Establishes a State University,* pp. 85–86.

(39) Wechsler, *The Qualified Student,* p. 200; Carmichael, *New York Establishes a State University,* pp. 86–87.

(40) *The New York Times,* March 3, 1947, p. 3.

(41) Carmichael, *New York Establishes a State University,* pp. 85–86.

(42) New York *PM,* March 5, 1947, quoted in Carmichael, *New York Establishes a State University,* p. 90.

(43) Fackenthal to Sulzberger, March 8, 1947, quoted in Wechsler, *The Qualified Student,* p. 200.

(44) State of New York, *Report of the Temporary Commission on the Need for a State University,* Legislative Document, February 16, 1948, p. 7（以下、*Report* とする）.

(45) David S. Berkowitz, *Inequality of Opportunity in Higher Education: A Study of Minority Group and Related Barriers to College Admission,* A Report to the Temporary Commission on the Need for a State University, New York State Legislative Document, no. 33, 1948; Wechsler, *The Qualified Student,* p. 201.

(46) Berkowitz, *Inequality of Opportunity in Higher Education,* pp. 156–157. なお、報告書のなかで示された数的データについては以下の拙稿で紹介している。北美幸「合衆国の高等教育機関におけるユダヤ人差別――ニューヨーク州「州立大学の必要性に関する臨時委員会」報告書、『高等教育における機会の不平等』を手がかりに」『比較社会文化研究』（九州大学大学院比較社会文化研究科）第二号、一九九七年一一月。

(47) Berkowitz, *Inequality of Opportunity in Higher Education,* p. 52; Carmichael, *New York Establishes a State University*, pp. 150–151.

(48) Statement of the American Jewish Congress presented to the President's Committee on Civil Rights, by Will Maslow, Director, Commission on Law & Social Action, A.J.C., Washington, D.C., May 1, 1947, pp. 8–9, Civil Rights/AJCongress file, BL.

(49) *American Jewish Congress Record,* vol. 3, no. 1, March 1948, p. 1. なお、この委員会は、ともに委員長がニュー・スクール・フォー・ソーシャル・リサーチ名誉教授のアルヴィン・ジョンソンである点で、「教育における差別に反対するニューヨーク州委員会」との深い関連、改称などの可能性が考えられるが、現時点では史料的に裏づけを得られていない。

(50) Statement of Shad Polier on behalf of New York State Committee for Equality in Education to New York Temporary Commission on Need for State University, Albany, New York, October 20, 1947, p. 1, BL.

(51) Ibid., p. 2.

(52) Ibid., p. 10.

(53) Saveth, "Democratic Education," p. 51.

(54) "The State Commission to Examine into the Need for a State University," prepared by the Association of Colleges and Uni-

versities of the State of New York, October 20, 1947, quoted in Carmichael, *New York Establishes a State University,* p. 161.

(55) リーマンの公聴会出席が決まった一〇月一七日に『ホワイトプレインズ・リポーター・ディスパッチ』、『タリータウン・ニュース』など八紙、一〇月二〇日には『ホーネル・トリビューン』、『ヘラルド・ジャーナル』など二四紙、また、ワイズ・ラビの公聴会出席について報じた新聞も二紙あったという（Carmichael, *New York Establishes a State University,* pp. 162–163）。

(56) Wechsler, *The Qualified Student,* p. 202.

(57) *Report,* pp. 32–33.

(58) *The New York Times,* January 13, 1948, p. 1.

(59) *The New York Times,* January 4, 1948, pp. 1, 35.

(60) The President's Commission on Higher Education, *Higher Education for American Democracy,* vol. 2, *Equalizing and Expanding Individual Opportunity,* New York: Harper & Brothers, 1947, pp. 27–39, 43, 44; The President's Commission on Civil Rights, *To Secure These Rights,* Washington, D.C.: United States Government Printing Office, 1947, pp. 62–67, 168.

(61) Edward J. Sparling, "Toward Democracy in a College," *The Phi Delta Kappan,* May 1948, p. 373.

(62) Carmichael, *New York Establishes a State University,* p. 211.

(63) Letter from Arthur H. Schwartz dated March 5, 1948, quoted in Carmichael, *New York Establishes a State University,* p. 212.

(64) "New York State University Trustees Appointed," *School and Society,* vol. 68, no. 1759, September 11, 1948, p. 166.

(65) *American Jewish Congress Record,* vol. 3, no. 1, March 1948, p. 1.

(66) Will Maslow to Mrs. Treichler, the Assistant to the President of Antioch College, (March 30), 1948, *CLSA Reports: Commission on Law and Social Action of the American Jewish Congress,* p. 1, Discrimination-Education file, BL.

(67) Edward N. Saveth, "Fair Educational Practices Legislation," *The Annals of the American Academy of Political and Social Science,* vol. 275, May 1951, pp. 44–45.

(68) Ibid., p. 44.

(69) A. C. Ivy and Irwin Ross, *Religion and Race: Barriers to College?* Public Affairs Pamphlet No. 153, published in cooperation with the Anti-Defamation League of B'nai B'rith, 1949, p. 29.

(70) Elmo Roper, *Factors Affecting the Admission of High School Seniors to College: A Report for the Committee on a Study of Discriminations in College Admissions,* American Council on Education, 1949.

(71) Recommendations of the Conference on Discriminations in College Admissions, Called by the American Council on Education with the cooperation of the Anti-Defamation League of B'nai B'rith, Chicago, Nov. 4 and 5, 1949, Higher Education and National Affairs, issued by American Council on Education, Washington, D.C., Bulletin no. 149, December 21, 1949, p. 1, Discrimination-Education file, BL; A. C. Ivy, "Discrimination on College Admissions: A Conference Report," *Harvard Educational Review,* vol. 20, no. 2, Spring 1950, p. 77.

(72) *ADL Bulletin,* December 1949, p. 6; June 1950, p. 8; November 1950, p. 7; January 1956, p. 6.

(73) "Anti-Semitism at Dartmouth," pp. 208–209.

(74) Synnott, *The Half-Opened Door,* p. 93; Lawrence Bloomgarden, "Medical School Quotas and National Health," *Commentary*, vol. 15, no. 1, January 1953, p. 31.

(75) Marcus, *To Count a People,* pp. 139, 152, 241.

(76) *Ten Good Reasons for Cracking the Quota System in American Education,* Anti-Defamation League, [1950?], pp. 6–7, Discrimination-Education/ADL file, BL.

(77) *Ibid.,* p. 5.

(78) *Ibid.,* p. 6.

(79) *Ibid.,* p. 6.

(80) 泉貴子「トルーマン政権期における公民権委員会の活動――報告書作成過程を中心に」『西洋史学論集』第三五号、一九九七年一二月、五二頁に引用の Minutes of President Commission on Civil Rights Meeting, June 30, 1947, Nash File,

Harry S Truman Library, pp. 584–592 による。

（81） Dan W. Dodson, "College Quotas and American Democracy," *The American Scholar*, vol. 15, no. 3, Summer 1946, p. 276; Bloomgarden, "Medical School Quotas and National Health," p. 32.

（82） 泉「トルーマン政権期における公民権委員会の活動」、五二頁。

（83） Horace M. Kallen, "Democracy versus the Melting Pot: A Study of American Nationality," *The Nation*, vol. 100, no, 2590, February 18, 1915（Part 1）; vol. 100, no. 2591, February 25, 1915（Part 2）.

第4章　世俗的ユダヤ人大学の創設

（1） Memorandum on the Proposal to Establish a State University in the State of New York, Prepared by the Library of Jewish Information, American Jewish Committee, January 1946, BL.

（2） *The Proposed Establishment of A State University in New York,* The American Jewish Committee, Library of Jewish Information, February 1946.

（3） *Ibid.*, p. 3.

（4） "New York State University Trustees Appointed," *School and Society,* vol. 68, no. 1759, September 1948, p. 166.

（5） これまで、たとえば合衆国におけるユダヤ学（Jewish studies）の発展史研究として、ユダヤ人の文化的あるいは社会的上昇の手段として、一九世紀ごろからユダヤ教学やヘブライ語などの学問が、ハーヴァード大学やコロンビア大学といった既存の大学のプログラムのなかにポジションを得ようとしてきたことが述べられてきた。しかし、そこでは、ユダヤ学科の設置やユダヤ教関連科目の導入については考察されているものの、同様にユダヤ人の合衆国におけるシンボルにもなりうるはずのユダヤ人大学の設立については言及されていない。また、大学史の立場からユダヤ人大学が取り上げられることもあるが、そこでは、世俗的ユダヤ人大学はリベラルアーツの大学から出発し、その後に大学院を付設するという、多くのプロテスタント系の大学と同じ道筋を歩んだとして、大学の発展のスタイルとしては他の大学との類似性や共通点があることが指摘されるにとどまっている。Harold Wechsler, "Anti-Semitism in the

Academy: Jewish Learning in American Universities, 1914–1939," *American Jewish Archives,* vol. 42, no. 1, Spring/Summer, 1990; Paul Ritterband and Harold S. Wechsler, *Jewish Learning in American Universities: The First Century,* Bloomington: Indiana University Press, 1994; 羽田積男「ユダヤ系アメリカ人と大学の創設」『教育学雑誌』第二八号、一九九四年。

（6） Israel Goldstein, *Brandeis University: Chapter of Its Founding,* New York: Bloch Publishing Company, 1951, p. 1.

（7） 羽田積男「アメリカ型大学の創設とその教育——ユダヤ系の大学を中心として」『研究紀要』（日本大学人文科学研究所）第四五号、一九九三年、二〇五頁。

（8） 羽田「ユダヤ系アメリカ人と大学の創設」、三二頁に引用の Morris Jacob Loren, "Hebrew Higher Educational Institutions in the United States, 1830–1975," Ph.D. Dissertation, Wayne State University, 1976, p. 81 による。

（9） Goldstein, *Brandeis University,* p. 3.

（10） *Ibid.,* pp. 4–5.

（11） G. Stanley Hall, "A Suggestion for a Jewish University: A Menorah After-Dinner Address," *Menorah Journal,* vol. 3, no. 2, April 1917, p. 99.

（12） Ibid., pp. 99–101.

（13） Louis I. Newman, "Is a Jewish University in America Desirable?" *The Jewish Tribune,* October 27, 1922, quoted in Louis I. Newman, *A Jewish University in America?: With a Symposium of Opinions by Educators, Editors and Publishers, and a Bibliography on the Jewish Question in American Colleges,* New York: Bloch Publishing Company, 1923, p. 9.

（14） Ibid., p. 11.

（15） Ibid., p. 12.

（16） Ibid., p. 13.

（17） Ibid., p. 16.

（18） Ibid., pp. 16–17.

（19） Ibid., p. 17.

(20) Ibid.

(21) Ibid., p. 18.

(22) Ibid.

(23) Ibid., p. 19.

(24) Ibid., pp. 18–20.

(25) Ibid., p. 16.

(26) Ibid., p. 20.

(27) "For a Jewish University: Rabbi Newman Says Exclusion Policy of Colleges May Force It," *The New York Times,* December 4, 1922, p. 16.

(28) Henry C. King, President, Oberlin College, quoted in Newman, *A Jewish University in America?* p. 29.

(29) Paul M. Warburg, Former Member, Federal Reserve Board, quoted in Newman, *A Jewish University in America?* p. 31.

(30) Editorial, "Is a Jewish University Desirable?" *Jewish Tribune,* October 27, 1922, quoted in Newman, *A Jewish University in America?* p. 21.

(31) Ibid., pp. 21–22.

(32) George S. Davis, President, Hunter College, quoted in Newman, *A Jewish University in America?* p. 25.

(33) W. O. Thompson, President, The Ohio State University, quoted in Newman, *A Jewish University in America?* p. 27.

(34) Walter Dill Scott, President, Northwestern University, (by his Secretary), quoted in Newman, *A Jewish University in America?* p. 29.

(35) Julius Hochfelder, *Jewish Tribune,* December 8, 1922, quoted in Newman, *A Jewish University in America?* p. 46.

(36) Murray Manesse, *Jewish Tribune,* December 22, 1922, quoted in Newman, *A Jewish University in America?* pp. 50–51.

(37) Stephen G. Rich, *New York Times,* December 10, 1922, quoted in Newman, *A Jewish University in America?* pp. 32–34.

(38) A. P. Schoolman, *Jewish Tribune,* November 24, 1922, quoted in Newman, *A Jewish University in America?* p. 48.

(39) 池田有日子「アメリカにおけるシオニズムの論理——ルイス・ブランダイスに関する考察を通じて」『政治研究』（九州大学政治研究会）第五一号、二〇〇四年三月、六九頁。

(40) 同右、六九〜七〇頁。

(41) また、ブランダイスもシオニスト運動指導者でありカレンとも親交があった。ただし、彼自身は一九四一年に死亡しており、大学名に彼の名を使用することはゴールドスタインの希望とブランダイスの遺族の了解によるものである。ブランダイス自身がユダヤ人大学の設立に対してどのような考えをもっていたのかに関しては不明である（Goldstein, *Brandeis University,* pp. 79–82）。

(42) なお、すでにこの時期に、少数派ではあるが「るつぼとしてのアメリカ」観に疑問を投げかけ、文化多元主義を支持する立場からユダヤ人大学の設立に賛成する声もあった。以下に、左翼的傾向のある小説家ウォルドー・フランクによる意見を紹介しておきたい。「われわれのそれ〔ユダヤ人大学（＝引用者）〕への態度は、われわれのアメリカやアメリカニズムの概念しだいである。もしわれわれがいまだにメルティング・ポットを信じているのであれば、ユダヤ人大学は望ましくない。しかし、われわれはそう信じているのであろうか。……アメリカにやってきたエスニックあるいは文化的なすべての要素がひとつの均質なアマルガムに燃えきって溶け入るというアメリカの理想は、実際には、これらの要素すべてがもっとも支配的なアングロ・サクソンの旋律のなかの短音階の和音として消え入るようにという、植民地時代の指令を覆い隠す覆面なのである」。Waldo Frank, Author, "Our America," "The Dark Mother," "Rahab," "City Block," etc. quoted in Newman, *A Jewish University in America?* pp. 40–41.

(43) Louis I. Newman, "The Progress of the Jewish University Idea: A Rallying Center for a Creative Jewish Intelligentsia," Amplified from an Article in the *Jewish Tribune,* January 12, 1923, in Newman, *A Jewish University in America?* p. 72.

(44) Abram L. Sachar, *Brandeis University: A Host at Last,* Hanover, NH: Brandeis University Press, 1995, pp. 9–10.

(45) *Ibid.,* p. 11.

(46) Goldstein, *Brandeis University,* p. 14.

(47) *Ibid.,* p. 10.

（48） *Ibid.*

（49） *Ibid.*, pp. 10–11.

（50） *Ibid.*, p. 20. なお、実際には、設備面の都合およびゴールドスタイン自身の希望により、一九四八年にはメディカル・スクールではなくリベラルアーツ・カレッジとして開学した。

（51） Goldstein, *Brandeis University*, p. 92. ユダヤ人大学設立に必要な資金は、大学院とプロフェッショナル・スクールに必要な経費を除いて六〇〇万ドルとされた。

（52） *Ibid.*, p. 48.

（53） Sachar, *Brandeis University*, p. 9.

（54） Conclusions and Recommendations of the Conference on Higher Education for Jews, October 24, 1946, YIVO, American Jewish Committee Record Group, Gen 10, Box 195, Jewish Education, Higher Education, Conference on Higher Education for Jews, Jewish University; Nathan Schachner, *The Price of Liberty: A History of The American Jewish Committee*, New York: The American Jewish Committee, 1948, pp. 181–183.

（55） *Ibid.*, p. 181.

（56） 会議のプログラムは、第一部が「高等教育における差別の問題」、第二部が「ユダヤ人大学の必要性」であり、ユダヤ人大学の設立に関してはかなりの時間を割いて議論された。しかし、会議の際にはいろいろ意見がありすぎて収拾がつかなかったため、議長が「ユダヤ人大学に関する小委員会」を任命し、その後も議論を続けた。一二月にその委員会は、「とくにユダヤ人大学の設立を支持することはしない」との結論に達した。Conference on Higher Education for Jews: Memorandum of the Committee on the Jewish University, December 18, 1946, YIVO, American Jewish Committee Record Group, Gen 10, Box 195, Jewish Education, Higher Education, Conference on Higher Education for Jews, Jewish University を参照。

（57） *Congress Weekly*, April 5, 1946, quoted in Goldstein, *Brandeis University*, p. 53.

（58） Goldstein, *Brandeis University*, p. 8.

（59） *Ibid.*

（60） Address delivered by Dr. Israel Goldstein before National Community Relations Advisory Council Chicago, June 16, 1946, quoted in Goldstein, *Brandeis University,* p. 126.

（61） Ibid., pp. 127–128.

（62） Ibid., p. 131.

（63） Ibid., pp. 128–129.

（64） Ibid., p. 130.

（65） Ibid., pp. 130–131.

（66） Ibid., p. 133.

（67） Goldstein, *Brandeis University,* p. 58.

（68） *Ibid.*

（69） ゴールドスタインが著名なキリスト教の聖職者を招待したことに憤慨したアインシュタインが、基金を辞し、今後、彼の名前を使用することを許さないと通告してきたため、アインシュタインの残留を望んだゴールドスタインが混乱を避けるために辞任した。基金の後継総裁らとゴールドスタインの関係はその後も良好であった。Goldstein, *Brandeis University,* pp. 97–98.

（70） ブランダイス大学が学生・教員の人種・宗教を一切問わないことは、開学前後におこなわれたレセプションでのスピーチや発行されたパンフレットなどでも再三にわたって強調された。なお、ブランダイス大学は女子学生の受け入れにも積極的であった。Brandeis University, The Challenge, The Assurance, The Pledge. Text of the addresses at the dinner and reception in honor of Dr. Abram Leon Sachar, first President of Brandeis University, June 14, 1948, Hotel Statler, Boston as broadcast over the ABC network; Questions and Answers about Brandeis University, issued by the Albert Einstein Foundation Inc., n.d., Brandeis University file, BL を参照。ただし、こうした広報活動にもかかわらず、最初の入学生の約八五パーセントはユダヤ人だったという（Clifford D. Hauptman and John R. Hose, “Brandeis University,” in Norwood,

Stephen H. and Eunice G. Pollack, eds., *Encyclopedia of American Jewish History*, vol. 2, Santa Barbara, CA: ABC-CLIO, Inc., 2008, pp. 756–757)。

(71) その後一九五三年には、大学の「非宗派」性をより強調するための試みとして、ユダヤ教、カトリック、プロテスタントの別々のチャペルを建設することが決定された。このことは、合衆国における宗教の多元性の承認とみなすことも可能であろうし、あるいはまた、ウィル・ハーバーグの主張する「三つのるつぼ論」によっても説明可能であろう（*The New York Times*, September 10, 1955, p. 19; Will Herberg, *Protestant, Catholic, Jew: An Essay in American Religious Sociology*, With a New Introduction by Martin E. Marty, Chicago: The University of Chicago Press, 1983［1960］）。

(72) Edward J. Sparling, *Civil Rights: Barometer of Democracy*, Freedom Pamphlet Series, Anti-Defamation League of B'nai B'rith, 1949, p. 29.

第5章　ブラウン判決への道のり

(1) Mark V. Tushnet, *The NAACP's Legal Strategy against Segregated Education, 1925–1950*, Chapel Hill, NC: The University of North Carolina Press, 1987, p. xi.

(2) Brown v. Board of Education, 347 U.S. 483 (1954).

(3) 第二次世界大戦時の黒人兵の活躍のほか、共産主義国家からの人種差別批判を気にした国務省の動向などが指摘されており、従来、ブラウン判決への前段階としては、軍隊における人種差別を禁止したトルーマン大統領による行政命令九九八一号など行政部の側の動きが重視されてきた。C. Vann Woodward, *The Strange Career of Jim Crow*, A Commemorative edition with a New Afterword by William S. McFeely, New York: Oxford University Press, 2002［1955］, pp. 128–139（清水博・長田豊臣・有賀貞訳『アメリカ人種差別の歴史（新装版）』福村出版、一九九八年、一四二〜一五二頁）。ただし、日本語訳は改訂第三版による。書誌情報は以下のとおり。C. Vann Woodward, *The Strange Career of Jim Crow*, 3rd revised ed., New York: Oxford University Press, 1974［1955］.

(4) *Ibid.*, p. 146（邦訳、一五九頁）、リリアン・E・スミス（廣瀬典生訳・著）『今こそその時——「ブラウン判決」とアメリカ南部白人の心の闇』彩流社、二〇〇八年、一七〜一九、五七〜六五頁。

(5) これまで、全国黒人地位向上協会の白人幹部のなかにユダヤ人が相当数含まれていた事実は、ユダヤ人－黒人関係史や公民権運動史研究において指摘されてきたものの、ユダヤ人である個人が同協会あるいは他の公民権団体の弁護士その他として活躍した記録にとどまっている。Murray Friedman, *What Went Wrong?: The Creation & Collapse of the Black-Jewish Alliance,* New York: Free Press, 1995, pp. 148–153. また、たとえばＮＡＡＣＰ法的防衛基金の弁護士ジャック・グリーンバーグや連邦最高裁判事のフェリックス・フランクファーターは、黒人の公民権獲得に向けて熱心だったことが指摘されており、その活躍については以下の文献に詳しい。Jack Greenberg, *Crusaders in the Courts: How a Dedicated Band of Lawyers Fought for the Civil Rights Revolution,* New York: Basic Books, 1994; Jonathan Kaufman, *Broken Alliance: The Turbulent Times Between Blacks and Jews in America,* New York: Simon & Schster, 1995; Richard Kluger, *Simple Justice: The History of Brown v. Board of Education and Black America's Struggle for Equality,* New York: Vintage Books, 1977［1975］.

(6) Francis J. Brown, ed., *Discriminations in College Admissions: A Report of a Conference Held under the Auspices of the American Council on Education in Cooperation with the Anti-Defamation League of B'nai B'rith, Chicago, Illinois, November 4–5, 1949,* American Council on Education Studies, Reports of Committee and Conferences, no. 41, Washington, D.C., April 1950, pp. 6–7.

(7) State of Connecticut Inter-Racial Commission, *College Admission Practices with Respect to Race, Religion and National Origin of Connecticut High School Graduates,* by Henry G. Stetler, Ph.D., Research Associate, Connecticut Inter-Racial Commission, Hartford, 1949.

(8) Crack the Quota System, Anti-Defamation League of B'nai B'rith, Program Division, 1950, p. 2, Discrimination-Education/ADL file, BL.

(9) A. C. Ivy and Irwin Ross, *Religion and Race: Barriers to College?* Public Affairs Pamphlet No. 153, published in cooperation with the Anti-Defamation League of B'nai B'rith, 1949, p. 18.

(10) *Ibid.*, pp. 19–21.

(11) 上原貞雄『アメリカ合衆国州憲法の教育規定』風間書房、一九九四年、一八七〜一八九頁。

(12) 葉山明『アメリカ民主主義と黒人問題——人種隔離教育をめぐって』東海大学出版会、一九九四年、二一〜二二、五九頁。

(13) 葉山明「アメリカの大学と人種(黒人)問題」『文明』(東海大学文明研究所)第六五号、一九九二年九月、四六頁。

(14) Missouri ex rel. Gains v. Canada, 305 U.S. 337 (1938); John R. Howard, *The Shifting Wind: The Supreme Court and Civil Rights from Reconstruction to Brown,* Albany: State University of New York Press, 1999, pp. 254–262.

(15) Lucile H. Bluford, "The Lloyd Gaines Story," *The Journal of Educational Sociology,* vol. 32, no. 6, February 1958, pp. 245–246; Howard, *The Shifting Wind,* p. 262. ゲインズは誘拐されたと考えられ、全国黒人地位向上協会は新聞広告などによって捜索をおこなったが、その後二〇年たっても彼の生死は不明であった。また、このエッセイを書いたジャーナリストで公民権運動家のルシール・ブラフォードは、自身もミズーリ大学ジャーナリズム大学院への入学を求める裁判を一九三九年に起こしている。State ex rel. Bluford v. Canada, 153 S.W. 2d. 12 (1941); Tushnet, *The NAACP's Legal Strategy against Segregated Education,* pp. 83–86を参照。

(16) M. M. Chambers, "State Constitutional and Statutory Limitations on College Admission Policies," *The Educational Forum,* vol. 13, March 1949, p. 339; Virgil A. Clift, "Pattern of Discrimination in Public Higher Education," *School and Society,* October 7, 1950, p. 226.

(17) Howard, *The Shifting Wind,* pp. 292–297.

(18) Tushnet, *The NAACP's Legal Strategy against Segregated Education,* p. 125; Kluger, *Simple Justice,* pp. 266–269.

(19) Sipuel v. Board of Regents of University of Oklahoma *et al.,* 332 U.S. 631 (1948); Tushnet, *The NAACP's Legal Strategy against Segregated Education,* pp. 120–123.

(20) Friedman, *What Went Wrong?* pp. 63–66, 99–100. ただし、レオ・フランク事件では、フランクの経営する鉛筆工場の女子工員を殺害した犯人がフランクなのか黒人の掃除夫なのかをめぐって裁判で争われた経緯があり、その際、一般的な黒人の対ユダヤ人感情は悪化した、とフリードマンは指摘している（*ibid.*, p. 65)。

（21） Nancy L. Green, “Blacks, Jews, and the ‘Natural Alliance’: Labor Cohabitation and the ILGWU,” *Jewish Social Studies*, vol. 4, no. 1, Fall 1997; Hasia Diner, *In the Almost Promised Land: American Jews and Blacks, 1915–1935*, Baltimore: Johns Hopkins University Press, 1995［1977］.

（22） *Brief on Behalf of American Jewish Committee and B’nai B’rith (Anti-Defamation League) and National Citizens’ Council on Civil Rights as Amici Curiae*, in the Supreme Court of the United States, October Term, 1948, no. 667, *Heman Marion Sweatt, Petitioner, v. Theophilis Shickel Painter et al., Respondents; Brief on Behalf of American Jewish Committee and B’nai B’rith (Anti-Defamation League) as Amici Curiae*, in the Supreme Court of the United States, October Term, 1949, no. 44, *Heman Marion Sweatt, Petitioner, v. Theophilis Shickel Painter et al., Respondents*（以下、前者〔一九四九年五月二四日提出〕を *Brief* 1、後者〔一九五〇年三月三一日提出〕を *Brief* 2と略記する).

（23） 伊藤正己「Amicus Curiae について――その実際と評価」『菊井先生献呈論集――裁判と法（上)』有斐閣、一九六七年、一四六～一四七頁、Jill Donnie Snyder and Eric K. Goodman, *Friend of the Court, 1947–1982*, New York: Anti-Defamation League, 1983, p. 18.

（24） *Brief* 1, pp. 23–29; *Brief* 2, pp. 8–12, 17–28.

（25） *Brief* 2, p. 39.

（26） *Brief* 2, pp. 35–36.

（27） Sweatt v. Painter, 339 U.S. 629（1950).

（28） *Brief* 1, p. 30; *Brief* 2, p. 40.

（29） *Brief* 1, p. 30; *Brief* 2, p. 41.

（30） American Jewish Committee, Anti-Defamation League and National Citizens’ Council on Civil Rights ask Ruling on Segregation in Education as Violation of 14th amendment, For Release after 10 a.m. Tuesday, May 24, 1949, p. 1. Discrimination-Education/AJC file, BL.

(31) Recent Decisions and Statutes Affecting Discrimination In Education, December 1950. Joint Memorandum, The American Jewish Committee, The Anti-Defamation League, Discrimination-Education/AJC file, BL.

(32) Ibid.

(33) Cheryl Lynn Greenberg, *Troubling the Waters: Black-Jewish Relations in the American Century,* Princeton, NJ: Princeton University Press, 2006, p. 134.

(34) *Memorandum of American Jewish Congress, as Amicus Curiae,* in Support of Petition, in the Supreme Court of the United States, October Term, 1948, no. 667, *Heman Marion Sweatt, Petitioner, v. Theophilis Schickel Painter, et al. on Petition for a Writ of Certiorari to the Supreme Court of Texas.*

(35) *Civil Rights in the United States in 1948: A Balance Sheet of Group Relations,* National Association for the Advancement of Colored People, American Jewish Congress, [1949?], p. 24.

(36) Cheryl Greenberg, *Troubling the Waters,* p. 135.

(37) 葉山『アメリカ民主主義と黒人問題』、五三〜五四頁、中村雅子「教育と『人種』――再隔離とアファーマティヴ・アクション」川島正樹編『アメリカニズムと「人種」』名古屋大学出版会、二〇〇五年、二二五〜二二七頁。また、一九五四年の判決を「ブラウンⅠ判決」、一九五五年五月三一日に前年に下された結論をどう達成するかについて新たな判決が下されているが、こちらを「ブラウンⅡ判決」と呼ぶ場合がある。ブラウンⅡ判決においては、学校の人種統合は「できるだけ慎重な速度で（with all deliberate speed）」おこなうよう命令されたが、この言葉は隔離廃止の実質的な執行猶予と受け取られ、南部諸州における学校の人種統合はその後も遅々として進まなかった。

(38) *Brief on Behalf of American Civil Liberties Union, American Ethical Union, American Jewish Committee, Anti-Defamation League of B'nai B'rith, Japanese American Citizens League and Unitarian Fellowship for Social Justice as Amici Curiae,* in the Supreme Court of the United States, October Term, 1952, no. 8, *Oliver Brown, Mrs. Richard Lawton, Mrs. Sadie Emmanuel, et al., Appellants, vs. Board of Education of Topeka, Shawnee County, Kansas, et al.; Brief of American Jewish Congress as Amicus Curiae,* in the Supreme Court of the United States, October Term, 1952, no. 8, *Oliver Brown, Mrs. Richard*

Lawton, Mrs. Sadie Emmanuel, et al., Appellants, vs. Board of Education of Topeka, Shawnee County, Kansas, et al. On Appeal from the United States District Court for the District of Kansas.

(39) Brown v. Board of Education, 347 U.S. 483（1954）.

(40) Brown v. Board of Education, 347 U.S. 483（1954）; 本田創造『アメリカ黒人の歴史（新版）』岩波書店、一九九一年、一七二～一七三頁。

(41) Stuart Svonkin, *Jews Against Prejudice: American Jews and the Fight for Civil Liberties,* New York: Columbia University Press, 1997, p. 66.

(42) Kluger, *Simple Justice,* p. 492.

(43) *Brief of American Jewish Congress as Amicus Curiae,* in the Supreme Court of the United States, October Term, 1952, no. 8, *Oliver Brown vs. Board of Education of Topeka,* pp. 4, 17–18.

(44) Svonkin, *Jews Against Prejudice,* p. 65; John P. Jackson, Jr., *Social Scientists for Social Justice: Making the Case against Segregation,* New York: New York University Press, 2001, p. 78.

(45) 川島正樹「公民権運動から黒人自立化運動《ブラック・エンパワメント》へ――南部を中心に」川島正樹編『アメリカニズムと「人種」』、一六七頁。

(46) Ivy and Ross, *Religion and Race,* p. 20.

(47) 「地域闘争」としての運動の詳細は以下に詳細に論じられている。川島「公民権運動から黒人自立化運動《ブラック・エンパワメント》へ」、同『アメリカ市民権運動の歴史――連鎖する地域闘争と合衆国社会』名古屋大学出版会、二〇〇八年。

(48) Hedda Garza, *African Americans and Jewish Americans: A History of Struggle,* New York: Franklin Watts, 1995, p. 149; Rabbi Marc Schneier, *Shared Dreams: Martin Luther King, Jr. and the Jewish Community*, Woodstock, VT: Jewish Lights Publishing, 1999, pp. 44, 49–56. レヴィソンは、アメリカ・ユダヤ人会議のボランティア職員もしていた（Murray Friedman, "The Civil Rights Movement and the Reemergence of the Left," in V. P. Franklin, Nancy L. Grant, Harold M. Kletnick, and Genna Rae McNeil, eds., *African Americans and Jews in the Twentieth Century: Studies in Convergence and*

Conflict, Columbia, MO: University of Missouri Press, 1998, p. 108)。

(49) Kaufman, *Broken Alliance,* pp. 15–17.

(50) Jacob Rader Marcus, *To Count a People: American Jewish Population Data, 1585–1984,* Lanham, MD: University Press of America, 1990, pp. 57–58, 91–92, 147–154, 193–194.

(51) Diner, *In the Almost Promised Land,* p. 96; Kaufman, *Broken Alliance,* p. 29.

(52) Seth Forman, "The Unbearable Whiteness of Being Jewish: Desegregation in the South and the Crisis of Jewish Liberalism," *American Jewish History,* vol. 85, no. 2, 1997, p. 132.

(53) 佐藤唯行『アメリカのユダヤ人迫害史』集英社、二〇〇〇年、四一頁。

(54) Forman, "The Unbearable Whiteness," pp. 128–129.

(55) Bertram Wallace Korn, "Jews and Negro Slavery in the Old South, 1789–1965," in Leonard Dinnerstein and Mary Dale Palsson, eds., *Jews in the South,* Baton Rouge: Louisiana State University Press, 1973, p. 133.

(56) Cheryl Greenberg, "The Southern Jewish Community and the Struggle for Civil Rights," in Franklin *et al.,* eds., *African Americans and Jews in the Twentieth Century,* 1998, p. 151.

(57) Ibid.

(58) Carl Alpert, "A Jewish Problem in the South," *The Reconstructionist,* vol. 12, no. 3, March 22, 1946, p. 11, quoted in Forman, "The Unbearable Whiteness," p. 134.

(59) Cheryl Greenberg, "The Southern Jewish Community and the Struggle for Civil Rights," p. 143; Forman, "The Unbearable Whiteness," p. 134.

(60) Kluger, *Simple Justice,* pp. 388–390; Mary Stanton, *The Hand of Esau: Montgomery's Jewish Community and the Bus Boycott,* Montgomery, AL: River City Publishing, 2006.

(61) Forman, "The Unbearable Whiteness," p. 132.

(62) Joshua A. Fishman, "Southern City," in Dinnerstein and Palsson, eds., *Jews in the South,* p. 323.

(63) Allen Krause, "Rabbis and Negro Rights in the South, 1954–1967," in Dinnerstein and Palsson, eds., *Jews in the South,* pp. 362–363.

(64) Leonard Dinnerstein, "Southern Jewry and the Desegregation Crisis, 1954–1970," *American Jewish Historical Quarterly,* vol. 62, no. 3, March 1973, p. 231.

第6章 「割当」の現代的視点

(1) Defunis v. Odegaard, 416 U.S. 312 (1974); University of California Regents v. Bakke, 438 U.S. 265 (1978).

(2) Cheryl Lynn Greenberg, *Troubling the Waters: Black-Jewish Relations in the American Century,* Princeton, NJ: Princeton University Press, 2006, pp. 236–237.

(3) 一九六四年公民権法とアファーマティヴ・アクションの概要については、横田耕一『アメリカの平等雇用』解放出版社、一九九一年、一五〜二〇頁。

(4) マイノリティの多い高校に勧誘に行く、大学や企業のポスターやパンフレットに使用する写真の人種的配慮など。

(5) Executive Order 11246, September 24, 1965, 30 F.R. 12319.

(6) デイヴィッド・A・ホリンガーは、連邦政府がアメリカ国民を五種類に分類するこの枠組みを「民族人種五角形(ethno-racial pentagon)」と呼び、白人／有色人という二分法に代わって国民を束縛していると主張している(藤田文子訳『ポストエスニック・アメリカ——多文化主義を超えて』明石書店、二〇〇二年、三二〜五九頁)。

(7) United Jewish Organizations v. Carey, 430 U.S. 144 (1977); Seth Forman, *Blacks in the Jewish Mind: A Crisis of Liberalism,* New York: New York University Press, 1998, pp. 149–150.

(8) Nathan Glazer, "On Jewish Forebodings," *Commentary,* vol. 80, no. 2, August 1985, pp. 32–36; Paul L. Goldman, "A Jewish Look at 'Affirmative Action'," *Jewish Frontier,* vol. 39, no. 8, October 1972, pp. 27–30.

(9) 丸山直起「ユダヤ系コミュニティの変容」有賀貞編『エスニック状況の現在』日本国際問題研究所、一九九五年、二三五頁、Irving Kristol, "The Future of American Jewry," *Commentary,* vol. 92, no. 2, August 1991, p. 24.

（10）Nathan Glazer, *Affirmative Discrimination: Ethnic Inequality and Public Policy*, New York: Basic Books, 1975; Arthur A. Goren, "Jews," in Stephan Thernstrom, ed., *Harvard Encyclopedia of American Ethnic Groups*, Cambridge, MA: Harvard University Press, 1980, p. 594; Howard M. Sachar, *A History of the Jews in America*, New York: Alfred A. Knopf, 1992, pp. 818–821.

（11）Benjamin R. Epstein, National Director, Anti-Defamation League of B'nai B'rith, "Affirmative Action, Preferential Treatment and Quotas: Papers from the Plenary Session NJCRAC, June 28–July 2, 1972, Los Angeles," p. 5, Preferential Treatment/Jewish Viewpoint file, BL.

（12）第4章で登場した全国コミュニティ関係諮問会議が名称変更したものである。

（13）有賀貞「アメリカのエスニック状況――歴史と現在」有賀編『エスニック状況の現在』、二〇～二一頁。

（14）同右、二一頁。

（15）佐々木毅『アメリカの保守とリベラル』講談社、一九九三年、九～一五頁。

（16）中條献『歴史のなかの人種――アメリカが創り出す差異と多様性』北樹出版、二〇〇四年、八～一〇頁、辻内鏡人「多文化パラダイムの展望」油井大三郎・遠藤泰生編『多文化主義のアメリカ――揺らぐナショナル・アイデンティティ』東京大学出版会、一九九九年、七一～七二頁。

（17）Glazer, *Affirmative Discrimination*, pp. 196–221.

（18）たとえばドリンジャーは、第二次世界大戦時の日系アメリカ人の強制収容に際して、ユダヤ人は大部分が政府の決定を支持するか沈黙を守るかのどちらかであったように、彼らのリベラリズムは合衆国社会への受け入れや順応のための手段であり、両者の葛藤が生じた際には後者が前者に優先されるという限定をともなうものであった、と指摘している。また、ゴールドスタインも、ユダヤ人のリベラリズムはあくまで自らの「白人性」を確保したうえでのものであったと述べている。ユダヤ人のリベラリズムについて、それが究極的には何に由来するものか、あるいは何を目的としたものか、そういった点に関する考察も本書での直接の課題ではないが、今後必要になるであろう。Marc Dollinger, *Quest for Inclusion: Jews and Liberalism in Modern America*, Princeton, NJ: Princeton University Press, 2000, pp.

86–91; Eric L. Goldstein, *The Price of Whiteness: Jews, Race, and American Identity*, Princeton, NJ: Princeton University Press, 2006, pp. 194–201.

(19) "Admissions Policies of State Universities," *Discriminations Report*, Anti-Defamation League of B'nai B'rith, March 1970, Discrimination-Education/ADL file, BL; Marcia Graham Synnott, "Anti-Semitism and American Universities: Did Quotas Follow the Jews?" in David A. Gerber, ed., *Anti-Semitism in American History*, Chicago: University of Illinois Press, 1986, pp. 265, 271.

(20) Allan P. Sindler, *Bakke, DeFunis, and Minority Admissions: The Quest for Equal Opportunity*, New York: Longman, 1978, pp. 87–88.

(21) Melvin I. Urofsky, *A Conflict of Rights: The Supreme Court and Affirmative Action*, New York: Charles and Scribner's Sons, 1991, pp. 32–33; Marc D. Stern, "Affirmative Action, the Laws and the Jews," *Survey of Jewish Affairs*, 1990, p. 148.

(22) 一九七六年にカリフォルニア州最高裁でバッキ側の主張が認められ、大学に対してバッキの入学を認める命令が出された後は、大学側がこの判決を不服として上告した。

(23) 阪本昌成「バッキー事件における主要なブリーフ（2）——キャリフォーニア大側のブリーフ」『広島法学』第三巻第三号、一九七九年一二月、九二～九三頁。

(24) 阪本昌成・西村裕三「バッキー事件における主要なブリーフ（1）——バッキー側のブリーフ」『広島法学』第三巻第二号、一九七九年一〇月、七五～七六、八二頁。

(25) 大塚秀之「アメリカ合衆国における『逆差別』論争に関する一考察」『神戸市外国語大学外国学研究所　研究年報』第一五号、一九七七年、六三～六四頁、"Fateful Court Test," *U.S. News & World Report*, vol. 83, no. 17, October 24, 1977, p. 21. なお、バッキ事件より先に、ワシントン州立大学のロー・スクールに入学できなかった白人志願者が、人種的マイノリティの優先入学制度を不当な差別と訴えたデフュニス対オデガード訴訟が起こされている。ただし、当該訴訟においては、第一審の原告側勝訴によってデフュニスの入学が許可され、連邦最高裁の審理中にすでにロー・スクールの卒業時期に達したため、一九七四年、連邦最高裁はムート（紛争が現実的でない）として審理を中止していた。

(26) "Briefs in Bakke Case," *The Chronicle of Higher Education,* vol. 15, no. 3, September 19, 1977, p. 4.

(27) *Brief Amici Curiae of Anti-Defamation League of B'nai B'rith; Council of Supervisors and Administrators of the City of New York, Local 1, AFSA, AFL-CIO; Jewish Labor Committee; National Jewish Commission on Law and Public Affairs ("COLPA"); and UNICO National,* in the Supreme Court of the United States, October Term, 1977, no. 76–811, *Regents of the University of California, Petitioner, v. Allan Bakke, Respondent,* pp. 5–6.

(28) 今村令子『永遠の「双子の目標」——多文化共生の社会と教育』東信堂、一九九〇年、一五～一七頁、中村雅子「教育と『人種』——再隔離とアファーマティヴ・アクション」川島正樹編『アメリカニズムと「人種」』名古屋大学出版会、二〇〇五年、二三七～二四〇頁。

(29) William J. Bennett and Terry Eastland, "Why Bakke Won't End Reverse Discrimination: 1," *Commentary,* vol. 66, no. 3, September 1978, p. 30. また、クイーンズ・ユダヤ人コミュニティ会議と「ユダヤ人の権利会議」も、この制度はドイツ、オーストリア、ロシアにおいて歴史的にユダヤ人差別としておこなわれた人数条項と同種のシステムである、と指摘している（*Brief Amici Curiae of the Queens Jewish Community Council and The Jewish Rights Council,* in the Supreme Court of the United States, October Term, 1977, no. 76–811, *Regents of the University of California, Petitioner, v. Allan Bakke, Respondent,* p. 9）。

(30) "Harvard College Admission Program," *Brief Amici Curiae of Columbia University, Harvard University, Stanford University and the University of Pennsylvania,* in the Supreme Court of the United States, October Term, 1976, no. 76–811, *Regents of the University of California, Petitioner, v. Allan Bakke, Respondent,* Appendix, p. 2.

(31) 今村『永遠の「双子の目標」』、一八頁、中村「教育と『人種』」、二三九頁。

(32) 山田達雄「大学入学者選抜制度の課題と展望——1. アメリカ」『日本比較教育学会紀要』第六号、一九八〇年三月、三一、三三頁。

(33) Alan M. Dershowitz and Laura Hanft, "Affirmative Action and the Harvard College Diversity-Discretion Model: Paradigm

or Pretext?" *Cardozo Law Review,* vol. 1, issue 1, 1979, pp. 383–386.

(34) Alan M. Dershowitz, *Chutzpah,* New York: Touchstone, 1991, p. 71（山下希世志訳『ユダヤ人の世紀――フッパ・成功に隠された屈辱の歴史』ダイヤモンド社、一九九三年、六八頁).

(35) Oliver B. Pollak, "Antisemitism, the Harvard Plan, and the Roots of Reverse Discrimination," *Jewish Social Studies*, vol. 45, no. 2, Spring 1983, pp. 118–119.

(36) "The Landmark Bakke Ruling," *Newsweek,* July 10, 1978, p. 42.

(37) その後、カリフォルニア大学は一九九五年の理事会において、同大学システムの九校すべてにおけるアファーマティヴ・アクションの廃止を決定した。一九九八年には、アファーマティヴ・アクションの代替策として、人種等を斟酌せずにカリフォルニア州内すべての高校の成績上位四パーセントの生徒に、ほぼ自動的に同大学への入学資格を与える「パーセンテージ・プラン」を採用した。この動きはその後、テキサス州およびフロリダ州でも採用され、今後の各州における大学入学制度の方向性を示すものとして注目されている。竹内裕子「償いの歴史を超えて――アメリカ合衆国におけるアファーマティブ・アクションをめぐって」田中きく代・高木（北山）眞理子編『北アメリカ社会を眺めて――女性軸とエスニシティの交差点から』関西学院大学出版会、二〇〇四年、九八〜九九、一〇四頁を参照。

(38) Revised Order, no. 4, 41 CFR 60–2.

(39) Naomi Levine, Executive Director Designate, American Jewish Congress, "Affirmative Action, Preferential Treatment and Quotas: Papers from the Plenary Session NJCRAC, June 28–July 2, 1972, Los Angeles," pp. 12–15, Preferential Treatment/Jewish Viewpoint file, BL.

(40) Ibid., p. 16.

(41) Albert D. Chernin, Executive Director, Jewish Community Relations Council of Greater Philadelphia, "Affirmative Action, Preferential Treatment and Quotas: Papers from the Plenary Session NJCRAC, June 28–July 2, 1972, Los Angeles," pp. 18–19, Preferential Treatment/Jewish viewpoint file, BL.

(42) The American Jewish Committee, *Statement on Affirmative Action,* Adopted at the 71st Annual Meeting, Waldorf Astoria

Hotel, May 14, 1977.

（43） Naomi Levine, "Quotas and Affirmative Action: Where We Stand," *Congress bi-Weekly,* vol. 39, no. 12, November 10, 1972, p. 5.

（44） Cheryl Greenberg, *Troubling the Waters,* p. 238.

（45） 阪本・西村「バッキー事件における主要なブリーフ（1）」、六九頁、Robert L. Allen, "The Bakke Case and Affirmative Action," *The Black Scholar,* vol. 9, no. 1, September 1977, p. 10.

（46） Terry Eastland, *Ending Affirmative Action: The Case for Colorblind Justice,* New York: Basic Books, 1996; Darien Mcwhirter, *The End of Affirmative Action: Where Do We Go from Here?* New York: Carol Pub. Group, 1996.

（47） Gratz v. Bollinger, 539 U.S. 244（2003）; Grutter v. Bollinger, 539 U.S. 306（2003）; Jerome A. Chanes, "Jews and Affirmative Action/Preferences," in Norwood, Stephen H. and Eunice G. Pollack, eds. *Encyclopedia of American Jewish History,* vol. 2, Santa Barbara, CA: ABC-CLIO, Inc., 2008, pp. 434–435.

（48） 越智道雄『エスニック・アメリカ』明石書店、一九九五年、一七一頁。

エピローグ

（1） とはいえ、識字テストの導入によって、北西ヨーロッパからの移民に影響を与えることなく「新移民」の数を三〇パーセント減じられると試算されていた（Gary Gerstle, *American Crucible: Race and Nation in the Twentieth Century,* Princeton, NJ: Princeton University Press, 2001, p. 97）。

（2） Charles E. Silberman, *A Certain People: American Jews and Their Lives Today,* New York: Summit Books, 1985, p. 29（武田尚子訳『アメリカのユダヤ人――ある民族の肖像』サイマル出版会、一九八八年、一七頁）.

（3） ホワイトネス研究の代表的な文献として、以下に三点あげておく。Matthew Frye Jacobson, *Whiteness of a Different Color: European Immigrants and the Alchemy of Race,* Cambridge, MA: Harvard University Press, 1998; David R. Roediger, *The Wage of Whiteness: Race and the Making of the American Working Class,* Revised ed., New York: Verso, 1999［1991］

（小原豊志・竹中興慈・井川眞砂・落合明子訳『アメリカにおける白人意識の構築――労働者階級の形成と人種』明石書店、二〇〇六年）.

（4） 山田史郎「ホワイト・エスニックへの道――ヨーロッパ移民のアメリカ化」『移民』ミネルヴァ書房、一九九八年、二五八頁。

（5） 中野耕太郎「『人種』としての新移民――アメリカの南・東欧系移民：1894–1924」『二十世紀研究』第二号、二〇〇一年一二月、七四頁、同「新移民とホワイトネス――二〇世紀初頭の『人種』と『カラー』」川島正樹編『アメリカニズムと「人種」』名古屋大学出版会、二〇〇五年、一五一～一五四頁。

（6） 山田史郎「『移民パラダイム』を越えて」『天理大学アメリカス学会ニューズレター』第四三号、二〇〇二年一月、三頁。

（7） Jacobson, *Whiteness of a Different Color*, *passim*.

（8） Eric L. Goldstein, *The Price of Whiteness: Jews, Race, and American Identity*, Princeton, NJ: Princeton University Press, 2006, p. 239.

（9） *Ibid.*, p. 6.

（10） Roediger, *The Wage of Whiteness*, p. 12（邦訳、三八頁）.

（11） むろん、公民権運動時の南部ユダヤ人の「臆病な友人」としての行動などは、黒人とのあいだに人種的な線引きをすることでの「白人化」をユダヤ人自らが積極的に望んだ事例といえるだろう。その意味では、ユダヤ人の「平等」観およびアメリカ社会の統合の理想像を一元的にとらえることはますます不可能であるが、本書では、このユダヤ人のあいだでの意見の多様性と「揺れ」を指摘するにとどめたい。

（12） Allan P. Sindler, *Bakke, DeFunis, and Minority Admissions: The Quest for Equal Opportunity*, New York: Longman, 1978, pp. 316–317.

（13） Don T. Nakanishi, "A Quota on Excellence?: The Asian American Admissions Debate," *Change*, November/December 1989, pp. 39–47、飯野正子「アジア系アメリカ人――『汎アジア系』のアイデンティティ?」有賀貞編『エスニック

状況の現在』日本国際問題研究所、一九九五年、一五三頁、北美幸「『再差別』装置としてのアファーマティヴ・アクション——アジア系アメリカ人と大学入試選抜」『西洋史学論集』第三七号、一九九九年一二月、四〇～五四頁。

（14）Seymour Samet, *The Impact of Geographical Diversity in College Admissions: An Exploratory Analysis,* New York: The American Jewish Committee, 1990, pp. 1–13.

（15）古矢旬『アメリカニズム——「普遍国家」のナショナリズム』東京大学出版会、二〇〇二年、三二五頁。また今田克司も、「一九七〇年代以降において、同化主義と多元主義の社会的規範が対極として語られるときは、まず間違いなく前者が悪玉であり、後者が善玉である。……同化イコール文化的抑圧という認識が大勢を占めるにつれ、米国は『メルティング・ポット』ではなく『サラダ・ボウル』あるいは『モザイク』であり、またそうすべきだという見解が広く流通するようになったのである」と述べる（「米国における文化多元主義」初瀬龍平編著『エスニシティと多文化主義』同文舘出版、一九九六年、一五九～一六〇頁）。その他、以下の文献などを参照。Nathan Glazer, *We Are All Multiculturalists Now,* Cambridge, MA: Harvard University Press, 1997; Matthew Frye Jacobson, *Roots Too: White Ethnic Revival in Post-Civil Rights America,* Cambridge, MA: Harvard University Press, 2006.

（16）カリフォルニア大学バークレー校におけるアジア系差別の疑惑の場合、アジア系団体が求めたのは、アジア系志願者の「教育機会プログラム」による選考対象への復帰であった。一九六四年に導入され、年収二万ドル以下、両親のいずれもが大学教育を受けていない者を有資格者とするこのプログラムからは、一九八四年以降、白人とアジア系が除外されていた。Asian American Task Force on University Admissions, *Task Force Report,* c/o Asian Incorporated, San Francisco, CA, June 17, 1985、北「『再差別』装置としてのアファーマティヴ・アクション」、四二～四三頁などを参照。

あとがき

本書は、筆者が二〇〇五年一月に九州大学大学院比較社会文化研究科に提出した博士学位論文「ユダヤ系アメリカ人と高等教育機関における『割当制』――『カラー・ブラインド』の希求とその実践」を全面的に書き改めたものである。本書のなかには、学術雑誌等に発表済みの論考も含まれており、それぞれの初出あるいは内容的にやや重複するものは以下のとおりである。

第2章：「合衆国の高等教育機関におけるユダヤ人学生『割当制』」『西洋史学』第一九三号、一九九九年六月。

第3章：「アメリカ合衆国の高等教育機関における『割当制』廃止運動とユダヤ人団体――一九四八年ニューヨーク州公正教育実施法を中心に」『歴史学研究』第八〇〇号、二〇〇五年四月。

第4章：「アメリカ・ユダヤ人の『平等』観と『るつぼ』――世俗的ユダヤ人大学の創設をめぐる議

論から」『北九州市立大学外国語学部紀要』第一二〇号、二〇〇七年九月。
第5章："A Journey to *Brown*: American Jewish Organizations' Fight Against Segregated Education,"『北九州市立大学外国語学部紀要』第一一七号、二〇〇六年一〇月。
第6章：「『白人性《ホワイトネス》』議論のユダヤ系アメリカ人への適用の可能性」『法政研究』（九州大学法政学会）第七〇巻第四号、二〇〇四年三月。
「ユダヤ系アメリカ人と高等教育におけるアファーマティヴ・アクション――『割当』をめぐって」『アメリカ教育学会紀要』第一〇号、一九九九年九月。

博士論文提出から今日までのあいだに新たに書き加えた部分もあるが、本書執筆に際してのとくに大きな変更として、「もうひとつの『ジューイッシュ・プロブレム』――アジア系アメリカ人と大学入試選抜」と題した第6章の内容について、本書では大幅に割愛し、エピローグで簡単に触れるにとどまったことがある。

一九八〇年代後半、アメリカ合衆国全国の大学、とくに理系学部においてアジア系新入生の数が急激に増大した際、彼らの入学を一定の数・割合以上は認めない方針をとった大学があることが明らかになった。その背景には、本来、マイノリティ学生の入学を促進するためにおこなわれるはずのアファーマティヴ・アクション（積極的差別解消策）が、学生集団のエスニック構成比を地域の人口比に近づけることに固執していたことがあり、数のうえでは人口比を凌ぐ割合で在籍する、「多すぎる」アジア系の入学が抑えられることになったのだった。しかし、極端な貧富の差をかかえるアジア系内部の階層構造や、根強い彼らへの偏見などからすると、アジア系はいまだ「非マイノリティ」とは言い切れない。そのため、アファーマティヴ・アクションの理念にもとづいた「多様性」尊重の入試制度が、高等教育以外の分野では依然としてアメリカ社会の弱者であるアジア系にふたたび不利に働いた、すなわち、「再差別」装置として機能したのだった。本書第2章でハーヴァード大学内外の「割当制」をめぐる動きを描いたように、博論第6章では、一九八四年から一九八七年にかけてのカリフォルニア大学バークレー校に関して、大学当局とアジア系団体や州議会とのやりとり、入学制度変更の過程を描いていた。

このように、筆者のもともとの関心は、ユダヤ教の教義や離散民としてのユダヤ人の歴史というよりも、多様なエスニック・グループをかかえる合衆国および移民、エスニック・マイノリティをめぐる政策や教育にある。むろん、ユダヤ学やユダヤ人史は、人類全体の歴史の奥深さを感じさせる学問であり、それゆえに、筆者に旧約聖書やヘブライ語の知識があれば、本書の議論は「ユダヤ人に関する研究」としてより充実したものになったであろうことは否めないのであるが。

とはいえ、筆者がアメリカ史・アメリカ研究の視角からユダヤ人の問題を扱ったことは、マイナス面ばかりではないだろう。というのも、合衆国では、ユダヤ系に関する歴史研究は盛んにおこなわれているが、その大部分は、自らがユダヤ系である研究者によって「自分史・同胞史」として描かれている。アメリカ・ユダヤ人について扱った文献は、図書館ではアメリカ史（U.S. History）ではなくユダヤ人史（Jewish History）の書架に収められているし、ユダヤ人-黒人関係研究は、もっぱらユダヤ人研究者によって、「ユダヤ人の」黒人問題や公民権問題への関与として描かれている。

その点、自らが当事者でない筆者は、こういった偏りから離れて課題を検証することが可能ではないだろうか。筆者は、昨年から一九四五年ニューヨーク州公正雇用実施法制定に際してのユダヤ人団体の動きについての研究を開始しているのだが、幸運なことに、この研究課題に対して、ニューヨーク市のYIVOユダヤ研究所からリサーチ・フェローシップをいただいている。ヤムルカ帽をかぶり「シナゴーグの建築様式」のヘブライ語文献を読む人の隣で二〇世紀の合衆国のことを調べる筆者は、文書館での存在としても、研究の内容の点でも、かなり「浮いて」いる。それでもなお、筆者が拙い英語で書いたプロポーザルが採用されたということは、YIVOの懐が深いだけではなく、もしかすると、遠くからだからこそ見える大局的な視点が評価されたのかもしれない。

本書第3～5章はユダヤ人学生「割当制」の撤廃に向けてのユダヤ人サイドの動きについて論じたが、従来の研究では、公正教育実施法の制定、ニューヨーク州立大学の設立、世俗的ユダヤ人の設立、人種隔離教育制度との関連についてまで広げて論じた論考は皆無であった。日本に住む筆者だからこそ、ユダヤ人史としてではなく、アメリカ史として「割当制」の問題を論じることができたのかもしれない。むろん、それだけに、議論を広げすぎとのご指摘もすでに頂いたのだが、「割当制」という、切り口としてはマイナーなところから切り込んでいった筆者の研究が、少しでもアメリカ史学界に貢献することができれば望外の幸せである。

*

本書の出版にあたって、ここにいたる道のりを振り返ってみると、今さらながら感慨深い。学部生時代の私は、生成文法理論の「せ」の字もわからない出来の悪い英語学専攻の学生だった。宮島喬先生の社会学の授業で「地位不整合マイノリティとしてのユダヤ人」に興味を持ったこと、アメリカ英語のエスニック・ネーム（エスニック・グループの蔑称）についての卒業論文を面白いとほめてくださったエドワード・シェーファー先生の御祖父様がロシアからのユダヤ移民であったことが、私のアメリカ・ユダヤ人との出会いであったように思う。

九州大学大学院では、指導教官を引き受けてくださった菅英輝先生、高田和夫先生、横田耕一先生には、言葉に尽くせぬほどの厳しくも暖かいご指導をいただいた。先生方の学恩にはただただ感謝申し上げるばかりである。大学院在学中には、院生の仲間に囲まれて学問の世界の深さや厳しさを日々実感しながら、充実した日々を過ごすことができた。大学院の校舎のある六本松キャンパスはこの三月末で伊都に移転してしまうが、私は今でも「大学院に戻りたい」と言っては先生方や後輩たちにあきれられている次第である。

また、野村達朗先生には、修士課程一年のころから博士論文の学外審査員にいたるまで、労働史、移民史、民衆史の立場からご指導をいただいた。二〇世紀初頭にニューヨークの衣料工場で働いたユダヤの娘たちのストライキの様子をお話になる先生の語り口には、ついつい引き込まれ時間を忘れてしまう。いままでも、これからも、少しでも近づきたい目標である。また、英米両国のユダヤ人、とくに反ユダヤ主義の専門家である佐藤唯行先生にも、研究会等でお目にかかったときをはじめ何度も貴重なコメントをいただいた。また、故・斎藤眞先生は、九大大学院での集中講義の折に筆者のジョン・ハイアムの書評草稿を読んでくださり、その後も何度も励ましのお便りをくださった。先生からいただいた『アメリカ政治外交史教材——英文資料選』のオーサーズ・コピーは、私の宝物である。

本書の出版にあたっては、財団法人アメリカ研究振興会および北九州市立大学から出版助成を得ることができた。とくにアメリカ研究振興会については、応募のために提出した原稿の段階で、審査員および常務理事の先生方から、丁寧かつ適切で厳しいコメントを頂戴した。本書のいたらない点は多々あるが、それはひとえに筆者の力不足によるものであり、振興会のおかげで本書は内容的にも引き上げられたはずである。また、北九州市立大学からは、平成二〇年度学術図書刊行助成の交付を受けた。むろん、平成一六年度に着任三年目にして半年間の国内研修の機会を頂き、その間に博士論文を完成できたことがこのたびの出版につながっているのであり、外国語学部の同僚の先生方、事務職員の方々にもあらためて感謝申し上げる次第である。

これまで私を励まし導いてくださった多くの方々すべての名前を挙げることは不可能なのであるが、本書執筆に際して直接的にお世話になった方々にも、ここに記してお礼申し上げたい。アメリカ・ユダヤ人委員会のアーキビストであるサイマ・ホロウィッツさんとミシェル・アニシュさんは、私ひとりのリサーチのために何度も図書室の時間を延長してくださり、今回は、洋雑誌論文の巻号調査と発行年不明資料の確認をお手伝いくださった。また、ユダヤ人の名前のカタカナ表記については、ブランダイス大学大学院生の村岡美奈さんのお手をわずらわせた。

本書の出版をお引き受けくださり、編集を担当された法政大学出版局の勝康裕氏にも格別の感謝を捧げたい。アメリカ研究振興会の懇談会で、役員の先生方は、編集者は最初の読者であるとお話になったが、まさに氏は、優れた学術書の編集者としてだけでなく、本書の最初の読者として、さまざまな点について厳しく書き直しを促された。くわえて、私のとんでもない遅筆のため、ご迷惑をかけ通しであった。勝さんに叱られながらでなければ、本書はこのような形での完成をみることはなかっただろう。
最後になるが、サピエンティアの叢書に入る関係でかなわなかったのだが、実妹の櫻井雅美は本書のカバーのデザインを準備してくれた。別の機会に、こんどは雅美のデザインの表紙を使用した本を出版せよということだと考えることにしたい。そして、今年数え年百歳を迎えた祖母の介護をしながら、ゆっくりと帰省もしない娘を見守ってくれる父・北敏幸と母・北嘉與子に本書を捧げたい。父は、約五年前に高田和夫先生と同じ病気であることが判明したのだが、私が博士論文を書き、それが本になろうとしている今も元気にしている。必ず先生もご回復なさることと信じている。

二〇〇九年三月　確実な春の訪れを感じさせる日に

北　美幸

人名索引

[ア　行]
アイヴィー，アンドルー Ivy, Andrew C.　208–209
アインシュタイン，アルバート Einstein, Albert　134, 149, 156, 158, 274n(69)
ウィルキンズ，ロイ Wilkins, Roy　197
ウェクスラー，ハロルド Wechsler, Harold S.　21
ウェスト，コーネル West, Cornel　25
ウェブスター，ジョージ Webster, George Pearl　73
ウルフソン，ハリー Wolfson, Harry A.　63, 71
ウロフスキー，メルヴィン Urofsky, Melvin I.　217
エプスタイン，ベンジャミン Epstein, Benjamin R.　209, 215, 227
エリオット，チャールズ Eliot, Charles William　53–54, 74, 80, 81
オースティン，バーナード Austin, Bernard　94, 97
オリフ，ルイス Olliffe, Lewis W.　108
オレン，ダン Oren, Dan A.　21

[カ　行]
カプラン，モーデカイ Kaplan, Mordecai　158
カラベル，ジェローム Karabel, Jerome　19, 250n(18)
カレン，ホレス Kallen, Horace M.　39, 41, 120, 141, 158, 242, 272n(41)
ギャノン，ロバート Gannon, Robert I.　97–99, 105, 107–108
キング，マーチン・ルーサー King, Jr., Martin Luther　26, 161, 194, 203, 205, 213
クイン，エルマー Quinn, Elmer F.　108
グッドマン，アンドルー Goodman, Andrew　194
クラウス，アレン Krause, Allen　198
クラーク，ケネス Clark, Kenneth B.　189
クラーク夫妻 Clark, Kenneth B. and Mamie　187
グランジェント，チャールズ Grandgent, Charles Hall　63–64
クリストル，アーヴィング Kristol, Irving　207
グリノフ，チェスター Greenough, Chester N.　63, 71
グリーンバーグ，シェリル Greenberg, Cheryl Lynn　27–28, 253n(52)
グリーンバーグ，ジャック Greenberg, Jack　276n(5)
グレーザー，ネイサン Glazer, Nathan　39, 207, 214
ゲインズ，ロイド Gaines, Lloyd　175–176, 277n(15)
ケネディ，ジョン Kennedy, John F.　6
コーエン，モリス Cohen, Morris Raphael　156
コックス，チャニング Cox, Channing Harris　73
ゴードン，ミルトン Gordon, Milton M.

36, 38–39, 253n(58)
コナント，ジェームズ Conant, James Bryant 69
ゴールドスタイン，イスラエル Goldstein, Israel 141, 144–145, 148–149, 152–161, 272n(41), 273n(50), 274n(69)
ゴールドスタイン，エリック Goldstein, Eric L. 241, 283n(18)
ゴールドスタイン，ジュリアス Goldstein, Julius L. 93–94
コーン，バートラム Korn, Bertram Wallace 196

［サ 行］
ザッハー，エイブラム Sachar, Abram L. 160
佐藤唯行 18, 262n(6)
ザングウィル，イスラエル Zangwill, Israel 40
ジェームズ，ヘンリー James, Henry 67
シノット，マーシャ Synnott, Marcia Graham 21, 32, 255n(2), 262n(6)
シュレージンガー，ジュニア，アーサー Schlesinger, Jr., Arthur M. 38
シュロスバーグ，ジョセフ Schlossberg, Joseph 144–145
シュワーナー，マイケル Schwerner, Michael 194
シュワルツ，アーサー Schwartz, Arthur H. 102, 107–108
ジョンソン，アルヴィン Johnson, Alvin 156, 158, 266n(49)
ジョンソン，リンドン Johnson, Lyndon B. 6, 8, 205
シルバーマン，チャールズ Silberman, Charles E. 78, 238
シンドラー，アラン Sindler, Allan P. 217, 243
スウェット，ヘマン Sweatt, Heman 176–178, 185
スヴォンキン，ステュアート Svonkin, Stuart 22, 28
スター，ハリー Starr, Harry 70
スタインバーグ，スティーブン Steinberg, Stephen 20, 32, 255n(2), 262n(6)
スタインブリンク，マイヤー Steinbrink, Meier 98, 104
スティーヴンス，ジョン Stevens, John Paul 222
ストイアー，マックス Steuer, Max D. 128
ストファー，デイヴィッド Stoffer, David 70
スピンガーン，アーサー Spingarn, Arthur B. 178
スピンガーン，ジョエル Spingarn, Joel E. 178
スミス，C. ラッグルズ Smith, C. Ruggles 144, 148
スミス，ジョン Smith, John Hall 144
スロウソン，ジョン Slawson, John 189
セリグマン，ジョセフ Seligman, Joseph 15
ソーンダイク，エドワード Thorndike, Edward Lee 52

［タ 行］
タカキ，ロナルド Takaki, Ronald 38
ダーショウィッツ，アラン Dershowitz, Alan M. 84, 224
チェイニー，ジェームズ Chaney, James 194
チェイン，イシドア Chein, Isidor 190
チェスキス，ジョセフ Cheskis, Joseph 144, 148
チャーニン，アルバート Chernin, Albert D. 228
ディッキー，ジョン Dickey, John 118,

119
ディナースタイン，レナード Dinnerstein, Leonard 262n(6), 264n(28)
デフュニス，マーコ DeFunis, Marco 202, 284n(25)
デューイ，トマス Dewey, Thomas E. 97, 99–100, 106, 108, 124, 125
ドイッチャー，マックス Deutscher, Max 190
ドゥジアック，メアリー Dudziak, Mary L. 262
トルーマン，ハリー Truman, Harry S 31, 262n(6), 275n(3)

[ナ 行]

ニクソン，リチャード Nixon, Richard M. 210
ニード，スターリング Nead, Sterling 86
ニューマン，ルイス Newman, Louis I. 75, 132–137, 139–140, 142–143, 158, 161
ノア，モーデカイ Noah, Mordecai M. 127
野村達朗 13

[ハ 行]

ハイアム，ジョン Higham, John 18
パウエル，ルイス Powell, Lewis 222–224, 231
バーコウィッツ，デイヴィッド Berkowitz, David S. 101–102
ハースタイン，ジェイコブ Harstein, Jacob I. 153
バッキ，アラン Bakke, Allan 202, 217–222, 229–231, 284n(22)
ハーバーグ，ウィル Herberg, Will 275n(71)
ハーラン，ジョン Harlan, John Marshall 34
ファイン，レナード Fein, Leonard 26
ファッケンタール，フランク Fackenthal, Frank 97, 99
ファラカーン，ルイス Farrakhan, Louis 24
フォード，ヘンリー Ford, Henry 78
フォーマン，セス Forman, Seth 27, 196
ブラウン，エスター Brown, Esther 197–198
ブラウン，オリヴァー Brown, Oliver 186
ブラウン，リンダ Brown, Linda 186, 193
ブラフォード，ルシール Bluford, Lucile H. 277n(15)
フランク，ウォルドー Frank, Waldo 272n(42)
フランク，レオ Frank, Leo 179, 277n(20)
フランクファーター，フェリックス Frankfurter, Felix 55, 276n(5)
ブランダイス，ルイス Brandeis, Louis D. 125, 272n(41)
フリードマン，マレー Friedman, Murray 278n(20)
フレージャー，E. フランクリン Frazier, Edward Franklin 101
ブレナン，ウィリアム Brennan, Jr., William J. 222, 224
フロイト，ジークムント Freud, Sigmund 134
ヘシェル，エイブラハム Heshel, Abraham Joshua 203, 205
ペニーパッカー，ヘンリー Pennypacker, Henry 57, 63
ベルクソン，アンリ Bergson, Henri Louis 134
ヘルツェル，セオドア Herzl, Theodor 140

ホーイング，フレデリック Hoeing, Frederick W.　111–112
ホーナー，ハーラン Horner, Harlan H.　86
ホプキンス，アーネスト Hopkins, Ernest M.　86, 88, 115, 118
ホームズ，ヘンリー Holmes, Henry W.　63, 66
ポラック，オリヴァー Pollak, Oliver B.　225, 255n(2)
ポリエール，シャド Polier, Shad　103, 190
ホリンガー，デイヴィッド Hollinger, David A.　254n(58), 282n(6)
ホール，G. スタンリー Hall, G. Stanley　129–131
ボールドウィン，ジェイムズ Baldwin, James　23, 26
ボーン，ランドルフ Bourne, Randolph　39

[マ　行]

マクナリー，ジェームズ McNally, James B.　93
マクローリン，ジョージ McLaurin, George　177
マズロウ，ウィル Maslow, Will　95, 98–99, 102, 110, 190
マッキンタイア，ロバート McIntyre, Robert　99, 105
マック，ジュリアン Mack, Julian W.　56
マックウィリアムズ，ケアリー McWilliams, Carey　18
マホニー，フランシス Mahoney, Francis　94, 97, 99
マンティンバンド，チャールズ Mantinband, Charles　197
ムーア，デボラ Moore, Deborah Dash　22
メンデル，クラレンス Mendell, Clarence　69
モイニハン，ダニエル Moynihan, Daniel P.　39
モーゲンソー，ヘンリー Morgenthau, III, Henry　238
モリソン，サミュエル Morison, Samuel Eliot　54
モンスキー，ヘンリー Monsky, Henry　143

[ヤ　行]

ヤング，B. ローリング Young, B. Loring　73
ヤング，オーエン Young, Owen D.　100
ヤング，コールマン Young, Coleman　202

[ラ　行]

ラザルス，エマ Lazarus, Emma　248n(8)
ラスキン，サイモン Ruskin, Simon L.　128
ラーナー，マイケル Lerner, Michael　24, 26
リー，ロバート Leigh, Robert D.　101
リーザー，アイザック Leeser, Isaac　127
リップマン，ウォルター Lippmann, Walter　74
リーボウィッツ，サミュエル Liebowitz, Samuel　178
リーマン，ハーバート Lehman, Herbert H.　104–105, 267n(55)
ルーイソン，ルートヴィヒ Lewisohn, Ludwig　158
ルドルフ，フレデリック Rudolph, Frederick　48
レヴィソン，スタンリー Levison, Stanley　194

レヴィーン，ナオミ Levine, Naomi 227–228
ローウェル，アボット・ローレンス Lowell, Abbott Lawrence 17, 53–58, 61–62, 67, 69, 73–74, 223, 255n(2)
ローズヴェルト，フランクリン・D. Roosevelt, Franklin D. 86
ロスチャイルド，ジェイコブ Rothchild, Jacob 197
ローゼンウォルド，ジュリアス Rosenwald, Julius 26
ローディガー，デイヴィッド Roediger, David R. 241
ロペス，ジェームズ Ropes, James Hardy 57–58

［ワ 行］

ワイズ，スティーブン Wise, Stephen Samuel 104, 158, 267n(55)
ワシントン，ブッカー・T. Washington, Booker T. 26
ワース，ルイス Wirth, Louis 153

事項索引

［ア　行］
アイヴズ＝クイン法 Ives-Quinn Law 103 →「公正雇用実施法」も参照
アイルランド人／移民 6, 50, 207, 240–242
アジア系 5, 19, 37–38, 206, 240, 242
アファーマティヴ・アクション affirmative action 3–5, 24, 32, 35–36, 194, 200, 234, 243–245
　アジア系と―― 244–246, 289n(16)
　――とは 204–206
　ユダヤ人と―― 207–208, 214–222, 226–230, 236–237
〈アメリカ〉 8, 29, 40, 45, 72, 75, 79, 81, 136, 142, 162, 237–242, 246
アメリカ教育評議会 American Council on Education 113
アメリカ・シオニスト機構 Zionist Organization of America 145
アメリカ・シオニスト連盟 The Federation of American Zionists 141
アメリカ自由人権協会 American Civil Liberties Union: ACLU 103, 180, 186
アメリカ・ユダヤ人委員会 American Jewish Committee 23–24, 85, 97, 102–104, 124, 141, 150, 152, 179–180, 182–183, 187–189, 220, 222, 228, 262n(7)
　ユダヤ人のための高等教育に関する会議 The Conference on Higher Education for Jews 150
アメリカ・ユダヤ人会議 American Jewish Congress 22–23, 55, 85, 91, 93–98, 102–105, 109, 151–152, 158, 179, 185, 187, 190, 197, 220, 227–228, 235, 253n(53), 262n(7), 280n(48)
　コミュニティ相互関係委員会 Commission on Community Interrelations: CCI 190
　法と社会的行動のための委員会 Commission on Law and Social Action: CLSA 94–95
アメリカ・ユダヤ人歴史協会 American Jewish Historical Society 27
アメリカ・ラビ中央評議会 The Central Conference of American Rabbis 141
「新たなる巨像」“The New Colossus” 248n(8)
アルバート・アインシュタイン高等教育基金 Albert Einstein Foundation for Higher Learning 149, 158
アングロ・コンフォーミティ Anglo conformity 36
アングロ・サクソン 36–37, 272n(42)
イェシバ大学 Yeshiva University 127, 152
イエール大学 Yale University 21, 53, 69, 126
医科大学／医学校 17–18, 44, 52, 218 →「メディカル・スクール」も参照
イタリア人／移民 10–11, 20, 50, 207
　――系学生に対する差別 167, 170
イディッシュ語 Yiddish 15, 74, 242

——新聞　27, 179
移民
——制限　4–6, 19, 160
——の同化　37–39
——に対する不寛容　44, 49, 160
移民制限同盟 Immigration Restriction League　54
移民法　5, 237
1917年法　237, 257n(27)
1921年法　3, 78, 257n(27)
1924年法　3–5, 78, 160, 257n(27)
1965年法　4, 6–8
衣料工場／衣料産業　15, 46, 49
ウィスコンシン大学 University of Wisconsin　216
エスニック・リバイバル　38–39
黄金の扉 golden door　8, 19, 41, 234, 248n(8)
オクラホマ大学 University of Oklahoma
——教育学大学院　177
——ロー・スクール　178
オースティン＝マホニー法案 Austin-Mahoney bill　94–100, 106–107, 150 →「1948年ニューヨーク州公正教育実施法」も参照

［カ　行］

改革派ユダヤ教 Reform Judaism　15, 104, 127, 141, 195
改正命令第4号 Revised Order no. 4　210, 226　→「大統領行政命令11246号」も参照
学生非暴力調整委員会 Student Nonviolent Coordinating Committee: SNCC　24
隔離すれども平等　→「分離すれども平等」を参照
合衆国憲法修正第14条 14th Amendment to the U.S. Constitution　173, 183, 187
合衆国憲法修正第15条 15th Amendment to the U.S. Constitution　71
カトリック　20, 130, 207
——教徒の学生　50, 77, 144, 167, 170, 208
——系学校・大学　31, 97–98, 121, 126, 130, 153, 155
差別禁止法に反対　98–99, 105–106
カラー・コンシャス color conscious　33, 35–36, 39, 161, 200, 208, 214, 230, 237, 245
カラー・ブラインド color blind　28–36, 39–40, 113, 120, 125, 161–162, 191–194, 200, 203, 210–215, 230, 236, 246, 253n(53)
カリフォルニア州民投票提案209 California Proposition 209　232
カリフォルニア大学 University of California　286n(37)
——デイヴィス校メディカル・スクール　202, 217–231
——バークレー校　244, 289n(16)
——ロサンジェルス校　244
カリフォルニア大学理事会対バッキ訴訟／判決 University of California Regents v. Bakke　203, 216–226, 228–231
旧移民 old immigrant　4
教育における差別に反対するニューヨーク州委員会 New York State Committee Against Discrimination in Education　96–97, 266n(49)
教育における平等のためのニューヨーク州委員会 New York State Committee for Equality in Education　102–103, 107
行政管理予算局命令第15号 Office of Management and Budget Statistical Directive no. 15　206–207
強制バス通学 busing　194

ギリシア　4
──語　48, 54, 258n(32)
──人／移民　11
クイン＝オリフ法案 Quinn-Olliffe bill 108 →「1948年ニューヨーク州公正教育実施法」も参照
クー・クラックス・クラン Ku Klux Klan 78, 136
ゲインズ対カナダ訴訟／判決 Gains v. Canada 175–176
公正教育実施法 Fair Educational Practices Act 30–31, 102, 107, 117, 119, 121, 185, 192, 235, 241
──の効果　110–115
1948年ニューヨーク州──　22, 30, 91–115, 190
1949年マサチューセッツ州──　110
1949年ニュージャージー州──　110–112
公正雇用実施法 Fair Employment Practices Act 85, 94, 264n(28)
合同衣服労働組合 Amalgamated Clothing Workers Union 144, 179
公民権運動 civil rights movement 4, 19, 32, 165, 199, 204, 209–210, 215, 231, 237
──史研究　23, 28, 276n(5)
──へのユダヤ人の参加　26–27, 33, 165, 178–179, 190, 193–198, 202, 226, 236, 288n(11)
公民権法（1964年）Civil Rights Act of 1964 24, 32, 40, 204, 209–211, 227, 236–237, 282n(3)
国際婦人服労働組合 International Ladies Garment Workers' Union: ILGWU 179
黒人　37–38, 41, 170, 231, 234, 240–242
──大学　165, 171, 174–175
──対白人　26, 39, 240–241
──用ロー・スクール　175–177, 182
ユダヤ人－黒人関係　23–28, 179, 184–185, 202–203, 276n(5)
子どもと青少年に関するミッドセンチュリー・ホワイトハウス会議 Midcentury White House Conference on Children and Youth 189
ゴールドスタイン対ミルズ訴訟／判決 Goldstein v. Mills 93, 95
コロンビア大学 Columbia University 21, 47, 52, 92–93, 97, 116, 126, 269n(5)
──ティーチャーズ・カレッジ　52
──メディカル・スクール　84

[サ　行]

シオニスト Zionist 140–141, 145
──運動　139–141, 145, 152, 272n(41)
第1回──会議　140
シピュエル対オクラホマ州立大学訴訟／判決 Sipuel v. University of Oklahoma 178
ジム・クロウ制度 Jim Crow 165, 171 →「人種隔離制度」も参照
ジューイッシュ・セオロジカル・セミナリー・オブ・アメリカ Jewish Theological Seminary of America 127
自由の女神 statue of liberty 4, 6–8, 248n(8)
新移民 new immigrant 4, 10–11, 37–38, 49, 237, 240–241, 257n(18), 287n(1)
紳士協定 gentleman's agreement
映画──　89
──としての「割当制」86–90, 95, 121, 235
人種隔離教育制度　31, 121, 165, 173–200, 208, 236
──に関する各州の法規定　173–174
「割当制」との相違・関連　90, 166–172, 184–186, 191–194, 199
人種隔離制度　164, 185, 198, 241, 262n(5) →「ジム・クロウ制度」も参

照
事実上の—— de facto segregation 193–194, 253n(53)
新保守主義 neo-conservatism 207, 214
人類のオーケストラ 41, 120, 152 →「文化多元主義」も参照
スウェット対ペインター訴訟／判決 Sweatt v. Painter 176–187
スコッツボロー事件 Scottsboro Case 178
正統派ユダヤ教 Orthodox Judaism 15, 24, 48, 128
世俗的ユダヤ人大学 Jewish-sponsored secular university 30–31, 121, 208, 236, 242
「アカデミック・ゲットー」としての—— 137, 148–152, 156, 160, 162, 242
他国の—— 134
「非割当(non quota)」の大学としての—— 31, 154–155, 157, 161–162, 236
セファルディーム系ユダヤ人 Sephardic Jew 10, 202
全国黒人地位向上協会 National Association for the Advancement of Colored People: NAACP 32, 98, 102, 164–165, 173–175, 178–179, 181, 183, 185, 192, 197–199, 236, 276n(5), 277n(15)
——法的防衛基金 NAACP Legal Defense and Educational Fund 276n(5)
全国コミュニティ関係諮問会議 National Community Relations Advisory Council: NCRAC 152, 157, 283n(12)
全国法曹ギルド National Lawyers' Guild 180
全国ユダヤ人コミュニティ関係諮問会議 National Jewish Community Relations Advisory Council: NJCRAC 197, 209, 227–228

[タ 行]

大学入学における差別に関する全国教育者会議 Conference on Discrimination in College Admissions 113, 166, 209
大統領行政命令 executive order 31
11246号 205, 226
9981号 275n(3)
大統領「高等教育に関する委員会」(トルーマン) President's Commission on Higher Education 107, 110
大統領「公民権委員会」(トルーマン) President's Commission on Civil Rights 102, 107, 110, 118–119
ダートマス大学 Dartmouth College 77, 86, 115, 118, 129
多文化主義 38, 254n(58) →「マルティカルチュラリズム」も参照
テキサス大学 University of Texas
——ロー・スクール 176–177
デフュニス対オデガード訴訟／判決 DeFunis v. Odegaard 284n(25)
ドイツ系ユダヤ人 11–13, 15, 22, 74
——のラビ 141
東欧系ユダヤ人 10–13, 15–16, 19, 66, 74, 195
——の流入 46, 80
投票権法(1965年) Voting Rights Act of 1965 32, 204
奴隷
——解放 4, 199
——制 25, 193, 196
——貿易・売買 25
『奴隷より立ち上がりて』 *Up from Slavery* 26

[ナ 行]

日系市民協会 Japanese American Citizens League: JACL 103, 186

入学願書 application blank　2–3, 89–90
　——の差別的質問項目　30, 33, 52, 68, 88–90, 95, 111–113, 119–121, 160, 162, 167, 170, 192, 209–210, 216, 230, 235–236, 240
ニューヨーク市
　統合に関するニューヨーク市長の委員会 Mayor's Committee on Unity　94, 149
　ニューアムステルダム　10
　——のメディカル・スクール　111, 132
　——ブルックリン　206
　——ロアー・イーストサイド　13–14, 234, 242
　ユダヤ人の居住地としての——　13, 20, 46, 66, 89, 116, 195
ニューヨーク州　150
　州教育庁 State Department of Education　95, 105–106, 108
　州立大学の必要性に関する臨時委員会 Temporary Commission on the Need for a State University　99–110, 124, 149
　上記委員会公聴会　102–105, 267n(55)
ニューヨーク州カトリック福祉委員会 New York State Catholic Welfare Committee　98–99
ニューヨーク州大学連合 Association of Colleges and Universities of the State of New York　97, 99, 104, 107
ニューヨーク市立大学 City College of New York　46–47, 71, 84, 91
ニューヨーク大学 New York University　47, 51–52, 92
　——ユニバーシティハイツ分校　52
『ニューヨーク・タイムズ』*The New York Times*　15, 75, 140
　——における「割当制」についての報道　59–61, 72, 75
人数条項 numerus clausus　78–80, 115, 217, 220, 285n(29)
ネイション・オブ・イスラム Nation of Islam　24–25
ネオ・コンサバティズム neo-conservatism　207　→「新保守主義」も参照

[ハ　行]

ハーヴァード・クラブ連合 Associated Harvard Club　81
ハーヴァード大学 Harvard University　17, 21, 30, 47, 126, 167, 244, 257n(27), 269n(5)
　——・カレッジ　29, 45, 53–82, 88, 129, 131–132, 235, 255n(2)
　上位7分の1プラン　65, 67–69, 76, 116
　新入生数の制限に関する特別委員会　67–68
　大学入学候補者のより効果的な選別のための原則と方法を検討し理事会に報告する委員会　62, 64, 73–76, 81–82
　バッキ事件との関連　223–225, 231
白人
　——対黒人　→「黒人対白人」を参照
　——用ロー・スクール　121, 165
白人性 whiteness
　——研究　26, 240, 287n(3)
　ユダヤ人の白人化と——　25–26, 196, 205–207, 226, 231, 238–242, 283n(18), 288n(11)
バッキ事件　→「カリフォルニア大学理事会対バッキ訴訟／判決」を参照
ハワード大学 Howard University　24, 101
反名誉毀損同盟 Anti-Defamation League of B'nai B'rith　3, 22–23, 31, 85, 89, 91, 97, 103–104, 112, 114, 119, 162,

166–172, 179–181, 183, 187, 189, 196–197, 209–210, 216, 220, 222 262n(7)
——総裁　98, 104, 209
反ユダヤ主義 anti-Semitism
医学界における——　128, 143
合衆国における——（概況）15–17, 195–196
黒人による——　24–26
——研究　17–18, 28
ヨーロッパでの——　10, 78–79, 87–88
100パーセント・アメリカニズム 100% Americanism　49, 160
100万人大行進 Million Man March　25
復員軍人　93, 100, 235, 262n(6)
——援護法 G. I. Bill of Rights　93, 149
ブネイ・ブリス B'nai B'rith　22, 143, 152, 239
ブラウン対トペカ市教育委員会訴訟／判決 Brown v. Board of Education　31–32, 165, 173–174, 176, 178, 184–191, 193, 196–199, 221, 236, 241, 253n(53), 275n(3)
——とユダヤ人団体　186–191
ブランダイス大学 Brandeis University　31, 40, 125, 142–162, 203, 236, 274n(70)
プリンストン大学 Princeton University　21, 47, 53
プレッシー対ファーガソン判決 Plessy v. Ferguson　31, 34, 164, 173, 181, 186, 236
プロテスタント　49, 104, 126, 144, 240, 269n(5)
上流階級——学生　20, 49, 71, 84, 235, 237
——に限る　16, 242
プロテスタント－カトリック－ユダヤ　41, 275n(71)
文化多元主義 cultural pluralism　36–38, 41, 120, 139, 141–142, 152, 214, 242, 245, 254n(58)
分離すれども平等 separate but equal　31, 34, 164–166, 171–175, 181, 183–184, 187, 191, 236
ヘブルー・ユニオン・カレッジ Hebrew Union College　127
ポーランド人／ポーランド移民　10–11, 207
——系学生に対する差別　170
法廷助言者 amicus curiae brief　179, 185, 220
——意見書　93, 180–183, 187, 190, 197, 199, 219–220
ポグロム pogrom　12, 13
保守 conservatism　212–214, 230
保守派ユダヤ教 Conservative Judaism　127, 145
ポリティカル・コレクトネス political correctness　245
ホワイト・エスニック white ethnic　33, 215, 240–241
ホワイトネス whiteness　→「白人性」を参照

［マ　行］
マクローリン対オクラホマ州訴訟／判決 McLaurin v. Oklahoma　176–178, 183–184
マルティカルチュラリズム multiculturalism　245　→「多文化主義」も参照
ミシガン大学 University of Michigan
——ロー・スクール　232
ミズーリ大学 University of Missouri
——ジャーナリズム大学院　277n(15)
——ロー・スクール　175–176
ミドルセックス大学 Middlesex University　143–144, 148–149
メディカル・スクール medical school

2–3, 17, 21, 81, 84, 89, 104, 111, 128, 144–145, 167, 185, 217, 261n(2), 262n(6), 273n(50)
メノラー・ソサイエティ Menorah Society 54, 70, 257n(25)
メルティング・ポット melting pot 21, 36–37, 39, 152, 214, 253n(55), 272n(42), 289n(15)
　戯曲—— 41

[ヤ　行]

ユダヤ学／ユダヤ人研究 Jewish studies 22, 127–128, 134, 162, 269n(5)
ユダヤ教宗教指導者 31, 50, 125, 197 →「ラビ」も参照
ユダヤ人労働委員会 Jewish Labor Committee 97, 152–153

[ラ　行]

ラビ rabbi 50, 75, 132, 197, 203 →「ユダヤ教宗教指導者」も参照
　——養成学校 50, 125–128, 131, 160
リベラル／リベラリズム liberal/ liberalism 212–215
　ユダヤ人の—— 33, 208, 214–215, 230, 283n(18)
リベラルアーツ・カレッジ liberal arts college 21, 89, 92, 111, 269n(5), 273n(50)
るつぼ melting pot 8, 36–37, 41, 120, 125, 139, 141–142, 162, 242, 253n(55), 272n(42) →「メルティング・ポット」も参照
　3つの—— 41, 275n(71)
レオ・フランク事件 Leo Frank Case 26, 179, 277n(20)
連合ユダヤ人組織対ケアリー訴訟／判決 United Jewish Organizations v. Carey 206
連邦最高裁判所 U.S. Supreme Court 4, 165, 176, 180–181, 186–187, 206, 219, 222, 229, 284n(25)
ロシア 11–13, 20, 80
　——革命 50, 78
　——人／系移民 11, 50
　——でのユダヤ人迫害 12–13, 75, 78–79
ロシア系ユダヤ人／ロシア・ユダヤ人 11–13, 74
ロー・スクール law school 3, 81, 185
　——訴訟 31, 121, 165, 174–176, 178–186, 199

[ワ　行]

ワシントン大行進 March on Washington, 1963 213
ワスプ White Anglo-Saxon Protestant: WASP 5, 21, 50, 71, 84, 160, 208, 237, 255n(2) →「プロテスタント」も参照
割当制 quota 3–6
　アファーマティヴ・アクションにおける—— 3–4, 32, 200, 203, 209, 215–232, 237
　移民の出身国別—— 3–6, 8, 78, 237
　黒人差別，人種隔離教育制度と—— →「人種隔離教育制度」を参照
　世俗的ユダヤ人大学と—— 31, 125, 128–129, 133, 142, 144, 148–152, 154–162, 236 →「世俗的ユダヤ人大学，——非割当の大学」も参照
　入学生出身地の地域—— regional quota 82, 89, 115–121, 216, 235
　——撤廃運動 Crack the Quotas Drive 3, 30–31, 35, 112, 119, 165–172, 186, 191, 209

主要参考文献

【辞典・統計資料】

Fischel, Jack. and Sanford Pinsker. *Jewish-American History and Culture: An Encyclopedia,* New York: Garland Publishing Inc., 1992.

Marcus, Jacob Rader. *To Count a People: American Jewish Population Data, 1585–1984,* Lanham, MD: University Press of America, 1990.

Norwood, Stephen H. and Eunice G. Pollack. eds. *Encyclopedia of American Jewish History,* 2 vols, Santa Barbara, CA: ABC-CLIO, Inc., 2008.

Purvis, Thomas L. *A Dictionary of American History,* Cambridge, MA: Blackwell Publishers Inc., 1997.

Thernstrom, Stephen. ed. *Harvard Encyclopedia of American Ethnic Groups,* Cambridge, MA: Harvard University Press, 1980.

【新聞・雑誌】

ADL Bulletin

American Jewish Congress, *News Summary*

American Jewish Congress Record

American Jewish *Congress bi-Weekly*

American Jewish *Congress Weekly*

American Jewish Year Book

American Hebrew

Boston Post

Commentary

Nation

New Republic

Newsweek

New York Post

New York Times

Outlook

School and Society

U.S. News and World Report

World's Work

Z. B. T. Quarterly

【文書館所蔵資料】
American Jewish Archives, Cincinnati, OH
Brandeis University
Civil Rights

American Jewish Committee Blaustein Library, New York, NY
Brandeis University
Civil Rights/ AJCongress
Discrimination, Education
Discrimination, Education/ ADL
Discrimination, Education/ AJC
Discrimination, Education, Medical
Discrimination, Education, Medical/ AJC
Discrimination, Education, NY, Columbia University
Negroes, Civil Rights Movement
Negroes, Civil Rights Movement/ AJC
Negro-Jewish Relations, 1936–1968, 1969–1975, 1976–1981, 1982–1988, 1989–1996
Negro-Jewish Relations/ ADL
Negro-Jewish Relations/ AJC, 1938–1969, 1970–1987
Negro-Jewish Relations/ AJC, 1988–
Negro-Jewish Relations/ AJCongress
Negro-Jewish Relations/ Negroes, 1939–1985, 1986–
Negro-Jewish Relations, New York（City）/ AJC
Negro-Jewish Relations, New York（City）/ AJCongress
Preferential Treatment/ ADL
Preferential Treatment/ AJC
Preferential Treatment/ AJCongress
Preferential Treatment/ Bakke Case
Preferential Treatment/ Jewish Viewpoint

American Jewish Historical Society, New York, NY
American Jewish Congress. Records, n.d., 1916–
Shad Polier, 1906–1976. Papers, undated, 1927–1980
Subject Files, Series III, Black-Jewish Relations

YIVO Institute for Jewish Research, New York, NY
American Jewish Committee Record Group, General 10, General 13.

【レポート・報告書など】
Asian American Task Force on University Admissions. *Task Force Report,* c/o Asian In-

corporated, San Francisco, CA, June 17, 1985.

Berkowitz, David S. *Inequality of Opportunity in Higher Education: A Study of Minority Group and Related Barriers to College Admission,* A Report to the Temporary Commission on the Need for a State University, New York State Legislative Document, no. 33, 1948.

Brown, Francis J. ed. *Discriminations in College Admissions: A Report of a Conference Held under the Auspices of the American Council on Education in Cooperation with the Anti-Defamation League of B'nai B'rith, Chicago, Illinois, November 4–5, 1949,* American Council on Education Studies, Reports of Committee and Conferences, no. 41, Washington, D.C., April 1950.

Civil Rights in the United States in 1948: A Balance Sheet of Group Relations, [New York:] National Association for the Advancement of Colored People, American Jewish Congress, [1949?].

Civil Rights in the United States in 1950: A Balance Sheet of Group Relations, [New York:] National Association for the Advancement of Colored People, American Jewish Congress, 1951.

Forster, Arnold. *A Measure of Freedom: An Anti-Defamation League Report,* New York: Doubleday & Company, Inc., 1950.

From Color Blind to Color Conscious: A Study of Public School Integration in New York City, New York: American Jewish Congress, September 1959.

Ivy, A. C. and Irwin Ross. *Religion and Race: Barriers to College?* Public Affairs Pamphlet No. 153, published in cooperation with the Anti-Defamation League of B'nai B'rith, 1949.

Mayor's Committee on Unity. *Report on Inequality of Opportunity in Higher Education,* New York, N.Y., July 1, 1946.

The President's Commission on Higher Education. *Higher Education for American Democracy,* vol. 2, *Equalizing and Expanding Individual Opportunity,* New York: Harper & Brothers, 1947.

The President's Commission on Civil Rights. *To Secure These Rights,* Washington, D.C.: Uniteed States Government Printing Office, 1947.

The Proposed Establishment of A State University in New York, The American Jewish Committee, Library of Jewish Information, February 1946.

Roper, Elmo. *Factors Affecting the Admission of High School Seniors to College: A Report for the Committee on a Study of Discriminations in College Admissions,* American Council on Education, 1949.

Samet, Seymour. *The Impact of Geographical Diversity in College Admissions: An Exploratory Analysis,* New York: The American Jewish Committee, 1990.

Schachner, Nathan. *The Price of Liberty: A History of The American Jewish Committee,* New York: The American Jewish Committee, 1948.

Snyder, Jill Donnie. and Eric K. Goodman. *Friend of the Court, 1947–1982,* New York:

Anti-Defamation League, 1983.

Sparling, Edward J. *Civil Rights: Barometer of Democracy,* Freedom Pamphlet Series, Anti-Defamation League of B'nai B'rith, 1949.

State of Connecticut Inter-Racial Commission. *College Admission Practices with Respect to Race, Religion and National Origin of Connecticut High School Graduates,* by Henry G. Stetler, Ph.D., Research Associate, Connecticut Inter-Racial Commission, Hartford, 1949.

State of New York. *Report of the Temporary Commission on the Need for a State University,* Legislative Document, February 16, 1948.

Weintraub, Ruth G. *How Secure These Rights?: Anti-Semitism in the United States in 1948, An Anti-Defamation League Survey,* New York: Doubleday & Company, Inc., 1949.

【法廷助言者意見書（Amicus Curiae Briefs)】

Brief of Stephen S. Wise, Amicus Curiae, Supreme Court of the State of New York Appellate Division–First Department, *In the Matter of the Application of Julius L. Goldstein, Petitioner-Appellant, For an Order under Article 78, C.P.A. against William Wirt Mills, as President, Joseph M. Levine, Dominic A. Trotta, Peter Leckler, Adam E. Welstead, Walter A. Mungeer and Edward A. Goetting, as Members of the Tax Commission of the City of New York, and THE CITY OF NEW YORK, Respondents, and the Trustees of Columbia University in the City of New York, Respondent-Intervenor.*

Brief on Behalf of American Jewish Committee and B'nai B'rith (Anti-Defamation League) and National Citizens' Council on Civil Rights as Amici Curiae, in the Supreme Court of the United States, October Term, 1948, no. 667, *Heman Marion Sweatt, Petitioner, v. Theophilis Shickel Painter et al., Respondents.*

Brief on Behalf of American Jewish Committee and B'nai B'rith (Anti-Defamation League) as Amici Curiae, in the Supreme Court of the United States, October Term, 1949, no. 44, *Heman Marion Sweatt, Petitioner, v. Theophilis Shickel Painter et al., Respondents.*

Memorandum of American Jewish Congress, as Amicus Curiae, in Support of Petition, in the Supreme Court of the United States, October Term, 1948, no. 667, *Heman Marion Sweatt, Petitioner, v. Theophilis Schickel Painter, et al. on Petition for a Writ of Certiorari to the Supreme Court of Texas.*

Brief on Behalf of American Civil Liberties Union, American Ethical Union, American Jewish Committee, Anti-Defamation League of B'nai B'rith, Japanese American Citizens League and Unitarian Fellowship for Social Justice as Amici Curiae, in the Supreme Court of the United States, October Term, 1952, no. 8, *Oliver Brown, Mrs. Richard Lawton, Mrs. Sadie Emmanuel, et al., Appellants, vs. Board of Education of Topeka, Shawnee County, Kansas, et al.*

Brief of American Jewish Congress as Amicus Curiae, in the Supreme Court of the United States, October Term, 1952, no. 8, *Oliver Brown, Mrs. Richard Lawton, Mrs. Sadie Emmanuel, et al., Appellants, vs. Board of Education of Topeka, Shawnee County, Kansas, et al. On Appeal from the United States District Court for the District of Kansas.*

Brief Amici Curiae of Anti-Defamation League of B'nai B'rith; Council of Supervisors and Administrators of the City of New York, Local 1, AFSA, AFL-CIO; Jewish Labor Committee; National Jewish Commission on Law and Public Affairs ("COLPA"); and UNICO National, in the Supreme Court of the United States, October Term, 1977, no. 76-811, *Regents of the University of California, Petitioner, v. Allan Bakke, Respondent.*

Brief Amici Curiae of the Queens Jewish Community Council and The Jewish Rights Council, in the Supreme Court of the United States, October Term, 1977, no. 76-811, *Regents of the University of California, Petitioner, v. Allan Bakke, Respondent.*

"Harvard College Admission Program," *Brief Amici Curiae of Columbia University, Harvard University, Stanford University and the University of Pennsylvania,* in the Supreme Court of the United States, October Term, 1976, no. 76-811, *Regents of the University of California, Petitioner, v. Allan Bakke, Respondent*, Appendix.

【論文・文献】

邦　文

明石紀雄・飯野正子『エスニック・アメリカ――多民族国家における統合の現実（新版）』有斐閣，1997年。

有賀　貞編『エスニック状況の現在』日本国際問題研究所，1995年。

池田有日子「アメリカにおけるシオニズムの論理――ルイス・ブランダイスに関する考察を通じて」『政治研究』（九州大学政治研究会）第51号，2004年 3 月。

泉　貴子「トルーマン政権期における公民権委員会の活動――報告書作成過程を中心に」『西洋史学論集』第35号，1997年12月。

伊藤正己「Amicus Curiae について――その実際と評価」『菊井先生献呈論集――裁判と法（上）』有斐閣，1967年。

稲継　尚「プロフェッションの形成と学歴主義――アメリカにおける学歴主義」『芦屋大学論叢』第10号，1982年 8 月。

今田克司「米国における文化多元主義」初瀬龍平編著『エスニシティと多文化主義』同文舘出版，1996年。

今村令子『永遠の「双子の目標」――多文化共生の社会と教育』東信堂，1990年。

上田和夫『ユダヤ人』講談社，1986年。

上原貞雄『アメリカ合衆国州憲法の教育規定』風間書房，1994年。

大塚秀之「アメリカ合衆国における『逆差別』論争に関する一考察」『神戸市外国語大学外国学研究所　研究年報』第15号，1977年。

越智道雄『エスニック・アメリカ』明石書店，1995年。

川島正樹編『アメリカニズムと「人種」』名古屋大学出版会，2005年。

川島正樹『アメリカ市民権運動の歴史――連鎖する地域闘争と合衆国社会』名古屋大学出版会，2008年。

カーン，E. J.（渡辺通弘訳）『ハーバード――生き残る大学』日本 YMCA 同盟出版部，1984年。

北　美幸「合衆国の高等教育機関におけるユダヤ人差別――ニューヨーク州「州立大学の必要性に関する臨時委員会」報告書，『高等教育における機会の不平等』を手がかりに」『比較社会文化研究』（九州大学大学院比較社会文化研究科）第2号，1997年11月。

――「合衆国の高等教育機関におけるユダヤ人学生『割当制』」『西洋史学』第193号，1999年6月。

――「ユダヤ系アメリカ人と高等教育におけるアファーマティヴ・アクション――『割当』をめぐって」『アメリカ教育学会紀要』第10号，1999年9月。

――「『再差別』装置としてのアファーマティヴ・アクション――アジア系アメリカ人と大学入試選抜」『西洋史学論集』第37号，1999年12月。

――「『白人性《ホワイトネス》』議論のユダヤ系アメリカ人への適用の可能性」『法政研究』（九州大学法政学会）第70巻第4号，2004年3月。

――「アメリカ合衆国の高等教育機関における『割当制』廃止運動とユダヤ人団体――1948年ニューヨーク州公正教育実施法を中心に」『歴史学研究』第800号，2005年4月。

――「アメリカ・ユダヤ人の『平等』観と『るつぼ』――世俗的ユダヤ人大学の創設をめぐる議論から」『北九州市立大学外国語学部紀要』第120号，2007年9月。

ゴードン，ミルトン・M.「人種・種族集団関係の一般理論を求めて」N. グレーザー，D. P. モイニハン編（内山秀夫訳）『民族とアイデンティティ』三嶺書房，1984年。

阪本昌成・西村裕三「バッキー事件における主要なブリーフ（1）――バッキー側のブリーフ」『広島法学』第3巻第2号，1979年10月。

阪本昌成「バッキー事件における主要なブリーフ（2）――キャリフォーニア大側のブリーフ」『広島法学』第3巻第3号，1979年12月。

佐々木　毅『アメリカの保守とリベラル』講談社，1993年。

佐藤唯行「アメリカユダヤ人の世界――反ユダヤ主義の歴史的展開」『歴史学研究』第581号，1988年6月。

――「合衆国の大学教員職の任用・昇任時におけるユダヤ人排斥――1930年代から60年代」『青山史学』第13号，1992年10月。

――「合衆国の高等教育機関におけるユダヤ人排斥――クォータ・システムの展開」『西洋史学』第172号，1993年。

――『アメリカのユダヤ人迫害史』集英社，2000年。

シュレージンガー，ジュニア，アーサー（都留重人監訳）『アメリカの分裂――多元文化社会についての所見』岩波書店，1992年。

鈴木重吉・小川晃一編『ハイフン付きアメリカニズム』木鐸社，1981年。

スミス，リリアン・E.（廣瀬典生訳著）『今こそその時――「ブラウン判決」とアメリカ南部白人の心の闇』彩流社，2008年。

タカキ，ロナルド（富田虎男監訳）『多文化社会アメリカの歴史――別の鏡に映して』明石書店，1995年。

竹内裕子「償いの歴史を超えて――アメリカ合衆国におけるアファーマティブ・アクションをめぐって」田中きく代・高木（北山）眞理子編『北アメリカ社会を眺めて――女性軸とエスニシティの交差点から』関西学院大学出版会，2004年。

ダーショウィッツ，アラン・M.（山下希世志訳）『ユダヤ人の世紀――フッパ・成功に隠された屈辱の歴史』ダイヤモンド社，1993年。

中條　献『歴史のなかの人種――アメリカが創り出す差異と多様性』北樹出版，2004年。

辻内鏡人『現代アメリカの政治文化――多文化主義とポストコロニアリズムの交錯』ミネルヴァ書房，2001年。

中島直忠・池田輝政「第二次大戦後の米国における高等教育政策――連邦立法を中心として」『九州大学教育学部紀要（教育学編）』第24号，1979年。

中野耕太郎「『人種』としての新移民――アメリカの南・東欧系移民: 1894–1924」『二十世紀研究』第 2 号，2001年12月。

野村達朗「ロシア・ユダヤ人のアメリカ移住の社会経済的背景――アメリカ労働者階級形成の一側面」『愛知県立大学外国語学部紀要』第19号，1987年。

――『ユダヤ移民のニューヨーク――移民の生活と労働の世界』山川出版社，1995年。

羽田積男「アメリカ型大学の創設とその教育――ユダヤ系の大学を中心として」『研究紀要』（日本大学人文科学研究所）第45号，1993年。

――「ユダヤ系アメリカ人と大学の創設」『教育学雑誌』第28号，1994年。

馬場美奈子「ユダヤ系アメリカ人のアイデンティティ――文学批評家の意識を中心に」五十嵐武士編『アメリカの多民族体制――「民族」の創出』東京大学出版会，2000年。

早川　操「アメリカ人の教育観」喜多村和之編『アメリカの教育――「万人のための教育」の夢』弘文堂，1992年。

葉山　明「アメリカの大学と人種（黒人）問題」『文明』（東海大学文明研究所）第65号，1992年 9 月。

――『アメリカ民主主義と黒人問題――人種隔離教育をめぐって』東海大学出版会，1994年。

古矢　旬『アメリカニズム――「普遍国家」のナショナリズム』東京大学出版会，2002年。

ペティグリュー，トーマス・F.（今野敏彦・大川正彦訳）『現代アメリカの偏見と差別』明石書店，1985年。

ホリンガー，デイヴィッド・A.（藤田文子訳）『ポストエスニック・アメリカ――多文化主義を超えて』明石書店，2002年。

本田創造『アメリカ黒人の歴史（新版）』岩波書店，1991年。

丸山直起『アメリカのユダヤ人社会――ユダヤ・パワーの実像と反ユダヤ主義』ジャパン・タイムズ，1990年。

ヤフェ，ジェイムズ（西尾忠久訳）『アメリカのユダヤ人――二重人格者の集団』日本経済新聞社，1972年。

山田史郎「ホワイト・エスニックへの道――ヨーロッパ移民のアメリカ化」『移民』ミネルヴァ書房，1998年。

――「『移民パラダイム』を越えて」『天理大学アメリカス学会ニューズレター』第43号，2002年1月。

山田達雄「大学入学者選抜制度の課題と展望――1．アメリカ」『日本比較教育学会紀要』第6号，1980年3月。

油井大三郎・遠藤泰生編『多文化主義のアメリカ――揺らぐナショナル・アイデンティティ』東京大学出版会，1999年。

横田耕一『アメリカの平等雇用』解放出版社，1991年。

レヴィンジャー，ラビ・リー・J.（邦高忠二・稲田武彦訳）『アメリカ合衆国とユダヤ人の出会い』創樹社，1997年。

欧　文

Adams, Maurianne. and John Bracey. eds. *Strangers & Neighbors: Relations between Blacks & Jews in the United States,* Amherst: University of Massachusetts Press, 1999.
Allen, Robert L. “The Bakke Case and Affirmative Action,” *The Black Scholar,* vol. 9, no. 1, September 1977.
“Anti-Semitism at Dartmouth,” *The New Republic*, 113, August 20, 1945.
Baldwin, James. “The Harlem Ghetto,” *Commentary,* vol. 5, no. 2, February 1948.
――. “Negroes are Anti-Semitic Because They’re Anti-White,” *The New York Times Magazine,* April 9, 1967.
Bauman, Mark K. and Berkley Kalin. *The Quiet Voices: Southern Rabbis and Black Civil Rights, 1880s to 1990s,* Tuscaloosa, AL: University of Alabama Press, 1997.
Bennett, William J. and Terry Eastland. “Why Bakke Won’t End Reverse Discrimination: 1,” *Commentary,* vol. 66, no. 3, September 1978.
Bloomgarden, Lawrence. “Medical School Quotas and National Health,” *Commentary,* vol. 15, no. 1, January 1953.
Bluford, Lucile H. “The Lloyd Gaines Story,” *The Journal of Educational Sociology,* vol. 32, no. 6, February 1958.
Boas, Ralph Philip. “Who Shall Go to College?” *Atlantic Monthly,* vol. 130, no. 4, October 1922.
Bourne, Randolph. “Trans-national America,” *Atlantic Monthly,* no. 118, no. 1, July 1916.
“Briefs in Bakke Case,” *The Chronicle of Higher Education,* vol. 15, no. 3, September 19, 1977.
Broun, Heywood. and George Britt. *Christians Only: A Study in Prejudice,* Reprint ed.,

New York: Da Capo Press, 1974［1931］.
Buchsbaum, Tamar. “A Note on Antisemitism in Admissions at Dartmouth,” *Jewish Social Studies,* vol. 49, no. 1, Winter 1987.
Carmichael, Jr., Oliver. *New York Establishes a State University: A Study in the Process of Policy Formation,* Nashville, TN: Vanderbilt University Press, 1955.
Chambers, M. M. “State Constitutional and Statutory Limitations on College Admission Policies,” *The Educational Forum,* vol. 13, March 1949.
Clift, Virgil A. “Pattern of Discrimination in Public Higher Education,” *School and Society,* October 7, 1950.
Davis, David Brion. “The Slave Trade and the Jews,” *New York Review of Books,* December 22, 1994.
Dershowitz, Alan M. and Laura Hanft. “Affirmative Action and the Harvard College Diversity-Discretion Model: Paradigm or Pretext?” *Cardozo Law Review,* vol. 1, issue 1, 1979.
Dershowitz, Alan M. *Chutzpah,* New York: Touchstone, 1991（山下希世志訳『ユダヤ人の世紀――フッパ・成功に隠された屈辱の歴史』ダイヤモンド社，1993年）.
Diner, Hasia. *In the Almost Promised Land: American Jews and Blacks, 1915–1935,* Baltimore: Johns Hopkins University Press, 1995［1977］.
——. *The Jews of the United States, 1654–2000,* Berkeley, CA: University of California Press, 2004.
Dinnerstein, Leonard. “Southern Jewry and the Desegregation Crisis, 1954–1970,” *American Jewish Historical Quarterly,* vol. 62, no. 3, March 1973.
——. “Anti-Semitism Exposed and Attacked, 1945–1950,” *American Jewish History,* vol. 71, no. 1, September 1981.
——. “Education and the Advancement of American Jews,” in Bernard J. Weiss ed., *American Education and European Immigrant: 1840–1940,* Urbana: University of Illinois Press, 1982.
——. *Anti-Semitism in America,* New York: Oxford University Press, 1994.
Dinnerstein, Leonard. and Mary Dale Palsson. eds., *Jews in the South,* Baton Rouge: Louisiana State University Press, 1973.
Dodson, Dan W. “College Quotas and American Democracy,” *The American Scholar,* vol. 15, no. 3, Summer 1946.
——. “Religious Prejudice in Colleges,” *The American Mercury,* vol. 63, no. 271, July 1946.
Dollinger, Marc. *Quest for Inclusion: Jews and Liberalism in Modern America,* Princeton, NJ: Princeton University Press, 2000.
Dudziak, Mary L. *Cold War Civil Rights: Race and the Image of American Democracy,* Princeton, NJ: Princeton University Press, 2000.
Eastland, Terry. *Ending Affirmative Action: The Case for Colorblind Justice,* New York: Basic Books, 1996.

"Exclusion from College," *The Outlook,* vol. 131, no. 10, July 5, 1922.
"Fateful Court Test," *U.S. News & World Report,* vol. 83, no. 17, October 24, 1977.
Fein, Leonard J. "Negro and Jew: A 'Special Relationship'," *Israel Horizons,* November 1968.
Finkelstein, Norman H. *Heeding the Call: Jewish Voices in America's Civil Rights Struggle,* Philadelphia: The Jewish Publication Society, 1997.
Forman, Seth. "The Unbearable Whiteness of Being Jewish: Desegregation in the South and the Crisis of Jewish Liberalism," *American Jewish History,* vol. 85, no. 2, 1997.
——. *Blacks in the Jewish Mind: A Crisis of Liberalism,* New York: New York University Press, 1998.
——. "The End of 'Blacks and Jews'," *American Jewish History,* vol. 93, no. 3, September 2007.
Franklin, V. P., Nancy L. Grant, Harold M. Kletnick, and Genna Rae McNeil. eds. *African American and Jews in the Twentieth Century: Studies in Convergence and Conflict,* Columbia, MO: University of Missouri Press, 1998.
Friedman, Murray. *What Went Wrong?: The Creation & Collapse of the Black-Jewish Alliance,* New York: Free Press, 1995.
Garza, Hedda. *African Americans and Jewish Americans: A History of Struggle,* New York: Franklin Watts, 1995.
Gerstle, Gary. *American Crucible: Race and Nation in the Twentieth Century,* Princeton, NJ: Princeton University Press, 2001.
Glazer, Nathan. and Daniel Patrick Moynihan. *Beyond the Melting Pot: The Negroes, Puerto Ricans, Jews, Italians, and Irish of New York City,* 2nd ed., Cambridge, MA: The MIT Press, 1970［1963］（阿部齊・飯野正子訳『人種のるつぼを越えて――多民族社会アメリカ』南雲堂，1986年）.
Glazer, Nathan. *Affirmative Discrimination: Ethnic Inequality and Public Policy,* New York: Basic Books, 1975.
——. *Ethnic Dilemmas, 1964–1982*, Cambridge, MA: Harvard University Press, 1983.
——. "On Jewish Forebodings," *Commentary,* vol. 80, no. 2, August 1985.
——. "The Anomalous Liberalism of American Jews," in Robert M. Seltzer and Norman J. Cohen, eds., *The Americanization of the Jews,* New York: New York University Press, 1995.
——. *We Are All Multiculturalists Now,* Cambridge, MA: Harvard University Press, 1997.
Goldman, Paul L. "A Jewish Look at 'Affirmative Action'," *Jewish Frontier,* vol. 39, no. 8, October 1972.
Goldstein, Eric L. *The Price of Whiteness: Jews, Race, and American Identity,* Princeton, NJ: Princeton University Press, 2006.
Goldstein, Israel. *Brandeis University: Chapter of Its Founding,* New York: Bloch Publishing Company, 1951.
Gordon, Jane Anna. *Why They Couldn't Wait: A Critique of the Black-Jewish Conflict*

over Community Control in Ocean Hill-Brownsville, 1967−1971, New York: Routledge Falmer, 2001.

Gordon, Milton M. *Assimilation in American Life: The Role of Race, Religion, and National Origins,* New York: Oxford University Press, 1964（倉田和四生・山本剛郎訳編『アメリカンライフにおける同化理論の諸相――人種・宗教および出身国の役割』晃洋書房，2000年）.

Goren, Arthur A. "Jews," in Stephan Thernstrom, ed., *Harvard Encyclopedia of American Ethnic Groups,* Cambridge, MA: Harvard University Press, 1980.

Green, Nancy L. "Blacks, Jews, and the 'Natural Alliance': Labor Cohabitation and the ILGWU," *Jewish Social Studies,* vol. 4, no. 1, Fall 1997.

Greenberg, Cheryl Lynn. *Troubling the Waters: Black-Jewish Relations in the American Century,* Princeton, NJ: Princeton University Press, 2006.

Greenberg, Jack. *Crusaders in the Courts: How a Dedicated Band of Lawyers Fought for the Civil Rights Revolution,* New York: Basic Books, 1994.

Ham, William T. "Harvard Student Opinion on the Jewish Question," *The Nation,* vol. 115, no. 1983, September 6, 1922.

Handlin, Oscar. and Mary F. Handlin. "The Acquisition of Political and Social Rights by the Jews in the United States, *American Jewish Year Book,* vol. 56, 1955.

Hapgood, Norman. "Jews and College Life," *Harper's Weekly*, vol. 62, January 15, 1916.

——. "Schools, Colleges and Jews," *Harper's Weekly,* vol. 62, January 22, 1916.

Harlan, Louis R. "Booker T. Washington's Discovery of Jews," in J. Morgan Kousser & James M. McPherson, eds., *Region, Race, and Reconstruction: Essays in Honor of C. Vann Woodward,* New York: Oxford University Press, 1982.

"Harvard and Its Students," *The Nation,* vol. 122, no. 3176, May 19, 1926.

"Harvard Saved for Democracy," *School and Society,* vol. 17, no. 434, April 21, 1923.

"Harvard Vindicates the American Sprit," *American Hebrew,* vol. 112, no. 22, April 13, 1923.

Herberg, Will. *Protestant, Catholic, Jew: An Essay in American Religious Sociology,* With a New Introduction by Martin E. Marty, Chicago: The University of Chicago Press, 1983［1960］.

Higham, John. *Send These to Me: Jews and Other Immigrants in Urban America,* New York: Atheneum, 1975（斎藤眞・阿部齊・古矢旬訳『自由の女神のもとへ――移民とエスニシティ』平凡社，1994年）.

——. *Strangers in the Land: Patterns of American Nativism, 1860−1925,* With a New Epilogue, New Brunswick, NJ: Rutgers University Press, 2002［1955］.

Historical Research Department, the Nation of Islam. *The Secret Relationship Between Blacks and Jews,* Chicago: Latimer Associations, 1991.

Holmes, Henry W. "The University," *Harvard Graduates' Magazine*, 124, June 1923.

Howard, John R. *The Shifting Wind: The Supreme Court and Civil Rights from Reconstruction to Brown,* Albany: State University of New York Press, 1999.

Ivy, A. C. "Discrimination on College Admissions: A Conference Report," *Harvard Educational Review,* vol. 20, no. 2, Spring 1950.

Jackson, John P., Jr. *Social Scientists for Social Justice: Making the Case against Segregation,* New York: New York University Press, 2001.

Jacobson, Matthew Frye. *Whiteness of a Different Color: European Immigrants and the Alchemy of Race,* Cambridge, MA: Harvard University Press, 1998.

——. *Roots Too: White Ethnic Revival in Post-Civil Rights America,* Cambridge, MA: Harvard University Press, 2006.

Kallen, Horace M. "Democracy versus the Melting Pot: A Study of American Nationality," *The Nation,* vol. 100, no. 2590, February 18, 1915 (Part 1), vol. 100, no. 2591, February 25, 1915 (Part 2).

Karabel, Jerome. *The Chosen: The Hidden History of Admission and Exclusion at Harvard, Yale, and Princeton,* New York: Mariner Books, 2005.

Katz, Shlomo. ed. *Negro and Jew: An Encounter in America,* New York: Macmillan, 1967.

Kaufman, Jonathan. *Broken Alliance: The Turbulent Times Between Blacks and Jews in America,* New York: Simon & Schster, 1995.

Kennedy, John F. *A Nation of Immigrants,* Revised and Enlarged Edition, New York: Harper and Row, 2008 [1964].

Kingdon, Frank. "Discrimination in Medical Colleges," *American Mercury,* vol. 61, no. 262, October 1945.

Kita, Miyuki. "A Journey to *Brown:* American Jewish Organizations' Fight Against Segregated Education,"『北九州市立大学外国語学部紀要』第117号，2006年10月。

Kluger, Richard. *Simple Justice: The History of Brown v. Board of Education and Black America's Struggle for Equality,* New York: Vintage Books, 1977 [1975].

Kristol, Irving. "The Future of American Jewry," *Commentary,* vol. 92, no. 2, August 1991.

Kull, Andrew. *The Color-Blind Constitution,* Cambridge, MA: Harvard University Press, 1992.

Lerner, Michael. "Jews Are Not White," *Village Voice,* May 18, 1993.

Lerner, Michael. and Cornel West. *Jews & Blacks: A Dialogue on Race, Religion, and Culture in America,* with a Post-O.J., Post Million Man March Epilogue, New York: Plume Book, 1996.

Levine, Naomi. "Quotas and Affirmative Action: Where We Stand," *Congress bi-Weekly,* vol. 39, no. 12, November 10, 1972.

Liebman, Charles S. and Steven M. Cohen. "Jewish Liberalism Revisited," *Commentary,* vol. 102, no. 5, November 1996.

Lipset, Seymour Martin. and Everett Carll Ladd. "Jewish Academics in the United States: Their Achievements, Culture and Politics," *American Jewish Year Book,* vol. 72, 1971.

Lipset, Seymour Martin. and David Riesman. *Education and Politics at Harvard,* New York: McGraw-Hill, 1975.

Lowenthal, Marvin. "Anti-Semitism in European Universities," *The Nation,* vol. 117, no. 3045, November 14, 1923.

Maslow, Will. and Joseph B. Robison. "Legislating Against Discrimination," *Social Action,* vol. 15, no. 1, January 15, 1949.

"May Jews Go to College?" *The Nation,* vol. 114, no. 2971, June 14, 1922.

Mcwhirter, Darien. *The End of Affirmative Action: Where Do We Go from Here?* New York: Carol Pub. Group, 1996.

McWilliams, Carey. *A Mask for Privilege: Anti-Semitism in America,* Boston: Little, Brown and Company, 1948.

Melnick, Jeffrey. *Black-Jewish Relations on Trial: Leo Frank and Jim Conley in the New South,* Jackson, MI: University Press of Mississippi, 2000.

Moore, Deborah Dash. *B'nai B'rith and the Challenge of Ethnic Leadership,* Albany: State University of New York Press, 1981.

Morison, Samuel Eliot. *Three Centuries of Harvard, 1636−1936,* Cambridge, MA: Harvard University Press, 1936.

Nakanishi, Don T. "A Quota on Excellence?: The Asian American Admissions Debate," *Change,* November/December 1989.

"New York State University Trustees Appointed," *School and Society,* vol. 68, no. 1759, September 11, 1948.

Newman, Louis I. *A Jewish University in America?: With a Symposium of Opinions by Educators, Editors and Publishers, and a Bibliography on the Jewish Question in American Colleges,* New York: Bloch Publishing Company, 1923.

Norman, Ralph, Julian Brown and Paul A. Freund. *From the Beginning: A Picture History of the First Four Decade of Brandeis University,* Waltham, MA: Brandeis University Press, 1988.

Oren, Dan A. *Joining the Club: A History of Jews and Yale,* New Haven, CT: Yale University Press, 1985.

Philipson, David. "Is A Jewish University Desirable?" *American Hebrew,* vol. 112, no. 21, April 6, 1923.

Pollak, Oliver B. "Anti-Semitism, the Harvard Plan, and the Roots of Reverse Discrimination," *Jewish Social Studies,* vol. 45, no. 2, Spring 1983.

"Professional Tendencies Among Jewish Students in Colleges, Universities, and Professional Schools（Memoir of the Bureau of Jewish Social Research）," *American Jewish Year Book* 5681, vol. 22, September 13, 1920 to October 2, 1921.

Ritterband, Paul. and Harold S. Wechsler. *Jewish Leaning in American Universities: The First Century,* Bloomington: Indiana University Press, 1994.

Roediger, David R. *The Wage of Whiteness: Race and the Making of the American Working Class,* Revised ed., New York: Verso, 1999［1991］（小原豊志・竹中興慈・

井川眞砂・落合明子訳『アメリカにおける白人意識の構築――労働者階級の形成と人種』明石書店，2006年）.
Rose, Peter I. *Mainstream & Margins: Jews, Blacks, and Other Americans,* New Brunswick, NJ: Transaction, Inc., 1983.
Rosovsky, Nitza. *The Jewish Experience at Harvard and Radcliffe: An Introduction to an Exhibition Presented by the Harvard Semitic Museum on the Occasion of Harvard's 350th Anniversary,* Cambridge, MA: Harvard Semitic Museum, Harvard University Press, 1986.
Rudolph, Frederick. *The American College and University: A History,* New York: Vintage Books, 1962.
Sacks, Karen Brodkin. "How Did Jews Become White Folks?" in Steven Gregory and Roger Sanjeck, eds., *Race,* New Brunswick, NJ: Rutgers University Press, 1994.
Salzman, Jack. and Cornel West. eds. *Struggles in the Promised Land: Toward a History of Black-Jewish* Relations *in the United States,* New York: Oxford University Press, 1997.
Sachar, Abram L. *Brandeis University: A Host at Last,* Hanover, NH: Brandeis University Press, 1995.
Sachar, Howard M. *A History of the Jews in America,* New York: Alfred A. Knopf, 1992.
Sanua, Marianne R. *Let Us Prove Strong: The American Jewish Committee, 1945–2006,* Waltham, MA: Brandeis University Press, 2007.
Saveth, Edward N. "Democratic Education for New York: Equal Opportunity Through a State University System," *Commentary,* vol. 4, no. 1, July 1948.
——. "Discrimination in the Colleges Dies Hard," *Commentary*, vol. 9, no. 2, February 1950.
——. "Fair Educational Practices Legislation," *The Annals of the American Academy of Political and Social Science,* vol. 275, May 1951.
Schneier, Rabbi Marc. *Shared Dreams: Martin Luther King, Jr. and the Jewish Community,* Woodstock, VT: Jewish Lights Publishing, 1999.
Silberman, Charles E. *A Certain People: American Jews and Their Lives Today,* New York: Summit Books, 1985（武田尚子訳『アメリカのユダヤ人――ある民族の象徴』サイマル出版会，1988年）.
Sindler, Allan P. *Bakke, DeFunis, and Minority Admissions: The Quest for Equal Opportunity,* New York: Longman, 1978.
Sowell, Thomas. *Ethnic America: A History,* New York: Basic Books, 1981.
Sparling, Edward J. "Toward Democracy in a College," *The Phi Delta Kappan,* May 1948.
Stanton, Mary. *The Hand of Esau: Montgomery's Jewish Community and the Bus Boycott,* Montgomery, AL: River City Publishing, 2006.
Starr, Harry. "The Affair at Harvard: What the Student Did," *The Menorah Journal,* vol. 8, no. 5, October 1922.

Steele, Shelby. *The Content of Our Character: A New Vision of Race in America,* New York: St. Martin's Press, 1990（李隆訳『黒い憂鬱——90年代アメリカの新しい人種関係（新装版）』五月書房，1997年）.

Steinberg, Stephen. *The Academic Melting Pot: Catholics and Jews in American Higher Education,* New York: McGraw-Hill, 1974.

——. *The Ethnic Myth: Race, Ethnicity, and Class in America,* 3rd ed., Boston: Beacon Press, 2001［1981］.

Stern, Marc D. "Affirmative Action, the Laws and the Jews," *Survey of Jewish Affairs,* 1990.

Svonkin, Stuart. *Jews Against Prejudice: American Jews and the Fight for Civil Liberties,* New York: Columbia University Press, 1997.

Synnott, Marcia Graham. *The Half-Opened Door: Discrimination and Admissions at Harvard, Yale, and Princeton, 1900–1970,* Westport, CT: Greenwood Press, 1979.

——. "Anti-Semitism and American Universities: Did Quotas Follow the Jews?" in David A. Gerber, ed., *Anti-Semitism in American History,* Chicago: University of Illinois Press, 1986.

"The Flavor of Harvard," *The New Republic*, 31, August 16, 1922.

"The Landmark Bakke Ruling," *Newsweek,* July 10, 1978.

"The Jews and the Colleges," *The World's Work*, 44, 1922.

"The New Harvard Entrance Regulations," *American Hebrew,* vol. 118, no. 21, April 2, 1926.

Tushnet, Mark V. *The NAACP's Legal Strategy against Segregated Education, 1925–1950,* Chapel Hill, NC: The University of North Carolina Press, 1987.

Urofsky, Melvin I. *A Conflict of Rights: The Supreme Court and Affirmative Action,* New York: Charles and Scribner's Sons, 1991.

Webb, Clive. *Fight Against Fear: Southern Jews and Black Civil Rights,* Athens, GA: University of Georgia Press, 2001.

Wechsler, Harold S. *The Qualified Student: A History of Selective College Admission in America,* New York: John Wiley & Sons, 1977.

——. "Anti-Semitism in the Academy: Jewish Learning in American Universities, 1914–1939," *American Jewish Archives,* vol. 42, no. 1, Spring/Summer, 1990.

Weisboad, Robert G. and Arthur Stein. *Bitter Sweet Encounter: The Afro-American and the American Jew,* New York: Schocken, 1972［1970］.

"What was Your Father's Name?" *The Nation,* vol. 115, no. 2987, October 4, 1922.

Woodward, C. Vann. *The Strange Career of Jim Crow,* A Commemorative edition with a New Afterword by William S. McFeely, New York: Oxford University Press, 2002［1955］（清水博・長田豊臣・有賀貞訳『アメリカ人種差別の歴史（新装版）』福村出版，1998年）.

Yeomans, Henry Aaron. *Abbott Lawrence Lowell, 1856–1943,* Reprint ed., New York: Arno Press, 1977［1948］.

図版出典一覧

図版１：*The Jewish Immigrant,* vol. 2, no. 1, January 1909.

図版２：Ronald Takaki, *A Different Mirror: A History of Multicultural America,* Boston: Little, Brown and Company, 1993.

図版３：*Jewish Daily Forward,* July 7, 1917, p. 10（Murray Friedman, *What Went Wrong?: The Creation & Collapse of the Black-Jewish Alliance,* New York: Free Press, 1995より転載）。

図版４：Eric L. Goldstein, *The Price of Whiteness: Jews, Race, and American Identity,* Princeton, NJ: Princeton University Press, 2006, p. 101.

図版５：Goldstein, *The Price of Whiteness,* p. 129.

図版６：*The New York Times,* June 2, 1922, p. 1.

図版７：Hasia R. Diner, *The Jews of the United States, 1654–2000,* Berkeley, CA: University of California Press, 2004.

図版８：http://en.wikipedia.org/wiki/Will_Maslow

図版９：A. C. Ivy and Irwin Ross, *Religion and Race: Barriers to College?* Public Affairs Pamphlet No. 153, published in cooperation with the Anti-Defamation League of B'nai B'rith, 1949, p. 29.

図版10：Israel Goldstein, *Brandeis University: Chapter of Its Founding,* New York: Bloch Publishing Company, 1951（3枚とも）.

図版11："Brandeis University: New Jewish-Founded School in Massachusetts Preaches and Practices Full Democracy," *Ebony,* February 1952, p. 59.

図版12：Ralph Norman, Julian Brown and Paul A. Freund, *From the Beginning: A Picture History of the First Four Decade of Brandeis University,* Waltham, MA: Brandeis University Press, 1988, p. 145.

図版13：Crack the Quota System, Anti-Defamation League of B'nai B'rith, Program Division, 1950, Discrimination-Education/ADL file, American Jewish Committee Blaustein Library.

図版14：James T. Patterson, *Brown v. Board of Education: A Civil Rights Milestone and Its Troubled Legacy,* New York: Oxford University Press, 2001, p. 19.

図版15：*Brief on Behalf of American Jewish Committee and B'nai B'rith (Anti-Defamation League) and National Citizens' Council on Civil Rights as Amici Curiae,* in the Supreme Court of the United States, October Term, 1948, no. 667, *Heman Marion Sweatt, Petitioner, v. Theophilis Shickel Painter et al., Re-*

spondents.

図版16：“For Immediate Release,” News, American Jewish Committee, May 18, 1954, Education-Desegregation/AJC file, American Jewish Committee Blaustein Library.

図版17：http://speakingoffaith.publicradio.org/programs/heschel/images/selmamarch.jpg

図版18：http://pro.corbis.com/images/BE 022515. jpg.

図版19：“Bakke Wins, Quotas Lose: But the Divided Supreme Court Endorses Affirmative Action Based on Race,” *Time,* July 10, 1978, p. 26.

図版20：フィラデルフィア，2007年 9 月，筆者撮影。

《著者紹介》
北 美幸（きた みゆき）
1972年，福岡県生まれ。お茶の水女子大学文教育学部外国文学科英文学英語学専攻卒業。日本学術振興会特別研究員（DC 1），メリーランド大学大学院（国際ロータリー財団1学年度奨学生）を経て，九州大学大学院比較社会文化研究科博士後期課程単位取得退学。博士（比較社会文化）。現在，北九州市立大学外国語学部国際関係学科准教授。
主要業績：「アメリカ合衆国の高等教育機関における『割当制』廃止運動とユダヤ人団体――1948年ニューヨーク州公正教育実施法を中心に」『歴史学研究』第800号（2005年4月），「全国アメリカ・ユダヤ人歴史博物館」北米エスニシティ研究会編『北米の小さな博物館――「知」の世界遺産　2』（分担執筆，彩流社，近刊），エレン・C・デュボイス＆ドゥメニル・リン『女性の目を通して――アメリカの歴史』（共訳，明石書店，近刊），ほか。

サピエンティア　**07**
半開きの〈黄金の扉〉
アメリカ・ユダヤ人と高等教育

2009年4月20日　初版第1刷発行

著　者　北 美幸
発行所　財団法人法政大学出版局
〒102-0073 東京都千代田区九段北 3-2-7
電話 03(5214)5540／振替 00160-6-95814
製版・印刷　三和印刷／製本　誠製本
装　幀　奥定 泰之

ISBN 978-4-588-60307-5　Printed in Japan